萩原編集長危機一髪!

今だから話せる遭難未遂と教訓

萩原浩司

ヤマケイ新書

はじめに

山に興味を持ち、自分の意思で登るようになってから五〇年が経ちました。振り返ってみれば、ひとつの趣味をよく飽きもせず半世紀も続けてこられたものだと、われながら感心しています。

多いときには年間一二〇日以上、山に入っていたこともありました。平均すると一年に五〇日くらいになるでしょう。これを単純にかけ算すると、こんにちまでの山行日数は二五〇〇日ほど。人生の約六～七年分と、けっこうな時間になります。

その時間のなかにはさまざまな山の思い出が詰まっています。楽しかったこと、苦しかったこと。悔しかったこと、うれしかったこと。そして、なかには命にかかわるような体験もいくつか含まれています。時間というフィルターが都合の悪いことを忘却の彼方に追いやろうとするなかで、決して忘れることのできないいくつかの苦い思い出。本書では、そうした私自身の登山経験のなかから「山での危機的な出来事」をテーマ別に集め、そこで得た教訓をまとめてみました。

前著『萩原編集長の山塾　実践！登山入門』が登山の基礎について一から学ぶ内容だったのに対し、こちらは山での「危機一髪」的な体験を紹介しながら、反面教師として山の危険を知らしめ、注意をよびかける構成となっています。前著のコラムですでに発表した話も登場しますが、本書ではそのときの状況をより詳しく、さらに状況判断のベースとなる登山経験も掘り下げて書かせていただきました。これは、私がどのような発想で山に向かい、登山の力をつけてきたのかという背景を説明しないと、そのときの判断が正しかったのかどうか説明できないと思ったからです。

長く登山を続けていると、だれでもいつかは「あれは本当にヤバかった」という体験をするものです。登山が自然を相手にした遊びである以上、それはある意味、仕方のないことだと思っています。どんなベテランであっても、どんなに慎重な計画を立てたとしても、自然のなかの不確定要素がときに登山者の命を脅かすことがあるからです。

文明に守られていない自然の中に入るということは、身に降りかかるリスクもすべて背負っていくということです。そこで起きることに責任を持つのは自分でしかありません。

私の体験談が、今後、皆さまの登山計画づくりや、山のなかでピンチになったときに、少しでもお役に立てば幸いです。

萩原浩司

目次

第9章 海外登山

第10章 山の怪

編集協力　山本修二
写真　萩原浩司（著者）
装丁　尾崎行欧デザイン事務所
地図製作・ＤＴＰ　渡邊 怜

第1章

落石

File 01

北岳バットレスの岩雪崩　北岳

「日本のクラシックルート」取材行

日本第二位の高峰・北岳には「バットレス」と呼ばれる岩場がある。バットレスとは英語で「控え壁」の意味。大きな壁が倒れないように、直角方向に支えの壁を添えて支持する建築物の専門用語だ。一九〇八（明治四一）年、日本山岳会の初代会長で『日本アルプス』の著者としても知られる小島烏水《うすい》が白峰三山を縦走した際に、北岳の東面に切れ落ちた岩壁を見たときの印象を日本山岳会の機関誌『山岳』に「バットレス」と記した。大岩壁にいくつもの小尾根がせり上がっている形状にその名を充てたのである。単純に北岳東壁とでもいえる壁につけられた「バットレス」の名称はその後、登山者のあいだに広まり、こんにちでは穂高岳のジャンダルム（フランス語）や劔岳のチンネ（ドイツ語）と同じように固有名詞として定着している。

北岳の山頂直下にあることから「日本で最も高所にある岩場」としても知られる北岳バットレスの壁面には、第一尾根から第五尾根まで、尾根と呼ぶには急峻すぎる岩場がある。そのなかで岩壁の中央に位置し、最も長く延びているのが第四尾根だ。ここは著しく困難なピッチもないことから、アルパインクライミング入門者向けのルートとして昔も今も多くのクライマーたちに親しまれている。

一九九三年一〇月、私は北岳バットレス第四尾根に向かっていた。目的は『山と溪谷』の連載「日本のクラシックルート」の取材である。これは日本を代表するクライミング・ルートを厳選し、編集者自らが登り、ときには自分で撮影して紹介する連載企画で、企画立案者の私はすべての取材に同行していた。

取材は三人のチームで進められていた。カメラマン、モデル、そしてディレクター兼サブカメラマン兼モデル役としての私である。

このときのカメラマンは、クライミングの取材で何度も行動をともにしている保科雅則さんにお願いした。モデルを誰にしようか悩んでいたら、保科が当時二八歳の山野井泰史さんを連れてきてくれた。いまでこそ日本を代表するアルパインクライマーとして知られる山野井だが、当時はまだ一部にしかその名は知られていなかった。一九九二年にフィッツロイ冬季単独初登攀という、パタゴニアの登攀史に名を残す記録を達成してその実力を国内外に示したものの、クライマーたちのあいだではむしろ「天国にいちばん近い男」の異名で通っていた。そのころの彼は谷川岳の氷壁や城ヶ崎の困難な壁でフリーソロを繰り返しており、「落ちたら最後」のギリギリの世界をくぐり抜けて生きている危ない男、という印象が持たれていたのである。私もクライミング仲間からうわさを耳にしており、実際に山野井に会えるのが楽しみだった。

北岳の登山口、広河原ではじめて山野井と会った。キラキラした瞳をした好青年で、死と隣り合わせの登攀をしているような尖った雰囲気はまったく感じられない。それが第一印象だった。神経質で気難しい若者をイメージしていたのに、山にいることが楽しくてしようがないといった子供のような表情を見て、ちょっと拍子抜けした覚えがある。また、装備に対してもあまりこだわりがないようで、ザックは縦走用だしヘルメットも持ってきていない。こんなこともあろうかと、二つ持ってきた私のヘルメットのうち蛍光ピンクの派手なほうをかぶってもらい、ザックも一本締めのシンプルなものを貸して使ってもらうことにした。

登山道に入ってすぐ、山野井の非凡さを思い知らされることになる。彼の涼やかな表情は、広河原から白根御池小屋までの急な登りでもまったく崩れることがなかった。足の運びがとても滑らかで、速い。それでいて呼吸はまったく乱れない。私も体力には自信があったのだが、彼のスピードにはついていけなかった。いつの間にかコースタイムの半分のペースで登っていた。カメラ機材の分だけ私の荷物は重いのだが、言い訳にはなるまい。汗だくになってようやく追いつくと、彼はな

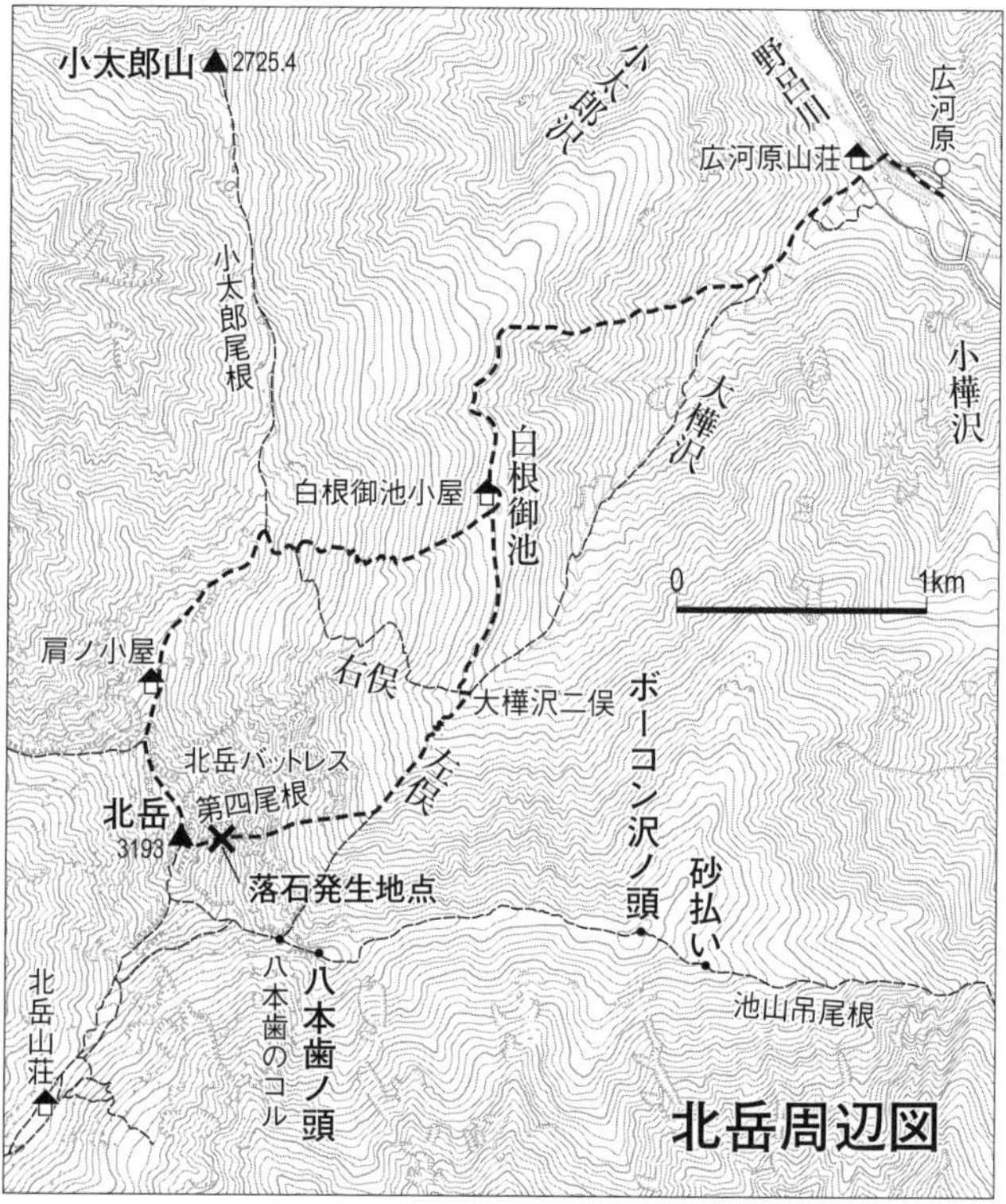

小太郎山
2725.4
小太郎沢
野呂川
広河原
広河原山荘
小太郎尾根
大樺沢
小樺沢
白根御池
白根御池小屋
0
1km
肩ノ小屋
右俣
大樺沢二俣
北岳バットレス
第四尾根
左俣
ボーコン沢ノ頭
北岳
3193
落石発生地点
砂払い
八本歯のコル
八本歯ノ頭
池山吊尾根
北岳山荘
北岳周辺図

にごともなかったかのような顔をして、道中で捕まえたというクワガタムシと遊んでいた。その姿を見て、クライミングの力はもちろんのこと、群を抜いた体力を備えていて、さらに山全体を楽しむ余裕を持っている彼の底知れぬ潜在能力を感じたものだった。

白根御池小屋に泊まった翌日、朝食を済ませて六時に出発する。いつもならテントに泊まり、夜明け前に出発して岩場の取付で朝を迎えるのだが、今回の目的は撮影である。周囲が明るくならないと写真が撮れないので、出発時間を少し遅らせることにしていた。このメンバーなら、撮影をしながらでも昼ごろには頂上に抜けられることだろう。

登山道を大樺沢二俣に向かい、左俣の道に入る。真夏でも豊富な雪渓が残っている左俣も、晩秋ともなればさすがに雪も消えて岩と砂のガラガラの斜面になっていた。左岸から流入する三つ目の涸れ沢、C沢を渡ったところで登山道を離れ、灌木帯にうっすらと残っている踏み跡をたどる。朝の冷え込みで落ち葉の裏には白く霜が残っていた。

ダケカンバの灌木帯を抜けると急な草付の斜面に出た。天気は快晴。岩壁の上部に光が当たりはじめ、気温がぐんぐん上がってくるのがわかる。夏にはたくさんの花を咲かせる緑の草原は茶色に枯れ、干し草の香りが秋の終わりを感じさせた。あと二週間もすると雪が舞い、岩壁は氷に閉ざされることだろう。そして明るい草付斜面のどん詰まりには、茶褐色の岩場が行く手をふさぐように

北岳バットレス全容。中央の長いリッジが第四尾根だ（写真＝中西俊明）

立ちはだかっていた。

イヤな予感に心がざわついた

北岳バットレスは標高差六〇〇メートルほどの岩壁である。岩場の中段に明瞭な横断バンドが走っていて、そこを境に下部岩壁と上部岩壁に分けられている。メインとなるルートは頂上に至る上部岩壁に集中し、それを登るにはまず下部岩壁帯を攻略しなければならない。

下部岩壁は八〇～一〇〇メートルほどの高さで、そこにはbガリーの大滝、cガリーの大滝、十字クラック、ピラミッドフェイス下部、dガリーの大滝などのルートがある。補足説明をすると、「大滝」と称されているものはふだんは水が流れることのない涸れ滝で、大雨が降ったときにだけ、上部のガリー（狭く急峻な谷）に集まった水を落としている。今回、私たちはバットレスで最も人気の高い第四尾根を登るため、下部岩壁はそのまま第四尾根につなげることのできるcガリー大滝か十字クラックを登るつもりでいた。

正面にcガリー大滝を望みながら草原のなかの踏み跡をたどっていると、太陽が鳳凰三山の稜線を越えて大樺沢の谷を明るく照らしはじめた。正面のcガリー大滝が朝日を受けて、しだいにくっきりと、大きく見えてくる。

下部岩壁帯の手前二〇〇メートルほどのところだったろうか。突然、握りこぶしほどの大きさの石が私たちの四、五メートル右横を転がり落ちていった。石は草付の急斜面を通り過ぎて灌木帯に入り、涸れ沢の中で何度か跳ね返りながら大樺沢の本流近くまで達していた。やがて何かにぶつかる鈍い音を立てて石は止まった。大樺沢にふたたび静寂が戻った。

あらためて落石の発生場所と思われるｃガリー大滝を眺めてみる。草付帯の奥にそびえ立つ岩壁はきれいに乾いていて白っぽく見えたが、とくに異常は感じられない。この手の落石は日本の岩場を登るときにはよくあるものだし、べつに気にとめるほどのこととは思わなかった。

ふたたび登りはじめて数分後、頭上に落石の音を聞いた。こんどの石は先ほどのものよりも小さい。勢いも弱く、方向を見極めてから避けようと身構える私の手前でスピードをゆるめて数歩先の草むらに止まった。

このときの気分をなんと表現したらいいのだろう。とにかくイヤな感じがした。石は目の前で止まったにもかかわらず、心がざわついた。注意して周囲を見渡すと、岩壁の基部にかけて白い石がいくつか転がっているのが見えた。ｃガリー大滝が白っぽく見えたのは、石が落ちるときに壁に当たったからなのだろうか。周囲の壁は茶褐色なのに、落ちてきた石は白い。イヤな気持ちが強まった。

私は後ろを振り返り、山野井と保科に向かって「逃げよう」と告げた。二人は黙ってうなずき、左斜め方向に進路を変えた私の後についてくる。早足気味に一〇〇メートルほど左にトラバースして、約五分後にはdガリー大滝の下に着いた。ルートの変更については二人とも異存はなく、少々回り道になるけれど下部岩壁は第四尾根の左から攻めることにする。

正面のdガリー大滝と左手の第五尾根支稜を見くらべ、落石の危険が少ない第五尾根支稜を登ることに決める。岩場の取付で登攀の準備をしながら歩いてきた斜面を振り返ってみたが、cガリー大滝下部に異常は認められなかった。

第五尾根支稜の登攀は山野井のリードで始まった。もともと下部岩壁帯にはそれほど難しい個所はないので、山野井は必要最小限のランニングビレイを取りながら、まるで平地を歩いているようなペースで壁を登っていく。あっという間に灌木の生えたテラスに着いて一ピッチ目が終了。高く昇った太陽の日差しを受けて岩は乾き、私と保科は快適なクライミングを楽しみながら撮影をしつつ、山野井の待つテラスに着いた。

二ピッチ目を山野井が登り切ったときのことだった。「ビレイ解除」のコールを受け、私がセルフビレイを外して登り出そうとした瞬間、それは突然やってきた。

「ゴゴゴゴゴォ〜ッ」

腹の底に響く地鳴りのような音がしたと思った次の刹那、バットレスが大きく揺れた。

「バリバリバリバリッ」

雷が落ちたような甲高い音に続き、凄まじいとしか言いようのない轟音が大樺沢一帯に響きわたった。

頭を壁に押し付けて落石から身を守る姿勢をとってから、恐る恐る音の方向に目を向けると、cガリー大滝付近に巨大な白煙が上がっていた。

岩雪崩だ。それもとびっきりデカイやつ――。

私たちはただ、悪夢のような光景を見守るしかなかった。

cガリー大滝の落ち口から岩が次々と吐き出されている。岩は白煙を上げながら宙を舞い、一〇〇メートル下の斜面に降り注いでいた。なかには大型冷蔵庫大、あるいは軽自動車ほどの巨岩も見える。ある岩は岩盤に当たって砕け散り、またある岩は大きくバウンドしながら猛スピードで斜面を転がり落ちていった。

岩は休むことなく落ち続け、cガリー大滝の周辺は白煙に覆い隠されてしまった。数分後、ようやく落石の音がやむと白煙はしずかに大樺沢の下流に流れていって薄くなり、そこではじめて大落石の惨状が明らかになった。落石の先端は登山道を横切って大樺沢の本流まで達していた。下部岩壁基部の草付斜面では、落石に掘り起こされたのであろう、枯れ草色の斜面のところどころに黒い土が露出している。さらに目を凝らすと、落ちたばかりと思われる巨岩が、つい一時間ほど前に私たちが歩いていた斜面のあちこちに転がっていた。

出発が一時間遅かったなら……、あるいは三〇分早く現場に着いてcガリー大滝を登りはじめていたとしたら……、三人は降り注ぐ落石のなかを必死に逃げまどっていたことだろう。しかし落石の規模、密度からして、全員が無事に生きて帰れたとはとても思えない。

保科と二人で落石現場の写真を撮影したのち、二〇メートルほど上のテラスにいる山野井に声をかけると、「大丈夫ですよー」とのんびりした声が返ってきた。ああ、やっぱり彼は大物だ。私は保科と顔を見合わせ、苦笑いをしてから二ピッチ目の終了点に待つ山野井のもとへと向かった。

第五尾根支稜をさらに一〇メートルほど登ってから、私たちは横断バンドを右にトラバースして第四尾根をめざした。ザラザラの小石が乗った不安定な岩場ではザイルを出して確保し合う。バンド状とはいえ、意外に悪い数歩があった。

ブッシュのなかをくぐるようにして第四尾根の末端を回り込むと、足下にcガリーの全容が姿を現した。そこで私たちが見たものは、谷底を埋め尽くす白い岩の塊だった。落ちてきたばかりと思われる岩が谷底にびっしりと並んでいる。それは大型ダンプ数十台分もの量で、すべての岩がcガ

c ガリー大滝の大落石。私たちはこの1時間前、白煙に包まれた斜面の中を登っていた

リー大滝の落ち口に迫っていた。

岩雪崩の原因はこれだった。私たちは弾薬庫の真下を、何も知らずに歩いていたのだった。

大落石の原因は?

それにしても、これほどの落石がどうやって起きたのだろうか。これは推測にすぎないが、前日に降った雨が上部岩壁帯の岩の隙間に浸み込み、夜間の冷え込みによって凍結した際に氷が膨張して岩を剝離させることになったのだろう。そして日の出とともに気温が上昇し、岩をつなぎ止めていた氷が解けて一気に落下。崩壊の連鎖が続いて、谷間を埋め尽くすほどの規模になってしまったのではないだろうか。

もともと第四尾根の上部、cガリーの側壁は脆いことで知られていた。一九八一年には、第四尾根登攀の重要な休憩ポイントだった畳一畳ほどのテラス、「マッチ箱のコル」がごっそりと崩落した。二〇一〇年には第四尾根の最上部、「枯れ木のテラス」付近の岩が崩れてルートの一部が消滅。このときの落石を受けて、下部岩壁の下にいたクライマーが一人、死亡している。それは今回と同じ一〇月のことであった。

地質の層にも崩れやすい要因があったのかもしれない。cガリーの上部に溜まっていた岩の色は

cガリーを埋め尽くす落石予備軍は大滝の落ち口近くにまで迫っていた

白く、明らかに周囲の岩質とは違っていた。北岳上部にある石灰岩の層と他の岩との間に断層ができていて、それが崩壊の規模を大きくさせたということも考えられる。

いずれにせよ、これほどの落石が起きることを予想するのは不可能だったと思う。岩雪崩が起きたその瞬間に私たちがcガリー大滝の下にいなかったのは単なる偶然であり、結局のところ「運が良かった」のひと言で済まされることだったのかもしれない。

ただ明確に覚えているのは、その日の二度目に落ちてきた石が目の前に止まったとき、言いようのないイヤな気分が湧いてきたことだった。ふだんから超心理現象などをまったく信じない私だが、このときだけは「絶対にこのまま前進してはいけない」と

第四尾根からｃガリー大滝と下部草付帯を見下ろす。石で掘り起こされた黒い土が散見される（写真＝保科雅則）

無事、第四尾根を登りきった萩原（左）と山野井（写真＝保科雅則）

感じていた。

その後、私たちは澄み切った青空のもと第四尾根のクライミングを楽しみ、登攀の様子をフィルムに収めた。「日本のクラシックルート」の取材はその後も各地で続けられ、連載が終了して二年後に一冊の本にまとめられた。山野井はより厳しいクライミングスタイルをめざして世界の高峰で活躍し、日本を代表するトップクライマーとしていまも登り続けている。

教訓

- ときには理屈抜きで自分の感情に従い判断することも大切にしたい。
- 放射冷却で冷え込んだ秋の朝は自然落石に注意しよう。

File 02

見えない凶器　笠ヶ岳穴毛谷

笠ヶ岳という山

落石の怖さはサイズやスケールだけの問題ではない。たとえ小指の爪先くらいの小石であっても、長い距離を落ちてきたときの破壊力は恐ろしいものがある。

私の母校、青山学院大学の山岳部では一九八一年、北アルプス笠ヶ岳の地域研究をテーマに四季を通して笠ヶ岳を登り込んでいた。これは当時の山岳部監督、西堀岳夫さん（西堀栄三郎氏のご子息）の「大学生らしくアカデミックな山登りをやってみたらどうかね」というアドバイスのもとに、主将の私が年間目標として掲げたテーマだった。

ひとつの山を、季節を変え、ルートを変えて登り続けることではじめてその山の本当の魅力を理解できるのではないか。そう思って選んだ山が笠ヶ岳であった。

北アルプスの連嶺からひとり距離を置き、派生した尾根の先に堂々とそびえる笠ヶ岳は、四方に長大な尾根を延ばしてそれぞれが雪山登山の対象となっている。頂上に突き上げる沢も沢登りの

笠ヶ岳の懐に深く切れ込んだ穴毛谷の支流群

対象として魅力的なものが多く、これは穂高岳や剱岳といったアルペン的風貌の山にはない魅力のひとつだ。クライミングの対象としても、東面に深く切れ込む穴毛谷には高度差二〇〇〜三〇〇メートルほどの、人の手にほとんど触れられることのないルートが隠れている。

そして、ここのいちばんの魅力は入山者が少ないことだった。振り返ってみれば、一般登山道以外で人に会ったことは一度もなかった。その一年間、私たちは四季を通して笠ヶ岳のバリエーションルートを独占していたことになる。

具体的には、雪山では南西尾根や北西尾根、穴毛谷第一尾根東北支稜、西尾地尾根、憲三尾根。残雪期は穴毛谷第二、第三、第五尾根の雪稜登攀と穴毛谷本谷のスキー滑降。そして夏は笠谷、小倉谷、打込谷、穴毛谷六ノ沢といった沢登りのほかに、穴毛谷四ノ沢左俣第一岩稜やピナクル東南壁といった壁を登攀した。二ノ沢出合の岩壁では、下級生のために岩登り訓練のためのルートを作り、大学卒業後にフリークライミングの実力をつけてから、同じ岩場に舞い戻ってフリーの新ルートを開拓したりもした。

とにかく四季を通してあらゆる角度から、あらゆる登山形態をとりながら、執拗に笠ヶ岳に通い続けた一年だった。こうして登り続けたことにより、笠ヶ岳という山の奥の深い魅力に少しでも触れられたような気がする。大学三年のときの私たちの登山は、笠ヶ岳が、蒲田川を隔ててそびえるスーパーエース、穂高岳にも決してひけをとることのない魅力的な山であることを証明するための登山でもあった。

痛みも自覚もないままに負傷

笠ヶ岳の岩場といっても一般にはあまり知られていないようだが、東面に広がる穴毛谷の奥にはスケールの大きな岩場が点在しており、クライミングの対象となっている。ちなみに穴毛谷というユニークな名前は、四ノ沢出合の左岸にそびえる「穴毛岩」に由来するといわれている。そこには縦に深く割れた洞窟状の岩があり、上部はブッシュ帯になっていて枯れた草が垂れ下がっている。それが女性器を連想させることからそのような名前がつけられたのだと昔の本に書かれていた。

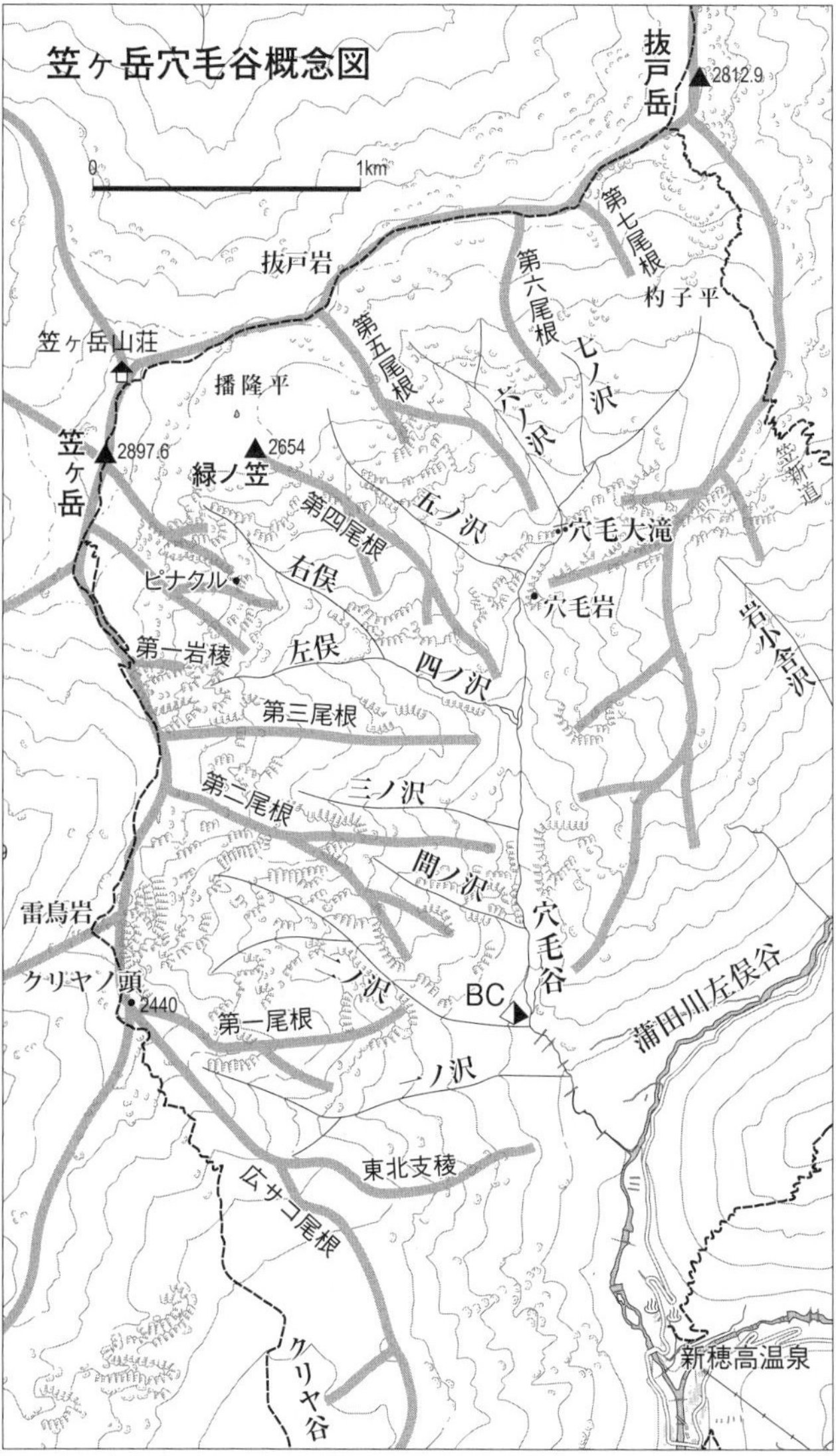
笠ヶ岳穴毛谷概念図
0
1km
抜戸岳
2812.9
第七尾根
抜戸岩
第六尾根
杓子平
笠ヶ岳山荘
第五尾根
七ノ沢
播隆平
六ノ沢
笠ヶ岳
2897.6
2654
緑ノ笠
第四尾根
五ノ沢
穴毛大滝
笠新道
ピナクル
右俣
穴毛岩
第一岩稜
左俣
四ノ沢
岩小舎沢
第三尾根
三ノ沢
第二尾根
間ノ沢
雷鳥岩
穴毛谷
二ノ沢
BC
クリヤノ頭
2440
第一尾根
蒲田川左俣谷
一ノ沢
東北支稜
広サコ尾根
新穂高温泉
クリヤ谷

一九八二年の夏、私たちは二ノ沢出合付近の台地にベースキャンプを設け、二週間ほど滞在して岩登りと沢登りを楽しんだ。

四ノ沢左俣第一岩稜を同学年の小山恭吾と登ったときのことである。ベースキャンプを早朝に出発した私たちは穴毛谷本流の踏み跡をたどり、四ノ沢に入った。四ノ沢は途中から広い雪渓となり、硬くて急峻な雪にはピッケルとアイゼンが必要となる。登るにつれて谷は明るく開け、谷を縁取る岩壁、岩峰がしだいに姿を現してきた。なかでもひときわ目立つ岩塔が正面のピナクルと左俣の第一岩稜である。二つの岩塔のあいだには第二岩稜の幅広い岩壁帯、そしてピナクルの右手には四ノ沢右俣奥壁の白茶けた岩壁が朝日を浴びて輝いていた。入り口の狭い穴毛谷本流の奥に、これほどワクワクする素敵な空間が広がっていることを知る人は少ないだろう。この日、私たちは四ノ沢の岩場を独占できたことを誇りに思いながら登高を続けた。

傾斜を増した雪渓は、第一岩稜の末端でベルクシュルントとなって終わり、アイゼンを着けたまま岩場に乗り移って第一岩稜の取付に向かう。見上げると、首が痛くなるような傾斜感で第一岩稜がそびえ立っていた。

テラス状の岩棚で一ピッチ目の登攀に備えてロープを結び合っているときのこと、頭上に小さな石がパラパラと落ちてきた。それは砂ボコリとともに落ちてきたごく小さなもので、一瞬、体をか

穴毛谷四ノ沢二俣にて。中央の岩塔がピナクルで、左の岩塔が第一岩稜

がめてやりすごした……つもりだった。

つもりだった、というのは、気づかないままに私が負傷していたからだ。

とくに痛みを感じたわけでもない。石が当たったという自覚もまったくなかった。にもかかわらず、小山に「萩原、血が出てる」と指摘され、左手を見ると小指の付け根付近から血が流れ出ていた。痛みをまったく感じなかったので、いつ負傷したのかはわからない。ただ、ロープを結んでいるときには傷はなかった。流れる血をぬぐってよく見ると、三ミリほど皮膚の表面が削り取られていた。

想像するに、さきほどの落石の一片が私の左手をかすめた際、皮膚を切り取ったのだろう。痛みを感じないほどに鋭く皮膚を裂いた落石の力。たまたまかすり傷で済んだが、ほんの数センチ当たる場所がずれていたら、手の甲の血管や骨にめり込んで大変なことになっていたかもしれな

杓子平から見た穴毛谷四ノ沢左俣第一岩稜

い。このとき、さらにヘルメットに当たって飛び散った小石もあった。もしヘルメットをかぶるタイミングが遅れていたとしたら、頭部裂傷という、もっと深刻な事態になっていたにちがいない。

幸い、左手の傷はクライミングに支障のない程度だったので、この日は第一岩稜を登攀して稜線に出たところの雪田の傍らでビバーク。翌朝、笠ヶ岳の頂上を踏んでから穴毛谷本谷経由でベースキャンプに戻った。

このときの傷痕は、いまもはっきりと左手に残っている。

教訓

- ヘルメットはとにかく早めにかぶること。
- 小石の殺傷能力を甘く見てはいけない。

File
03
雨の日の側撃弾
水俣川

人が起こす落石

落石の原因にはさまざまなパターンがある。一般登山道で最も多く遭遇するのは登山者が起こす人為落石だろう。急峻なガレ場の登降中、不用意に置いた足先から落としてしまった石が、下を歩いている人を傷つけてしまうケースもある。

これはあくまでも個人的な印象なのだが、近年、穂高岳などの稜線で危なっかしい歩き方の人をよく見かける。きっと岩場やガレ場を歩いた経験が少ないのだろう。後ろ足の爪先で岩を蹴り出すように歩いたり、岩がグズグズに堆積した場所に無造作に足を踏み込んだり……。そして、石を落としても下にいる人に注意を呼びかけるのでもなければ、落石に対する詫びの言葉もない。自分が落とした石が下にいる人にどんな影響を与えるのか、まるで配慮が至っていない。石を落としてしまったらすぐに「ラク！」（落石の省略）と大声で叫んで相手に知らせるという基本的なマナーも知らないのか、石を落としてもただ黙っている。落石の結果を想像することもできないような、余裕のない登山者が増えているように思えるのだ。

だから、私はずっと穂高の尾根歩きにヘルメットは過剰装備と思っていたのだが、いまは違う。とくに人為落石から頭を守るために着用を勧めるようになったし、私自身も積極的にかぶるようにしている。

一般登山道でとりわけ注意したいのは、登山者同士のすれ違いである。狭い岩場の道で人とすれ違うときには、どうしても道から外れた場所に足を置かなければならないことがある。これがじつに危険なのだ。人によく踏まれた道なら岩は安定しているが、道を外れてしまうと落石の危険性が飛躍的に高くなる。足場の状況によっては石どころか自分も落ちてしまうことがあるので、道を外れるときは十分に注意していただきたい。自分が加害者にならないように、人為落石には誰もが気をつけたいものだ。

風が起こす落石、水が起こす落石

人が歩くことによって起きる人為落石だけでなく、自然現象による落石にも注意したい。

落石の意外な要因に「風」がある。これは剱沢小屋の佐伯友邦さんに教えていただいたのだが、「風の強い日は落石に気をつけろ」ということだ。とはいっても、べつに強風が石を吹き飛ばすと

硫黄尾根末端壁のはるか下に水俣川は流れている

いうわけではない。風による落石の起点は木の根元にある。たとえば雪解けの季節、強風がハイマツの枝を揺らしたとしよう。すると、それまで木の枝が押さえ込んでいた石が支えを失って落ちはじめる。樹木が崩壊地の縁に根を張っている場合も同様だ。風が木を揺らすことによって、根元にからんでいた石が落下するのだ。

風が強いときは落石の音に気づきにくいものである。さらに、雪渓の上を落ちてくる石は音がしないため、十分な警戒が必要になる。したがって、風が強く、視界も悪い雪渓の登高では落石に対して最大級の注意を払わなければならない。

霧のなかから突然姿を現す雪渓上の落石は本当に恐ろしい。ほとんど音がしないのだ。谷の中の風は弱くても稜線付近で風が強いときがあるので、雪渓の登高では風と落石との因果関係を理解したうえで、落石に注意するようにしたい。

落石のもうひとつの大きな自然要因が水である。雨によって土壌が緩み、水の流れが岩を支えていた土砂を流し去って岩を動かす。バランスを崩した岩は重力にまかせて落ちはじめる。水も岩も落ちる方向は同じである。だから、水の流れる場所はそのまま落石の通り道でもあることを知っておくといい。実際に、そのとおりに落ちてきた石に被弾したことがある。私ではなく山岳部の先輩の話だ。

自分の体重より重いザックを背に

大学二年生の夏、青山学院大学山岳部は槍ヶ岳北面の千丈沢にベースキャンプを設けて長期合宿を計画していた。廃道となった宮田新道の踏み跡をたどり、千丈沢の上部、六ノ沢との出合付近にテントとタープを張って前進基地とし、そこを起点に周辺の岩や沢などのバリエーションルートを登る計画だった。

全日程が三週間の計画だったため、荷物は重かった。なにしろ基礎体力をつけることが目的のひとつにあったため、軽量化への配慮などこれっぽっちも考えていない。タマネギ、ジャガイモ、ニンジンの、長持ちする根菜三兄弟をそのまま袋に入れて運び、米はもちろん生米。肉類は二キロの

槍ヶ岳北鎌尾根
ワリモ沢
湯俣川
湯俣
カラ谷
0
1
2km
水俣川
中東沢
事故現場
硫黄岳
2553.8
千天出合
硫黄尾根
P2
千丈沢
中山沢
ガレ沢
P4
天上沢
貧乏沢
天狗原沢
2540
天狗沢
北鎌のコル
BC
北鎌沢右俣
2749
北鎌沢左俣
北鎌尾根
独標
2899
P14
2873
間ノ沢
北鎌平
ヒュッテ大槍
千丈沢乗越
槍ヶ岳
3179.7
槍ヶ岳山荘
水俣乗越
殺生ヒュッテ
東鎌尾根
西岳
飛騨乗越
2758
大喰岳
3101
坊主岩小屋
ヒュッテ西岳

ベーコンの塊を持った。そのほかに、フレームだけで三キロ近い重さがあるビニロン製の家型テント、登攀具もルート開拓ができるくらいのハーケンやカラビナをしっかり持った。で、たっぷりと食料と装備を詰め込んだザックの重さは一人平均六〇キロ。当時の私の体重よりも二キロも重い。五〇キロを超える重さのザックはいちど背負ってしまえばなんとか歩けるのだが、背負いはじめと下ろすときに苦労した。地面に置いたままでは自力では立ち上がることができず、いったんベンチなどの高さに中継してからショルダーベルトに肩を通して背負う。中継する場所がない場合は中腰になって曲げた膝の上にいったんザックを置き、ショルダーベルトに腕を通してから反転するようにして肩に載せる。重量上げのクリーン&ジャークの要領である。

夏山合宿出発の日、大学の部室でパッキングを済ませて六〇キロのキスリングザックを背負い、青山通りを歩きはじめた。しばらくは緩い下り坂なので平和だったが、宮益坂の横断歩道橋で最初の地獄を見た。階段を一歩一歩登るのがまあつらいこと。さらに歩道橋を下り渋谷駅へと降りていく。下りの階段では、大腿直筋がいかに酷使されるか身をもって知った。そして青山という「山」から渋谷という「谷」へ、名前が地形を表しているのだということを、下り坂と六〇キロの荷物が教えてくれたものだった。

炎天下の都会で汗だくになりながら重荷と闘い、山手線、中央線の夜行列車とバスを乗り継いで七倉に到着。初日はここから湯俣まで、九キロの林道を六〇キロを背負って歩く。

湯俣の直前までは道幅も広く、アップダウンの少ない林道なのでのんびりと入山することができた。しかし湯俣から先、千丈沢のベースキャンプ予定地までは水俣川に沿って廃道同然の道を行く。ここにはかつては千丈沢を経て西鎌尾根の千丈乗越に向かう道と、天上沢を経て東鎌尾根の水俣乗越まで続く道があったのだが、いずれも一九六九（昭和四四）年八月の集中豪雨で道が荒れてしまっており、重い荷物を背負って歩くには危険すぎる。そこで、荷物は各自三〇キロずつ二回に分けて運ぶことにした。

水俣川側壁からの被弾

その日は朝から小雨模様だった。午後から本格的な雨になることがわかっていたので、偵察も兼ねて半分だけでも荷上げをしておこうと湯俣を出発した。しかし雨はすぐに本降りとなった。

発電所の取水口を過ぎて吊り橋を渡り、伊藤新道との分岐を水俣川方面に入る。道は一気に荒れてきた。藪に覆われた踏み跡を進むと、ところどころに道であったことを示す工事用ロープや針金が残されていて、桟道の跡と思われる丸太の束が木に引っかかっている。踏み跡は水流のぎりぎり横を歩くかと思えば、深い淵を高巻くように藪尾根を上下する個所もあった。

千天出合まで約半分くらいのところだった。先頭を歩いていたK先輩が、「あっ」と小さな声を発したかと思うと、その場にかがみこんでしまった。右足首を手で押さえ、苦しそうな表情を見せている。

「落石っ。落石にやられた」と叫ぶ先輩の声に促されて、まずは後続する下級生二人を安全な場所に避難させた。先輩に肩を貸して河原まで下ろし、様子を見る。足首付近が太く腫れていた。痛みも激しいらしい。

何が起きたのかよく覚えていないと言いながらも、先輩の話を総合すると、小さなルンゼ状の地形をトラバースしているときに、上部から落ちてきた岩の直撃を受けたようだった。運悪く右足のくるぶし付近に当たり、骨が折れていることは間違いない。歩くことは無理だろう。雨はいつのまにか勢いを増し、谷全体が白く霞んできた。一刻も早く下ろさないと危険な状態である。それは誰の目にも明らかであった。

まずは一年生の安全確保が先決だ。登りでは問題なくここまで歩いてきたが、下りには倍の注意を払わなければならない。二年生二人を先行させ、危険個所にフィックスロープをセットして下級生を通過させるようにする。フィックスロープはそのままにして、湯俣まで下ったらすぐに救助要請をするように指示をした。

水俣川に沿って荒れ果てた登山道跡を行く（1994年）

それから先輩の応急手当てにかかる。三角巾とガムテープで足首を固定し、添え木を当てて再度テープで固定する。そして背負い搬送で湯俣まで運ぶことにした。

まずは背負いシステムの構築である。当時はキスリングザックというシンプルな帆布仕立てのザックを背負っていたので、中身をすべて出しておんぶ紐の代わりを作ることにした。要は簡単。ザックを上下逆さまにして、緩めに調整しておいたショルダーベルトの下の付け根に両肩を通す。そして肩ベルトの肩に当たるあたりに要救助者の足を入れて背負うと、ザックが袋状になって被救助者が腰掛けられるようになり、背負うほうも背負われるほうも楽になる。おんぶとちがって、二人とも手が使えるようになるので安全なのである。

とはいっても、きのうまでの六〇キロの荷物よりも先輩は重かった。戻る道は傾斜地のトラバースが続くので、谷に落ちたら止めようがない。前後からロープで補助されているものの、背負うほうも背負われるほうも命がけである。いちばんの危険個所には先発隊が設置したフィックスロープがあったので、それを手すり代わりに使って無事に通過。ひたすら汗をかきつつ湯俣をめざした。背負い手は一〇分ほどで元気なメンバーと交代した。とにかく前へ、前へ。雨はしだいに激しくなり、川の水も勢いが増してきた。側壁から流れ落ちる水流も太くなったような気がする。滑りやすい岩場と側壁からの落石には十分に注意を払い、二重遭難だけは避けることを念頭に歩き続けた。

全身ズブ濡れになって湯俣に着くころには、あたりは薄暗くなりかけていた。後輩たちを無事に下山させた部員から救急車が林道終点まで来ていることを聞き、吊り橋を渡って林道の終点をめざした。平地になると、重かった先輩の体も心なしか軽く感じられた。おそらくアドレナリン全開で、疲れもいつのまにか忘れ去っていたのだろう。

ヘッドライトを点けた救急車と合流してほっとひと息。あとは救急隊員に先輩を託し、レスキューは終わった。肩の荷が下りるとはまさにこのことで、そのまま浮き上がりそうな体を弾ませて湯俣への帰途についた。

ところが、さきほど渡ったばかりの吊り橋を見て背筋が凍った。救急車までの往復、わずか三〇分ほどのあいだに水位が一メートル近く上がっていたのだ。橋の下ぎりぎりのところまで濁流が迫っていた。波を立て、渦を巻き、襲いかかってくるような茶色い水の流れは、朝、出発したときに見た青く澄んだ川とはまるで別の顔だった。橋を渡りながら濁流を見下ろすと、水のなかで流されてきた岩どうしがぶつかり合って「バチン、バチン」と音を立てている。水は川幅いっぱいに広がり、河原の露天風呂も濁流のなかに飲み込まれていた。

あのときレスキューでモタモタしていたら、この濁流にさらわれていたかもしれない。また、側壁からの落石のリスクはさらに高まっていたことだろう。なによりも落石の当たった場所が頭でなくてよかった。そして先輩が落石の衝撃で谷に落ちずに踏みとどまってくれたことにも感謝しなければなるまい。

濁流となって暴れまくる水俣川と、巨岩のぶつかり合う様子を見ながら、あらためて水の力と怖さを思い知ったのだった。

教訓

- 雨の降る日は落石の危険が30倍。
- 側壁からの落石には十分注意しよう。

File

04

カモシカの殺意？ 鷲羽岳ワリモ沢

充実の定着合宿

大学二年の夏山合宿は、入山早々、水俣川沿いの落石事故で一時中断となった。しかし事故の二日後、態勢を立て直して槍ヶ岳千丈沢に入山。ベースキャンプを設営して当初の計画どおりの定着合宿が始まった。

千丈沢の六ノ沢出合付近にはちょっとした台地があり、快適なテント生活が送れるようになっている。すぐ近くを沢が流れているので水も取れ、雪渓が残っていて天然の冷蔵庫に使える。近くに道がないので登山者が通ることもなく、ベースキャンプとしては最適の環境だった。私たちはここをベースに約一〇日間、バリエーションルートの登攀の日々を送っていた。

目標とするルートは北鎌尾根の西側に突き上げる七本の岩稜とその側壁で、ベースキャンプで昼食用の弁当を作ってザックに入れ、日替わりでA稜からD稜、そしてC稜ツルム（ドイツ語で尖塔状の岩峰の意味、英語のタワーと同義）正面壁などを登っていた。このあたりの岩場はフリクショ

北鎌尾根とその側壁。手前は硫黄尾根

ンがすばらしく効く花崗岩で、残置ハーケンも少なく、自分たちの思うがまま自由にルートを選んで登ることができた。

定着合宿中の一年生の必修メニューは、通称「北鎌ロング」と呼ばれる末端からの北鎌尾根周回コースだ。早朝、千丈沢に沿った廃道跡をヘッドランプの明かりで下り、千天出合から少し登った先のＰ２尾根に取り付いて北鎌尾根の末端近くのピークＰ２に登り着く。そこからはアップダウンの激しい岩稜を登って北鎌のコルに達し、北鎌尾根上部を稜線どおしに登って槍ヶ岳に登頂。西鎌尾根を下って千丈沢乗越から千丈沢上部のガレ場を通りベースキャンプへと駆け下る。近年は北鎌のコルから上部しか登らない登山者が多いなか、末端から一日で北鎌尾根をフルに歩き切ったときの充実感は、連れていく側にとってもなかなかのものだった。

一年生のもうひとつの必修コースは槍ヶ岳の隣にそびえる小槍の登攀である。ベースキャンプから槍の肩へと登り、二ピッチの登攀で小槍の頂上に立たせる。そして、槍の肩で見学している登山者に向かって大きな声で自己紹介をさせたうえで、アルペン踊りを踊らせたものだ。

「アルプス一万尺」の歌に出てくるアルペン踊りだが、昔からとくに決まった振り付けなどがあるわけではない。小槍の頂上は場所も狭く、動きも限られるため、即興で、とにかく遠くからでも目立つ踊りをやらせた。一年生部員は単に岩場を登ったり、長い岩稜縦走で脚力とバランス感覚を身につけるだけでなく、アルペン踊りの洗礼を受けて舞台度胸をつけ、たくましく成長していった（ような気がする）のだ。

ビバークロングで沢登り

そうした定着合宿のメニューのひとつに「ビバークロング」というものがあった。ツェルトまたはフライシート一枚に、シュラフカバーと最低限の食料を持っただけの軽装で、縦走や岩登りや沢登りを楽しんでくるというものだ。

過去には滝谷でのクライミングや五色ヶ原までの一泊ロング縦走といったことをやっていたの

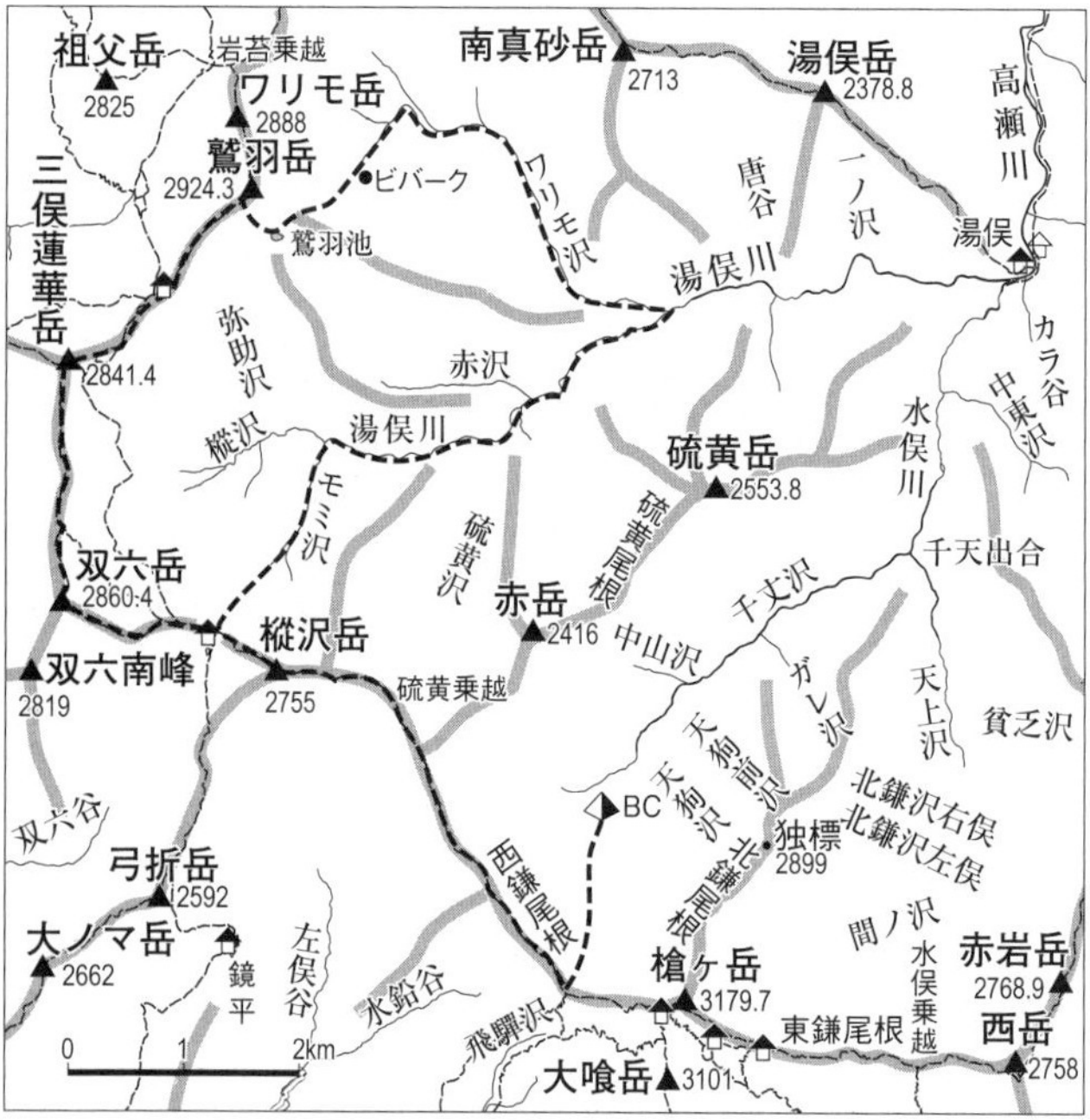

だが、この年のテーマは北アルプスの三大源流をたどる沢登り。黒部川、高原川、そして高瀬川の源流部を三つのパーティーに分かれて登り、鷲羽岳の頂上で合流しようというプランであった。

私の担当は高瀬川の源流遡行だった。高瀬川は上流で湯俣川と水俣川に分かれ、そのうち水俣川はベースキャンプを設営した千丈沢へと続いていて遡行済みである。したがって目標を湯俣川に定め、鷲羽岳山頂へと突き上げるワリモ沢を遡行することに決めた。地図を眺めてみると、左俣を詰め上げた源頭が鷲羽池になっている。谷は極端に深いというわけではなく、困難な滝もなさそうだ。沢登り初体験の一年生部員を連れて登っても問題ないだろう。北鎌ロングを経験している部員なら、体力や歩行技術の心配は無用というものだ。

定着合宿後半、私は一年生の川又裕二を連れてベースキャンプを後にした。足ごしらえは加藤文太郎の時代よろしく地下足袋である。底が薄く、足裏感覚がダイレクトに伝わる地下足袋は、さらにわらじを履くことによって最強の沢登りフットウエアになる。千丈沢乗越までのガレ場では、尖った岩のダイレクト触感でいきなり足の裏が痛くなったが、登山道に入れば極楽の高速道路。西鎌尾根を双六小屋まで下り、小屋の前で登山道に別れを告げてモミ沢に足を踏み入れる。すぐに水が現れ、わらじを履く。樹林帯の中の流れはおだやかで、下るのになんの支障もない。水ゴケでヌルヌルした岩に、わらじのフリクションがじつに快適に効く。小さな滝をひとつひとつクリアしながら湯俣川の本流をめざした。

水の流れが太くなり、谷が深くなってくると、モミ沢はガレた沢となって湯俣川に合流した。ここで伊藤新道の跡を発見する。こちらも水俣川同様、一九六九年のゲリラ豪雨のために荒れた状態になっており、ところどころに崩れ落ちた桟道を見ながら水流沿いに下っていった。それまで豊かな森だった右岸の斜面が白茶けた火山の様相を呈してくると、硫黄沢の出合に到着。上流は地球とは思えない荒涼とした岩の斜面となっており、そこにひと筋、硫黄分を含んだ白濁した水が流れて

遠景の画面左端が北鎌尾根の末端部分。
モミ沢は双六小屋のすぐ東側から下降できた

荒涼とした湯俣川本流。硫黄沢の合流点付近に立つ私

いる。白い水なのに淵の色は鮮やかなコバルトブルーだった。周辺の河原を観察してみると、ところどころに湯気が出ていた。ブクブクと湧き出る水に触れてみると温かい。ここがいまも活動を続ける火山地帯であることがよくわかる。

その後、何本かの小沢を合わせると湯俣川は激しい流れへと変わっていった。こうなると徒渉するのもひと苦労。急な流れだと膝の深さを超えた時点で脚をさらわれ、流されてしまう危険がある。そこで、二人でラグビーのスクラムよろしく肩を組み、腰を低く落としてじわじわと徒渉を繰り返しながら下っていった。

左手に深いゴルジュ（フランス語で喉の意味。左右の岸が狭くなり両岸が切り立っている場所）が見えると、そこがワリモ沢の出合だった。ワリモ沢は左岸から屈曲した流れで湯俣川に流入しており、谷の奥は見えない。ここで私たちは湯俣川の本流と別れ、鷲羽岳へと突き上げるワリモ沢に入っていった。

故意？　それとも過失？

出合からゴルジュ帯に突入する。両岸とも五〇メートル近くは切り立った崖になっていた。ただし流れは湯俣川本流と違ってそれほど急ではない。しばらく進むと水流はますますおだやかになって広い淵となった。両岸とも岩場が覆いかぶさるように高く迫り、廊下のような谷間になっている。水の流れもゆるやかなため、淵に入って太ももまでもぐる水のなかを歩いていった。淵は左にゆるくカーブを描き、ゴルジュ帯もまもなく終わる、というところで異変が起きた。

突然、私の右肩の近くで水しぶきが上がった。聞き取りにくかったが、たしかに「ジュン」と音がした。最初は何が起きたのかわからず、イワツバメが近くを飛んだのかとも思ったが違った。落石の着水音だったのである。

見上げると崖の中にカモシカが立っていた。じっとこちらを見ている。外傾した岩場に立つカモシカの、ひづめの先からまた小石が落ちてきて水面を叩いた。私が立っているところからほぼ鉛直方向上、一〇メートルほどの高さに彼（彼女？）はいた。そこは見るからに不安定な場所で、もしそのまま落ちてこられたら、こちらは圧倒的に不利である。カモシカの〝フライングボディーアタック〟で私はワリモの淵に撃沈することだろう。頼むから動かないで……、石、落とさないで……と念じながらそーっと上流へと進み、落石の射程範囲から逃れることができた。

あのときカモシカが石を落としたのは、故意だったのかどうかはわからない。しかし、少なくとも不審な侵入者に対する威嚇行動としては合格点だったと思う。こちらはあやうく危ない目に遭ったわけだし、実際にその場からすぐに逃げたのだから。わざと狙って落としたのか、それとも

鷲羽岳山頂から見た鷲羽池。ワリモ沢はこの左奥に突き上げている

うっかり落としたのか。まあともかく、石に当たらなくてよかった。それよりも、とんでもない急な崖の途中にカモシカが立っていたことに驚いた。人間が両手を使ってようやくしがみつけるような斜面に四本足でしっかりと立っていたこと、そしてその場所にわざわざ移動してきたのはすごいことだと思った。やはり私たちに対する攻撃の意図があったのだろうか。

壁のなかからまだじーっとこちらを見ているカモシカに手を振って私たちは上流をめざした。その日はワリモ沢左俣の、水が涸れる手前に平地を見つけてビバーク。この源流域にいるのは私たち二人だけだと思うと気分がいい。夜が更けて、ふと気がつくと鷲羽岳の山頂付近に灯りが見えた。連絡係の依田光雄が、トランシーバーを持ってわざわざ頂上に上がってきたようだ。こちらもヘッドランプを振って応答し、話を聞くと、黒部川チームも高原川チームもまだ谷の中にいるらしい。彼にカモシカに〝殺されかけた〟話をちょっとだけおおげさに伝え、こちらの無事を報告する。

翌日、ワリモ沢の源頭部で素晴らしいお花畑に出会った。シナノキンバイの大群落となっていて、まるであたり一面が黄色の絨毯。一般の登山者が入ることも見ることもできない、まさに「秘密の花園」だった。入山して二週間を過ぎ、薄汚れた服に身を包んだ大学生の男二人は、自分たちにとても似つかわしくないお花畑をたどってワリモ沢の溯行を終えた。

鷲羽池のほとりの砂浜に寝転んで太陽をいっぱいに浴び、濡れた衣類を乾かしていると、カモシカの視線を思い出した。彼（彼女？）はあの暗く湿ったゴルジュの壁のなかで、いったい何を考えていたのだろうか。そしてあのあと、無事に崖から脱出できたのだろうか。

教訓

- 落石のきっかけは意外なところにもある。
- 落下音の聞こえない落石には要注意。

第2章

雪崩

File
05 五六豪雪のクリスマスプレゼント 笠ヶ岳憲三尾根

冬の笠ヶ岳

大学三年の夏、山岳部の主将を任されることになった私は笠ヶ岳の地域研究を活動方針に定めた。笠ヶ岳という山を、四季を通してあらゆる方向から、さまざまな登山スタイルで登り尽くそうという計画である。大学山岳部に人気の剱岳や穂高岳ではなく笠ヶ岳を選んだ理由は、第一に静かな山であるということ。北アルプスの主脈から外れていて、入山者が少ないというのは魅力的だ。第二にバリエーションルートが豊富だということ。クライミングも雪山登山も沢登りも、あまり知られてはいないが面白そうなルートがここには山ほどある。第三の理由は、一年生のときに同期入部の六人で剱岳から縦走したときのゴールが笠ヶ岳だったということだ。三番目の理由が仲間の説得に効果的だったかどうかはわからないが、全員が私の提案に賛同してくれて、さっそく秋の偵察山行から私たちの笠ヶ岳詣でが始まった。

積雪期の笠ヶ岳登山を考えたとき、候補は四つの尾根に絞られる。北西尾根、南西尾根、広サコ

冬の笠ヶ岳と錫杖岳、大木場ノ辻に至る稜線（写真＝内田 修）

尾根、そして錫杖岳から笠ヶ岳へとつながる長い稜線である。

このなかで、南西尾根は一般登山道から遠く離れていて、その奥深さがいかにも玄人好みのルートだといえた。播隆上人が笠ヶ岳に登った際にこの尾根の一部を歩いたという言い伝えもあり、春山合宿の有力候補に挙げていた。実際に、偵察山行として同期の菊地理《おさむ》と一一月下旬に登ってみたのだが、たしかに山は深かった。入山初日に笠谷の奥でビバークしていたらサルの軍団に囲まれてしまい、攻撃にそなえてピッケルを抱いて寝る羽目になった。尾根に取り付いたら猛烈な藪が行く手をさえぎり、丈夫さだけが取りえのクライミングパンツに穴が開いた。ようやく森林限界を超えると、こんどは中途半端に雪を載せたハイマツ帯が待っていた。微妙に締まった雪の上では、数歩歩いては踏み抜いてしまい、ハイマツの落とし穴にはまって雪まみれになるという苦労もした。それだけに、季節外れの無人の笠ヶ岳山頂に立ったときには感慨深いものがあった。正面には穂高の稜線が白い屏風のように高くそびえている。その稜線を北に目で追っていくと、鋭く天を突く槍ヶ岳の姿があった。それを見て、来年三月の春山合宿は南西尾根から笠ヶ岳を経て槍ヶ岳まで縦走するという計画を思い描いたのである。

同じ時期、前田淳と小山恭吾のパーティーが錫杖岳から笠ヶ岳へと続く稜線を歩いていた。目的は冬山合宿ルートの偵察である。彼らも稜線で雪に苦労させられたようだが、偵察隊としての十分な役割を果たして東京に帰ってきた。これらの結果をもとに、一二月の冬山合宿は錫杖岳から笠ヶ岳の登頂、三月の春山合宿は南西尾根からの笠ヶ岳登頂と槍ヶ岳への縦走をめざすことにした。

*

穂高連峰から笠ヶ岳を見ると、ツンと飛び出した頂上のトンガリを頭にして、鷲が大きな翼を広げて相手を威嚇しているかのように見える。右の翼に当たるのが抜戸岳に続く稜線で、左の翼がクリヤの頭を経て錫杖岳に至る稜線だ。

私たちは、左の翼の末端から笠ヶ岳山頂まで完全にトレースすることを目標に定めた。入山口は標高八〇〇メートルの栃尾集落。道の終点にある山奥の登山口ではなく、人が普通に生活している

笠ヶ岳周辺図
双六岳
2860.4
双六南峰
2819
金木戸川
板戸岳
2232.8
0
2
4km
双六谷
弓折岳
2592
大ノマ乗越
大ノマ岳
2662
鏡平
秩父平
打込谷
秩父岩
小池新道
小倉谷
北西尾根
抜戸岳
2812.9
奥抜戸沢
抜戸岩
杓子平
下抜戸沢
笠ヶ岳山荘
播隆平
笠ヶ岳
2897.6
緑ノ笠
穴毛大滝
左俣谷
笠新道
四ノ沢
岩小舎沢
中崎尾根
南西尾根
三ノ沢
穴毛谷
中崎山
1744.1
雷鳥岩
二ノ沢
クリヤの頭
2440
東北支稜
右俣谷
新穂高温泉駅
笠谷
中崎
小鍋谷
錫杖岳
2168
大木場ノ辻
2232.5
クリヤ谷
穴滝
千石尾根
西尾地尾根
雪崩発生点
憲三尾根
槍見温泉
新穂高温泉
外ヶ谷
西穂高口駅
中尾温泉
洞谷
小糸谷
蒲田
足洗谷
割谷
割谷山
栃尾温泉
蒲田川
2224.2

村から歩いて入山するというスタイルが気に入った。栃尾から「憲三《けんぞう》尾根」と名づけられた尾根をたどって大木場《おおきば》ノ辻（二二三三メートル）へ。さらに尾根に沿って錫杖岳（二一六六メートル）に至り、北上して笠ヶ岳（二八九八メートル）頂上に登る計画である。

登山口から頂上までの標高差は二〇〇〇メートル。全行程の四分の三に道はない。雪に埋もれた冬にこそ登る価値があるこの尾根は、最初に取り組む雪山ルートとして最適と確信した。

憲三尾根を登る

一九八〇（昭和五五）年一二月二一日。青山学院大学山岳部パーティーは、栃尾集落を通って洞谷左岸の斜面に取り付き、鉄塔の巡視路らしき道をたどって尾根に出た。道は尾根をまたぐように反対側の谷に下っていき、私たちが向かう先に道はない。あたりは見通しのよい雑木林になっていて、落ち葉をうっすらと隠す程度の積雪があった。踏み込むたびに靴底を通して落ち葉のクッションと硬い土の感触が伝わってくる。この雪は標高が上がるにつれて深さを増し、地面を踏みしめる感覚とはしばらくお別れになることだろう。冬至を翌日に控えたこの日、斜めから差す冬の弱々しい日差しを浴びながら、私たちははるか先にそびえる雪化粧の頂に向けて雑木林を登っていった。

やがて尾根は笹藪交じりの斜面に変わった。気温は氷点下にもかかわらず、シャツ一枚になって歩いても体じゅうから大汗が吹き出るような容赦のない急登が続く。標高を上げるにつれて雪はしだいに深くなり、笹も雪に隠れ、一歩踏み込むたびに膝の深さまでもぐるようになった。標高一二〇〇メートル付近で急斜面はいったん緩み、そこで全員が輪かんを装着する。

積雪は七、八〇センチ程度だろうか。輪かんを着ければスネほどの深さまでしか沈まなくなった。乾燥した軽い雪である。このあたりからシラビソなどの針葉樹が見えはじめる。秋にこの尾根を登った偵察隊がつけた赤布が、ところどころに垂れ下がっているのは心強いものだ。積雪を見越し、肩車をして高い枝に付けたという赤布に導かれて忠実に尾根をたどり、標高一四五〇メートル付近に平地を見つけてテントを設営。初日の行動を終える。

これは雪山で一般にいえることだが、夏の登山道が冬にそのまま使えることはあまりない。なぜなら道は谷に沿って拓かれることが多く、冬になると雪崩の危険が高くなるからだ。実際、穂高岳で最もポピュラーな涸沢経由の登山道も、槍ヶ岳の一般コースである槍沢ルートも、真冬に歩く人はまずいない。冬の穂高に登るには涸沢岳の西尾根、冬の槍は中崎尾根といった、無雪期にはほとんど登られていない尾根がメインルートとなる。急峻であったり長かったりしても、谷に沿った夏道よりも雪崩に対してはるかに安全だからだ。

同じ理由で、冬の笠ヶ岳に登るのに夏の登山道は使えない。急登で知られる笠新道も、長大な登山道のクリヤ谷も、必ずどこかに雪崩の危険がつきまとうからだ。そこで注目されるのが、無雪期には踏み跡すらない尾根である。たとえそこに登山道がなくとも、雪が積もることによって藪が埋もれてしまえば、白い斜面に自分たちだけの道を拓くことができるようになる。雪をかき分けて登るという苦労を覚悟しなければならないが、先頭でルートを切り拓いていく楽しさは雪山ならではのもの。ラッセルの苦労を差し引いたとしても、登り切ったときの達成感は夏山の数倍に匹敵する。そしてなによりも、雪に埋もれた原始のままの自然に出会えることが雪山登山の最大の魅力といえるだろう。

憲三尾根からの笠ヶ岳は、錫杖岳の岩場を越えるぶんだけ難易度が高く、距離も長い。しかし、ひと月前に藪をこいでこのルートを歩き、主要なポイントに赤布を設置してきた偵察隊のおかげで尾根の概要は頭に入っている。彼らの報告によれば、ルートの核心部はやはり錫杖岳の岩場の通過であり、そこまではひたすら樹林帯のラッセルに終始するだろうとのことだった。

記録的豪雪のはじまり

この日、テントを立て終わるころから雪が降りはじめた。雪の結晶がやたらと大きかったことをよく覚えている。ジャケットの袖に落ちた雪を観察すると、ひとつひとつがみごとな六角形の結晶になっていた。その結晶どうしが結びついて、なかには桜の花びらほどの大きさとなって空から落ちてくるものもある。テントにもぐり込むと、薄い生地を通してバサバサと雪が屋根に当たる音が聞こえてきた。音が小さくなるとそれは雪が降り積もった証拠で、中から屋根を揺すって雪を落とすとまた、バサバサと降り続く雪の音が聞こえてきた。

ラジオの気象通報を聞いて天気図を引いてみると、気圧配置がまるで気象の教科書に出てくるような西高東低の冬型になりつつあった。上空に寒気が流れ込んでいるので、山はしばらく荒れることだろう。奥飛驒地方の、私たち以外にだれもいない深い森のなかに、雪は静かに、着実に降り積もっていった。

翌二三日は朝から雪だった。前夜から降り続いた雪はやむこともなく、ひと晩のうちにテントは半分近く雪に埋もれていた。テントから外に出るのにも苦労させられる。中でパッキングを済ませ、ジャケットとオーバーパンツ、スパッツを身に着けて靴を履き、「吹き流し」と呼ばれる筒状の出口を外に押し出しながら周囲の雪を固めつつ、テントの中に雪が入らないように注意して外に出る。テントの撤収では、深く埋まってしまったペグを掘り出すのに苦労した。

ふと気がつくと、頭上高くの木の枝につけられていた赤布が目の高さに迫っている。どうやらひと晩で七、八〇センチ近く積もったらしい。

しかし出発することに躊躇はなかった。大木場ノ辻までは尾根状の地形が続き、全体が樹林に覆われていることがわかっている。この日はいちだんと深くなった雪のなかを、ときには先頭がザックを置いて空身になってラッセルしながら高度をかせいだ。腰までもぐる雪と闘いながら雪をこぎ、疲れたところで次のメンバーに先頭を譲る。そしてザックを取りに戻って隊列のいちばん後ろに加わる。それでもすぐに追いついてしまうほど先頭のラッセルは厳しく、歩みは遅かった。この日の予定では大木場ノ辻を越えるつもりだったのだが、深い雪の前にあえなく断念。森のなかに二日目のテントを設営する。あたりの木々はすっかり針葉樹に代わり、重そうに雪をまとったシラビソがクリスマスツリーのように見えた。

翌二四日、雪はまったく手加減というものを知らないようだ。夜中にテントが雪の重みでつぶされそうになり、交代で外に出て除雪をする。これを怠って生き埋めになってしまうことだけは絶対に避けたい。朝までに三回は外に出て、テントを掘り起こす作業をした。

この二日間で降った雪は確実に一メートルを超えただろう。テントを撤収すると、そこだけがポッカリと深い穴が開いたようになっていた。この先、厳しいラッセルが予想されるが、きょうこそ大木場ノ辻を越えて錫杖岳に近づかなくては……。

雪は相変わらず休むことなく降り続いていたが、コースは森のなかなので行動に支障はなかった。

輪かんをつけても腰までもぐる雪のなか、この日も先頭が空身になってラッセルを続けていた。ところどころ尾根上に現れる大岩を右に左に巻きながら、先頭を頻繁に交代しつつ、少しずつ少しずつ前に進む。

私が先頭に立ってラッセルをしていたときのことだった。シラビソの森のなか、傾斜がしだいに急になってくるのを感じた。傾斜が強まると正面の雪の斜面が体に近づき、それまで腰の深さだった雪が胸の高さになって行く手をさえぎる。こうなると、ただ足を前に出しているだけでは進むことができない。やみくもに足を動かしていると、目の前の斜面が崩れるだけで壁ができてしまい、這い上がることのできない蟻地獄状態に陥ってしまうからだ。

こうした急斜面では、高校山岳部時代に身に着けたラッセル技術が役に立った。

まずはピッケルのシャフトを両手で横に持ち、平行に高く上げて正面の雪の壁を切り崩す。崩れた雪は胸元に溜まるので、それを胸で軽く押さえたら、足を高く上げて雪面に膝を突き立てる。雪が軽くて膝が沈み込みすぎるようであれば、また正面の雪をかき落とし、溜まった雪の上に何度でも膝を押し込んで踏み固める。それから足を外から回し込んで、膝で開けた穴の位置に輪かんを置き、鉛直方向に踏み込む。斜めにならないよう、真上からしっかりと踏み込むのがポイントだ。輪かんが足場となり、体重を支えられるようになったら同じ動作を反対の足で繰り返す。このリズムがつかめてくると、深雪のラッセルもほんの少しは楽しくなってくるはずだ。急斜面になればなるほど、①両手を使った斜面の切り崩し、②胸を使った押さえ込み、③膝を入れての足場づくり、④回し込んだ輪かんの正確な踏み込み——の四つのステップをスムーズに繰り返すことが深雪突破のために重要なのだと知っておくといいだろう。

霧の中の白い壁

そのときの私は、まるで走っているうちにいつのまにか恍惚感を得ているランナーズ・ハイのような境地にあったのかもしれない。目の前の雪の壁を突き崩しては、胸と膝で踏み固めて右足で一歩。次に同じ動作を繰り返して左足を一歩。単調なリズムの繰り返しでルートを切り拓くという単純作業が、いつのまにかわれをも、そして疲れをも忘れさせてくれていた。雪が激しく降り、ダークグレーに暗く染められた悪天候にもかかわらず、気分はハイになっていた。頭を使わない単純な肉体運動がじつは好きなのかもしれない。決してヤケクソといったネガティブな気持ちの発散などではなく、むしろ「私は無敵だ!」「地球平和のためにがんばる!」といった無意味な正義感モードに後押しされて、先頭を譲ることなくひたすら雪の斜面と闘っていた。

行く手を阻む雪の壁を押し崩し、悦になって突き進んでいるときにふと、異変を感じた。それまであたりを覆っていたグレーの霧がふわりと消えたのだった。その瞬間、「ヤバい！」と思った。目の前に、立ち木のない真っ白な斜面が遠くまで広がっていたのである。

右斜め前方に高さ三メートルほどのシラビソの木が見えた。雪に埋もれて上のほうだけ顔を出している。その木の上部にはまばらだが小さな木が生えていて、尾根の形に見えた。そこまで距離にして五、六メートルだろうか。あの木の根元まで行けばなんとかなる。とっさにそう思い、後続する仲間に少し待つように伝えて前を向いた。その瞬間、目の前の斜面が大きくふくらんだ。

「あ、来る！」

と思ったときには、もう完全に雪に飲み込まれていた。雪が重たい壁となって胸に当たったかと思うと、瞬間的に両足が浮いた。そのまま弾かれるように後方に運ばれていった。雪煙のなかで二、三回は転がっただろうか。頭から何度も雪を浴び、目の前は真っ白になった。

気がついたら腰から下が雪に埋もれた状態で雪崩は止まっていた。幸運なことに上半身は雪の上に出ていて、振り返ると仲間たちが助けに下りてくる姿が見えた。雪崩の第二波を警戒して、樹林帯寄りの斜面からこちらに向かってくる。どうやらほかのメンバーは無事のようだ。

流された距離は四、五〇メートルくらいだった。止まった場所の先は小糸谷に向かって急斜面が落ち込んでいた。その手前でシラビソの木々が雪崩の進行を止めてくれたのだろう。幸い小規模だったために埋没は免れ、さらに下流へと運ばれることもなかった。

輪かんごと埋まった両足は固くパックされていて、雪の中から掘り起こすのに苦労したが、結局、この雪崩では誰一人けがをすることもなく、装備を失うこともなかった。

立ち上がって身支度を整えていると、首筋から背中まで入り込んだ雪の冷たさが身に染みた。それは、雪崩に巻き込まれたときのもみくちゃぶりをあらためて思い出させてくれるものであった。

それにしても、たかだか四、五〇メートルとはいえ、落ちてくる雪の前に人の力などまったくの無力であることを思い知らされた経験だった。雪崩の先端に捉えられたときの印象は、海で大きな波に運ばれていくときとまったく同じで、そこにちょっと暴力的な力が加えられてさらわれていくといった感じだった。流された私は、上体が上を向いた格好のままで全身が埋まらなかったことが幸いしたといえるだろう。

雪崩に遭った場所は、大木場ノ辻の手前の二一八八メートル峰直下。右に小糸谷、左に洞谷の源頭部が迫り、憲三尾根が尾根の形状を失い急斜面となって主稜線に突き上げているところだった。偵察隊が秋に登ったときは完全に樹林の中だったらしいが、おそらくこの二日間の大雪で丈の低い木々が雪に埋もれてオープンバーンになっていたのだろう。視界が利かなかったとはいえ、ここは樹林帯だから雪崩には安全、と勝手に思い込んでいた自分たちの考えが甘かった。

3月に西尾地尾根から再挑戦して笠ヶ岳をめざしたときの一枚。錫杖岳の山頂直下にて。背後に見える雪のピークが大木場ノ辻

この日は一二月二四日。あまりにもホワイトすぎるクリスマスの、天から贈られたダークなプレゼントだった。とりあえず樹林帯の安全な場所まで撤退して幕営。ひとまず態勢を立て直すことにした。

雪は翌日も降り続き、完全停滞とする。仮に雪がやんだとしても、この状況では前日の雪崩斜面を登るわけにはいかない。翌々日も雪のために停滞。日中、テントが雪に埋まりかけたため、テントの場所を移して設営しなおした。

この時点で雪の異常さをうすうす感じはじめていた。ちょっと降りすぎる。

再挑戦するも

入山六日目、冬型の気圧配置がゆるんだ隙を見て大木場ノ辻に再挑戦することにした。雪崩に遭った斜面は、この数日間の大量の降雪でまったく地形が変わっていた。仔細に観察してみると、斜面にはいくつもの亀裂が水平に走っていた。大量の積雪に耐えられず、斜面にひずみができているのがわかる。急斜面の下部はたっぷりの積雪に覆われて、心なし傾斜が緩くなったようにも感じられた。

オープンバーンに刺激を与えないように注意して回り込み、前回たどり着けなかったシラビソの小尾根めがけて一直線にラッセルする。今回はロープで確保されているので、いざとなってもなんとかなるだろう。急斜面のために肩までもぐる雪をかき分け、無事、シラビソの木にたどり着くとロープをフィックス。さらに斜面を登り続けて主稜線に達し、後続を呼び寄せる。これでとりあえず危険地帯を抜け出すことができた。

主稜線に出てからも、積雪の量は尋常ではなかった。そこからわずか五〇〇メートルほどの大木場ノ辻まで二時間近くかかってしまう。輪かんをつけても胸までもぐる積雪が、登りでも下りでも関係なく体力を奪っていった。力いっぱいラッセルして、振り返ってみると一〇〇メートルも進んでいないことにがっかりもした。この日は大木場ノ辻を少し下った斜面に台地を見つけて幕営する。夜になると、それまで落ち着いていた空からまた雪が降りはじめた。

一二月二七日も終日、雪。錫杖岳を越えようにも、このコンディションでは岩場の通過が危険なために停滞とする。なお、雪の日の停滞では、外に出た者は必ず除雪をしなければならないという暗黙のルールがある。テント内では、トイレの我慢比べがひそかに始まっていた。

二八日も雪のために停滞とする。除雪する雪の深さはテントの屋根を超えた。

二九日、雪。いよいよテントが完全に埋まりそうになったので、雪が小康状態になった昼ごろ、とりあえずテントを撤収して錫杖のコルまで前進することにした。ただ、この「とりあえず」がと

3月、穴毛谷の深い切れ込みを望みながら、雷鳥岩付近の稜線を登る

んでもなく大変だった。まる二日間、ひとときも休むことなく降り続いた雪の量は私たちの想像をはるかに超えていた。テントサイトから空身で一歩踏み出すと、一気に首までもぐった。約一時間かけてテントを掘り起こし、パッキングを済ませ、雪のなかを泳ぐように歩きながら少しずつ前進する。

半日かけて進んだ距離は、わずか五〇〇メートルほどだった。どこもかしこも深い雪のため、歩くのに苦労した。ようやくたどり着いた錫杖のコルでは、どんなに踏み固めても平らにならない雪にイラつきながら、二時間近くかけてテントを設営する。

それにしても、さすがにここまでの深雪は経験したことがなかった。最終下山日まで予備日を含めてまだ五日ほど残っていたが、この先の状況がまったく予想できない。笠ヶ岳はもちろんのこと、目の前の錫杖岳までたどり着くことができるかどうかも、このペースだとあやしいかぎりである。

その日の夜、ラジオを聞いていたら、笠ヶ岳の北面と南西面に入山している他の大学山岳部のパーティーが下山予定日を過ぎても帰ってこないことを知った。反対側とはいえ、同じ山での遭難騒ぎである。きっと私たちの母校でもOBたちが心配していることだろう。翌日、天気が好転する予報が出たので錫杖岳だけでも頂上をめざそうと考えていたのだが、早く下山して無事を知らせるのが賢明と思い、私たちは撤退することを決めた。

大学卒業後も厳冬期の笠ヶ岳への挑戦は続けていた。単独で穴毛谷第一尾根東北支稜を登ったときのカット

翌日は大木場ノ辻まで登り返し、雪崩に遭った場所はロープで確保しながら慎重に下った。入山時とは地形が変わったかのような深雪の尾根にラッセルを続け、尾根の途中でもう一泊。そして昭和五六年一月一日、雪がやみ、久々に太陽の光を浴びながら私たちは栃尾の集落に下山することができた。入山してから一一日目のことだった。

後に知ることになるのだが、これが歴史に名を残す記録的豪雪「五六豪雪」の始まりであった。

リベンジ

一月に踏破できなかった大木場ノ辻から笠ヶ岳にかけての稜線は、三月の春山合宿でリベンジを果たすことができた。取付を憲三尾根の北隣の西《にし》尾《お》地《ち》尾根に変えて大木場ノ辻に上がり、錫杖岳を越えて笠ヶ岳に登ったのである。

もともと春山合宿は南西尾根から笠ヶ岳を経て槍ヶ岳まで縦走するという長大な計画だったのだが、冬山のリベンジを絶対目標に掲げてゴールを笠ヶ岳にとどめ、確実に頂上を落とすことに成功したわけである。下山は穴毛谷第一尾根東北支稜を選び、慎重に下って無事、新穂高温泉へと下山。天候にも恵まれ、少々あっけないくらいの楽な山行であった。よく締まった雪が登高を助けてくれ、ラッセルの労力は二カ月前の五分の一以下。深雪に阻まれて半日かかった斜面もわずか一〇分で駆け下ることができ、積雪の状態がルートの難易度をいかに大きく変えてしまうのかを学んだ春山合宿であった。

この山行で笠ヶ岳の頂上に立ったとき、三月の春風に乗せて鷲のイラストが描かれた凧を揚げてみた。それは二カ月前の冬山合宿の際に、正月の笠ヶ岳山頂で揚げるつもりでザックの片隅にそっと忍ばせておいたものだった。

教訓

- 降雪時に視界の利かない斜面を登ってはいけない。
- 樹林帯でも雪があり傾斜があれば雪崩の発生を疑うこと。

File 06 生死を分けた一メートル ニュージーランド・サザンアルプス

雪崩の恐ろしさ

雪山でいちばん恐ろしいもの。それはなんといっても雪崩である。

雪崩の持つ巨大な運動エネルギーの前には人間の抵抗などまったくの無力に等しい。そしてそれは予期せぬタイミングで登山者を襲い、悲劇を生む。これまでにも多くのベテラン登山家たちが雪崩の犠牲になってきた。

一九九一年、マッターホルン、アイガー、グランド・ジョラスのアルプス三大北壁冬期単独登攀で知られる長谷川恒男は、星野清隆とともにカラコルム山脈のウルタルⅡ峰（七三八八メートル）の雪崩事故で亡くなった。二度目の挑戦中、標高五三〇〇メートルのキャンプ地からすぐ近くの斜面で起きた雪崩の直撃を受けての事故だった。

同じ一九九一年、エベレストと北極点の「二極」に到達し、マカルーの登頂経験を持つ大西宏が、未踏の山としては当時の世界最高峰だったチベットのナムチャバルワ（七七八二メートル）に挑戦中の標高六一五〇メートル付近で雪崩に巻き込まれて死亡。抜群の体力を誇り、日本の登山界の次代を背負う逸材と期待されていたなかでの遭難だった。

二〇一〇年九月のダウラギリI峰（八一六七メートル）では、ヒマラヤ八〇〇〇メートル峰九座に登頂し、ローツェ南壁の冬期初登攀で知られる田辺治が本田大輔、山本季生とともに雪崩に巻き込まれて死亡した。このときは私の母校の登山隊が彼らと同じタイミングでネパールに入っていた関係で、カトマンズの寺院で田辺隊と一緒に「プジャ」（安全登山のための祈禱）をしたという報告を受けたばかりであった。田辺隊の遭難の第一報は、現地で登山中の後輩からもたらされた。私と田辺は、ともに韓国のインスボンでクライミングを楽しんだ仲でもある。遭難の知らせを聞いた数日後、彼がカトマンズで入山前に投函したと思われる絵はがきが私の家に届いた。「若い仲間と登ってきます」とひと言、書き添えられていた。彼と、仲間の遺体はまだ見つかっていない。

近年では二〇一九年四月のカナダ・ハウズピーク（三二九五メートル）で起きた雪崩事故が登山界に大きな衝撃を与えた。オーストリアのダーフィット・ラマ、ハンスイェルク・アウアー、アメリカのジェス・ロスケリーという、クライミング界の最先端で活躍するクライマーたちが一度に命を落としてしまったのだ。ラマはネパール・ヒマラヤのルナーク・リ（六七七八メートル）単独初登攀で、アウアーはパキスタン・カラコルムのルプガール・サール西峰（七一五七メートル）西壁の単独初登で、ともに二〇一九年のピオレドール（クライミング界のアカデミー賞とも称される、最も優れた登攀に贈られる国際的な賞）を受賞することになるのだが、二〇一九年のピオレドールは前代未聞の本人不在の授賞式となってしまった。

国内では二〇一七年三月の那須連峰での雪崩遭難が記憶に新しい。これは栃木県高等学校体育連盟が主催した「春山安全登山講習会」中の事故で、茶臼岳の南東斜面で発生した雪崩のために高校山岳部員七人と引率教員一人の計八人が死亡、四〇人が負傷した。悪天候のために茶臼岳登山を中止し、ラッセル訓練中の惨事だった。ほんの一瞬のうちに多くの犠牲者が出てしまう悲劇性もまた、雪崩遭難の特徴のひとつといえるだろう。

私自身、雪崩に流されたこともあるし（前章参照）、過去には遭難救助の手伝いをしたこともある。それは次のようなものだった。

一九九九年二月。大学山岳部の後輩たちが八ヶ岳でクライミング合宿をすることになったので、当時、監督だった私は仕事の都合で少し遅れて赤岳鉱泉に入山した。現役部員たちと合流し、アイスクライミングの準備をしているところに、他大学の山岳部の監督をされているSさんが息を切らしてやってきた。ただならぬ形相に話を聞くと、大同心ルンゼで雪崩に遭い、自分は脱出できたがパートナーがまだ埋まっている状態だという。彼は赤岳鉱泉で長野県諏訪地区遭難防止対策協議会の出動を要請し、私も捜索支援を申し出て、山岳部の後輩を連れてSさんとともに現場に急行した。

大同心大滝の下方の、Sさんが自力で脱出したという場所は左右の谷が狭まり、一面がデブリ(雪崩による堆積物)に覆われていた。救助隊の指導のもと、ゾンデ棒を使っていっせいに探索を始めると、一〇分ほどで救助隊の方が深さ約四〇センチのところに埋まっていた遭難者を発見。慎重に全身を掘り起こしたがすでに心肺停止状態で、心臓マッサージを試みるも蘇生には至らない。事故からすでに三時間が経過しており、彼は二度と息を吹き返すことはなかった。

同じ雪崩に巻き込まれていながら、Sさんは左手首が雪の中から出ていたおかげで自力脱出して助かり、Sさんの後輩は全身が雪に埋もれて助からなかった。わずか四〇センチという深さであったとしても、全身が雪の中に入ってしまうと雪の重みで手足を動かすことは難しい。それは私も笠ヶ岳の雪崩で体験済みだった。さらに、雪に埋もれた状態では一五分を過ぎてしまうと生存率が著しく低くなるという統計がある。

何が二人の生死を分けたかを考えた場合、雪崩が止まったときの体勢はとても重要な意味を持つものだとこのとき思った。雪崩に巻き込まれたら泳げ、とか、とにかく体が雪のなかから浮き上がるようジタバタもがくべし、とかつて山岳部の先輩から教えられたことがあるが、案外、そのとおりなのかもしれない。

とはいっても、冒頭に挙げた海外の雪崩遭難はみな、埋まったときの体勢以前に「これに巻き込まれたらまず助からない」というスケールのものだった。そして私も、同じくらいの大規模な雪崩に遭遇したことがある。

それはニュージーランドのサザンアルプスでのことだった。

雑誌の取材でニュージーランド・ヘリスキー

一九九五年、当時スキー雑誌『skier』の編集部員だった私は、ニュージーランドでヘリスキーの取材をすることになった。モデルには当時「SKI NOW」などのテレビ出演で人気絶頂のデモンストレーター我満嘉治。そしてもうひとりのモデルには、スキー技術戦女子一位のデモンストレーター田端夏葉。スキー界のスター選手二人の撮影は、ベテランのカメラマン、滑田広志さんにお願いすることにした。滑田さんは「ニュージーランド取材ならナメダ」と業界内でも評判のニュージーランド通で、現地でのコーディネートからレンタカーの運転などもすべてお任せできるので心強い。私は優秀なガイドの後をついて歩くツアー客のような気分で取材に臨むことになった。

ニュージーランドの魅力。それはなんといっても日本の真夏にスキーができるということだろう。

「ちょっと地球の裏側でパウダースキーしてくるわ」

日本の夏の蒸し暑さにうんざりしている友人をうらやましがらせるのに、これほど破壊力抜群のセリフはほかにない。

マウントハットスキー場で小手調べ

ニュージーランド南島のゲートウェイ、クライストチャーチ空港に降り立つと、ひんやりとした八月の冷気が体を包み込んだ。つい数時間ほど前、半袖のシャツを汗で濡らして荷物を成田空港に運んでいた時間がうそのようだ。ただ、その冷気には東京の冬のようなトゲトゲしい寒さではなく、どこかしっとりとした冷ややかさが感じられる。至るところに牧草地が広がり、そこに緑が残って空気が潤っているからなのかもしれない。逆転した季節にニンマリし、南半球の冬の風を心地よく感じながら、私たちはレンタカーでメスベンの街をめざした。

クライストチャーチから約一〇〇キロ、車で二時間ほどの距離にメスベンの街がある。広大なカンタベリー平原の中に、ポツンと姿を現したのどかな街並み。ここをベースに、まずは近くのマウントハットスキー場で軽く足慣らしと取材をすることにした。

マウントハットはカンタベリー平原の西端にそびえる標高二〇七五メートルの山である。その頂上付近に広がるマウントハットスキー場は「空のスキーエリア」と称されて人気が高い。スキー

8月に地球の裏側でヘリスキー。楽しすぎてごめんなさい
（File06の写真＝滑田広志）

場のトップから見下ろすと、リフトが並ぶ真っ白なゲレンデの先に緑の大平原が広がり、さらにその奥には南太平洋が顔をのぞかせるという大展望が待っている。そして山頂から西を望むと、そこには高くて鋭い山容のサザンアルプスの峰々が波打つように重なり合ってそびえる。私たちがめざすヘリスキーの舞台はそこ、「ニュージーランドの背骨」といわれるサザンアルプスの山中に広がっているのだった。

ニュージーランド三日目は、天候不順のために街なかの取材をして過ごした。小雨の降る寒い一日だったが、標高の高い山間部では確実に雪になっているはずだ。あしたはきっと晴れるので、パッフパフの新雪が滑れることだろうと期待が高まる。

翌日、レンタカーでラカイヤ川上流にあるヘリポートをめざした。川に沿ってマウントハットの北側奥地まで入り込むのだが、このアプローチがまた、いかにもニュージーランドだった。道は羊の放牧場を突っ切るようにつけられていて、車窓からはのんびりと草を食む羊たちの群れを眺めることができる。そして羊の群れが道を横切るたびに車は停まり、私たちは彼らが渡り終えるのをじっと待たなければならない。

羊はおとなしくてやさしい目をしているものと思っていたのだが、必ずしもそうではなかった。なかには目つきの悪いのが混ざっていて、わざわざ車の正面に立ち止まってこちらをじっとにらんで動こうとしない。足元を蹴りながら、なにやら挑発的な動きを見せるのもいた。べつに羊だから怖くもなんともないのだが、彼らのプライドを傷つけないように配慮し、彼らが立ち去ってくれるまでじっと待つ私たちだった。人よりも羊のほうがはるかに多いというこの国では、羊ファーストもやむをえまい。

サザンアルプスの頂へひとっ飛び

整備された牧草地から河原の荒れ地に入り、しばらく走るとヘリコプターが目に入った。その近くにある小さな小屋がヘリスキー会社の事務所だった。そこでガイドとパイロットを紹介される。私たちのガイドはケヴィンといって、六月から一一月まではニュージーランド、一二月から五月ま

マウントハットスキー場は山頂付近だけが雪化粧し、麓には緑を残したカンタベリー大平原が広がっている

ではカナダでガイドをしているフルタイムのスキーガイドだ。

スキーウエアに着替え、スキーブーツを履いた私たちはヘリの乗降時の注意点を教えられる。ローターの下では立ち上がらない、パイロットの座席よりも後ろにまわってはいけない、ローターの巻き起こすダウンウォッシュ（風）でモノが飛ばされないように、などと指導を受け、ビーコンのチェックをしてからいよいよヘリに乗り込むことになった。

ちなみに今回、私はファットスキーをレンタルしてきた。アトミックのパウダープラスという機種で、センター幅はたしか一二五ミリ程度だったと思う。こいつを履くと、板の浮力のおかげで新雪がバカみたいに簡単に滑れてしまうのだ。

現在のようにファットスキーの存在があまり知られ

ていなかった一九九〇年代、カナダのヘリスキーでフォルクルの幅太板、通称「ファットボーイ」を履いたときの衝撃はいまも忘れられない。上級者は一九〇センチから二〇〇センチの長い板を履くのが当たり前だった時代に、一六〇センチほどの短くて太い板はじつに不細工に見えた。あまりにも太いため、バインディングをスキーの左右中央にセットすると、靴のサイドから板の端までの距離が遠くなってエッジが立ちにくくなる。そのため、わざわざインエッジ側にずらしてセットするというシロモノだった。センター幅は当時のノーマルスキーの約二倍、一五〇ミリ近くはあったと思う。しかし広い滑走面のおかげでパウダーでは浮くし、最も手ごわいブレーカブルクラストも難なく滑れてしまって、新雪・悪雪の技術は用具が解決してくれるということを学んだものだった。

しかし今回、デモンストレーターの二人はあくまでもノーマルスキーで滑ってもらうことにする。もちろん契約メーカーのスキーを履くという意味もあるが、ファットスキーだと雪面から体が浮き上がりすぎてしまい、雪煙が上がりにくいのだ。そのためファットスキーは迫力のある滑りの撮影には向かない、というのが当時のスキー写真界の常識だった。

ともあれデモはノーマル、ヘボはファット。このくらいのハンディをいただいてようやく、私も日本のトップデモとともにパウダーを滑る覚悟ができたのだった。

順調なスタート

羊がのどかに草を食む草原を飛び立ったヘリコプターは、高度を一気に上げてサザンアルプスの険しい山脈へと向かっていった。カンタベリー平原の緑の絨毯が視界から遠ざかると、眼下にはまばゆいばかりの真っ白な雪の世界が広がった。正面には見渡すかぎり、標高三〇〇〇メートル前後の山々が連なっている。岩と雪と氷河が交錯する、荒々しい景観だった。パイロットは山脈の頂上付近に私たちを降ろすと、ホバリング状態から一気に機体を傾けて急旋回で谷底へと下りていき、視界から消え去った。私たちが撮影をしながらのんびりと谷底に滑り着くころにまた、舞い戻ってくるとのことだった。

ローターの爆音が遠ざかりやがて聞こえなくなると、あたりにはキーンとした静寂が訪れた。サザンアルプスの中枢部にポツンと取り残された私たち五人は、ケヴィンの指示に従って滑走の準備を整える。滑田さんと私は少し離れた場所で撮影の準備に取りかかった。仕事モードに入ったときの彼らの準備はじつに手際よく、のんびりと頂上の景色を楽しむ余裕などない。

「はい！　スタート」

滑田さんの号令で、ケヴィンを先頭に我満デモと田端デモが左右に分かれて滑りはじめた。膝下程度のパウダーで、ノートラックの斜面に三人のシュプールが鮮やかに描かれる。

「はーい、オッケー」

撮り終えると、私たちは斜面を汚さないように滑降ラインをずらして三人の下方向一〇〇メートルほどの地点に滑り込んだ。次は青空をバックにした三人の滑りを正面から撮影する。静かな谷のなかに、滑田さんと私のカメラのシャッター音が響きわたる。

一本目のスキー滑降は、谷底まで標高差七、八〇〇メートルくらい。このエリアは氷河がところどころに顔を出し、青く光るセラックの横を滑るシーンを撮影することができた。日本では絶対に撮ることのできないロケーションだ。

このエリアでさらにもう一本、フライト&スキーを体験したあと、シャベルで雪のテーブルを作ってランチタイム。ヘリが運んできてくれた熱々のシチューとパンとサラダをいただく。こうしたサービスもまた、実績あるヘリスキー会社ならではの心遣いなのだろう。

死の淵まで一メートル

ランチのあとはもっとスケールの大きな斜面を滑ろうということになり、さらに奥の山脈をめざすことにした。移動はもちろんヘリで。日本の感覚としては槍ヶ岳から北岳くらいの距離だろう

ランチタイムには熱々のシチューとパンが空輸されてくる

か。歩けば数日間はかかる行程を、わずか五分足らずのフライトで目的地に到着する。山ヤとして少しばかりの後ろめたさを感じながら、ただの一歩も登ることなく次の山頂に降り立った。そこは周囲の山のなかでも最も高く、険しい、岩交じりの頂上稜線だった。

いつの間にか雲海が谷底を埋め尽くしていた。ヘリコプターが雲海に沈んでいくのを見送ったあと、私たちはスキーを履いて日の当たる北斜面にスキーのトップを向けた。滑田カメラマンはひとり離れた場所から撮影するという。そこで、四人は三〇度くらいの斜面を下り、フラットな斜面が長く続く尾根の上部に滑り込んだ。風でパックされた頂上稜線とは違い、そこにはフカフカの新雪が待っていた。

遠くに見える滑田さんの左手が高く上がるのを確認してケヴィンがスタート。それを追いかけるように田端デモ、萩原、我満デモの順でスキーを走らせる。雪は軽く、心地よい浮遊感を味わいながら右に左にリズムを取りつつ自分たちだけのシュプールを描く。行く手には谷を埋める雲の海、遠くには無限に続くかのように連なる白い峰々。雄大な景観のなかを滑る四人のロングショットを、滑田さんのカメラは追い続けていた。

斜面を二〇〇メートルほど滑ったところで、先頭のケヴィンが大きな雪煙を巻き上げて止まった。その先にはクレバス帯が待っているらしい。私たちも急停止すると、粉雪が鼻の高さまで舞い上がった。振り返って見上げると、点のように小さく見える滑田さんから力強い「オーケー」の声が聞こえる。しばらくして下りてきた滑田さんの雪まみれの笑顔が、会心の一枚が撮れたことを雄弁に物語っていた。

尾根の先にはセラックらしき突起が見え、その周囲にはヒドゥンクレバスの危険があるので尾根を外れて左の谷を滑ることにする。すると、ここまでずっと先頭を滑っていたガイドのケヴィンが「ボクも写真を撮りたいからここで狙ってもいいかな?」と申し出てきた。

カメラが趣味という彼はザックのなかからモータードライブ付きの一眼レフを取り出して、撮る気満々の様子である。

(あなたはガイドでしょ?　先頭を滑って案内しなくてもいいの?)

と、心のなかで少し思ったが、滑田さんは先ほどのショットに十分な手ごたえを感じていたせいか、「いいでしょ。一緒に撮影しようか」などと優しいお答え。まあ、スタートとゴールを指示してくれれば滑るほうは問題ないだろうということで、我満デモと田端デモ、そして私の三人は尾根の左側の斜面へと滑り込んだ。そこは幅五、六〇メートルの一枚バーンになっていて、途中で傾斜が急に切れ落ちているのか先はよく見えない。

私たち三人は、それぞれ二メートルほどの間隔を空けて待機し、滑田さんからのスタートの合図を待った。ところがケヴィンがフィルムの入れ替えに手間取っているようで、ちょっとモタついている。ときどきこちらを見ながら「ソーリー、ソーリー」とかなんとか言っているようだけど、声が風に飛んではっきりとは聞き取れない。私たちのいる場所は日の当たらない斜面で、じっとしていると寒さがこたえる。

我満デモと「もう、勝手に滑っちゃおうか」などと話しているときのことだった。

「ズン」

という重低音とともに、先頭にいた我満デモの足元に一本の亀裂が走った。わずか一メートルほど下の斜面に、白いキャンバスをカッターナイフで切り裂いたような切り口がぱっくりと開く。それはゆっくりと、斜面に何本ものシワを刻むように複数の割れ目をつくりながら奥へ奥へと広がっていった。あまりにもスケールが大きいため、割れた雪がブロック状に倒れて流れ出すのがスローモーションのように見える。そして亀裂の先端が谷の奥まで到達すると、斜面の幅全体がいっきに崩れて流れはじめた。

「登れっ！　登れー」と叫ぶ私。

三人は足元に突然広がった裂け目から少しでも遠ざかるべく、階段登高で斜面を駆け登った。雪が深くて思ったよりも速く登れていないことはわかっていたが、亀裂に飲み込まれないように小刻みなステップで上をめざす。幸いなことに、雪の破断は斜面の上に向かって連鎖することはなく、私たちは崩れ落ちる雪に足をすくわれずに済んだ。死の淵からわずか一メートルのところで踏みとどまったのである。

谷幅いっぱいに広がった雪崩はしだいにスピードを増して斜面を走りはじめ、雪煙を上げながら視界の彼方へと去っていった。

「ザザザザザー」

控えめではあるが膨大なエネルギーを宿した雪の落下音が谷全体に響きわたる。その音はゆっくりと雲海のなかへと進んでいき、谷の底と思われるところで消えた。静寂が戻った谷には、雪崩が剝ぎ取っていった厚さ一メートルほどの雪の断層と、その下のアイスバーンが残されていた。

ここで先頭のケヴィンが止まった。正面のセラック帯を避け、左手に広がるオープンバーンを滑ろうとしたのだが……

さらにあと一メートル、三人の足元まで亀裂が迫ってきたら、私たちは雲海の中の谷底までブロック状の雪とともに滑り落ちていただろう。私たちはまさに間一髪のところで死の淵を覗き、這い上がることができたのだった。

やがて私たちが待つ場所にケヴィンと滑田さんが合流した。ケヴィンはとても済まなそうな顔をして私たちの無事を喜んでいた。まあ、彼のカメラトラブルのために滑り出すタイミングが遅れ、結果として雪崩に巻き込まれずに済んだわけだから、彼を責めるのはよそう。ともかく誰も死なずに済んだのだから……。

あらためて断層をチェックしてみると、新雪の下、一メートルほどのところに氷状の断面があった。この硬い雪の層の上に新雪が積もれば、それは雪崩れるのはあたりまえでしょう、というくらいみごとなクラストだった。

これ以上、上からの雪崩は起きないと判断して、雪崩に洗われたフラットバーンにスキーを踏み入れる。雪質は硬かったが、スキーのエッジが立たないほど氷化はしていない。絶対に転倒の許されない傾斜ではあるが、雪崩が整地してくれたおかげで凸凹がなく、じつに滑りやすい。ここでも撮影をしながら一気に高度を下げた。

途中、斜面が急に落ち込むところで滑走コースを大きく左に逃げた。すると、斜面の中央は高さ二、三〇メートルほどの断崖になっていて、雪崩はここを飛び越して下の斜面に落ちていったようだ。上から流されてこの崖を落ちていたら、雪に埋もれてしまう前にここで命が尽きていたとも考えられる。いずれにしても、ブロックとともにこの距離を落下していたら助からなかったことだろう。

谷の底は雪崩の堆積物、デブリで埋め尽くされていた。その面積は、田舎の小学校の校庭くらいは優にあった。見渡すかぎり大小さまざまなブロックがごちゃまぜに重なっていて、この中に埋まってしまっていたら見つけ出すのも掘り出すのも大変だったにちがいない。あの、雪面にぱっくりと空いた亀裂に飲み込まれていたら、ここまで標高差五〇〇メートル近い急斜面を滑り落ち、最後は巨大な量の雪に押しつぶされていたかもしれないと思うと、あらためて無事でよかったと胸を

マウントクックのヘリスキーエリアにて。雪質が安定していたが、若干の物足りなさを感じたのも事実である

撫でおろしたものだった。そして、この不安定きわまりない雪との付き合い方については、まだまだ研究が必要だと痛感した。

マウントクックで仕上げのヘリスキー

メスベンでのアクシデントの二日後、私たちは車でマウントクック山麓に移動してヘリスキーの撮影を続けた。好天が続いたマウントクック・エリアの雪は重く、山の斜面もメスベンのような急斜面を滑るシーンがなかったので、じつにおだやかな春スキーの感覚だった。それはそれで楽しいスキーではあったのだが、やはり急斜面のパウダーを浮遊する魅力にはとうていかなわない。スキーのトップが切り裂く粉雪を首元まで浴びながら、斜面を自由自在に、飛ぶように滑り下りる快感こそがバックカントリースキーのいちばんの醍醐味なのだと思う。しかし、そうした幸福の瞬間が、同時に雪崩の危険を内包している危うい遊びなのであるということも再認識しなければなるまい。

登山者は雪崩に対して比較的安全な尾根を登降路に選ぶが、スキーヤーは広大なオープンバーンや急峻なルンゼを滑りたがる。雪崩の危険性の高い斜面にあえて踏み込もうとする以上、雪崩から身を守るための知識をしっかりと学んでおくことが必要だ。しかしその知識も、それを使いこなす判断力も一朝一夕に身に着くものではないし、「絶対安全」は絶対にありえない。

雪崩のリスクと正面から向き合い、知識と経験と判断力を身につけようと努力し続けることは、雪山で長く生きていくための必須条件であるといえるだろう。

教訓

- 雪崩の予知はプロでも難しい。他人まかせにするのではなく、雪崩から身を守るための最新の知識を身に付けるようにしよう。
- 雪山の「絶対安全」は絶対にありえない。

第3章 落雷

File
07

雷は冷気とともにやってきた

東沢乗越

山岳雑誌『山と溪谷』ができるまで

一九九二年六月、『山と溪谷』編集部では翌年七月号のための企画会議が開かれていた。ご存じない方もいらっしゃるかと思うが、登山雑誌のルポ取材の多くは前の年に行なわれている。誌面を飾る新緑やお花畑や紅葉の写真は、そのほとんどが前年の取材で撮影されたものなのだ。もちろん、その年の最新画像を使うのが理想なのだが、雑誌を作る場合、どうしてもそれができない事情がある。

たとえば北アルプスの紅葉を取材するとしよう。穂高連峰・涸沢の紅葉のピークは九月下旬から一〇月上旬。そのうち、ナナカマドの赤、ダケカンバの黄色が鮮やかな色彩となるのは一週間程度しかない。初秋の冷え込みが弱いと色づきは遅くなり、雪が降ってしまうといっせいに葉が落ちてしまう。そのため紅葉の最盛期の写真を撮るためには、事前に山小屋から情報を得るなどして慎重に取材日を選ぶ必要がある。

無事に取材が終わったとして、集めた素材を実際の記事にまとめる（編集する）には次の工程が待っている。

まずは使用する写真を選び、ページ構成を考えてデザイナーにレイアウトを依頼する。デザイナーはパソコンの画面上で写真を配置し、タイトルの書体や大きさを決め、地図やイラストなどもバランスよく収めてページをデザイン。その間に編集部員は原稿を書く。あるいは筆者を別にたてて執筆してもらう。締め切りに合わせて原稿を催促することも編集者としての大切な役割だ。

原稿がそろったら校正者に渡して文章をチェックしてもらう。誤字・脱字の訂正や、漢字の送り仮名や数字の表記の統一などのほか、文章上の明らかな間違いは校正者が赤ペンで修正個所を指示してくれる。その赤字にしたがって文章をチェックし、修正したのち、デザイナーが仕上げてくれたレイアウトに文字を流し込んで入稿データを作成して印刷所に入稿する。

印刷所から校正紙（確認のための刷りもの）が出てきたら、まず写真の色調をチェックする。カラー印刷は通常、シアン（青）、マゼンタ（赤）、イエロー（黄色）、ブラック（墨）の四色の小さな点の集合で色が作られており、各色の濃度がほんの少し傾いただけで色調に微妙な差ができてしまうものなのだ。その違いをしっかりと見極め、理想の色調に近づけるためには四つの色のなかの何色を足し、何色を引けばいいのか指示しなければならない。イメージどおりの色が出ていなければ再度、校正紙を出し直させることもある。カメラマンの表現意図を汲み取り、美しい誌面を作るためには編集者による色調管理が必要なのだ。そのほか、校正紙では本文や写真のキャプション、タイトルや地図の内容なども隅々まで確認し、編集長が最終チェックをして責了（この指示のとおり印刷してよろしいですという意味）となる。

責了紙にしたがって印刷所では色調調整、文字修正を行ない、印刷のための最終データを作成して印刷機にかける。通常、表と裏で一六ページ分を一枚の大きな紙に印刷するため、刷り上がったら一ページ単位になるように機械で折り、一冊分にまとめて裁断。それをくるむように表紙を付けて製本し、ようやく雑誌が完成する。

出来上がった雑誌を読者のもとに届けるには、まだ時間が必要だ。製本所で出荷を待つ雑誌は、取次会社が引き取って全国の書店の必要部数に合わせて配本し、発売日の三日前に納品となる。こうして、『山と溪谷』誌は毎月一五日に書店の店頭に並んでいるのだ。つまり入稿から発売まで、最短でも一〇日はかかってしまうことになる。

だからその年の紅葉のピークに合わせて取材をしても、それから記事にまとめて雑誌が発売されるころには紅葉はすでに終わってしまっている可能性が高い。そもそも山岳雑誌は読者が登山計画を立てるときの参考になるような記事を心掛けているので、紅葉の特集号は紅葉の最盛期よりも少し前に刊行しなければならない。となればなおさらのこと、その年に取材をしてすぐに雑誌に載せるのは無理ということになる。

編集部員による北アルプス全山リレー縦走

さて、冒頭の企画会議の話に戻ろう。このとき話し合っていたのは翌年七月号の特集内容と、いつ、どこに取材班を送るかということだった。

特集のテーマは、年間計画のなかですでに北アルプスと決まっていた。ただ、「北アルプスの夏山縦走」はこれまで何度も取り上げていて、単なるコースガイドでは新鮮味はない。なにか工夫をしなければ……と、全員で知恵を出し合った末に決まったのが「編集部員による北アルプス全山リレー縦走」。六人の編集部員がひと夏をかけて北アルプスの全コースをリレー式に縦走し、ルポ取材をするという企画である。

さっそく特集の担当者が集まって分科会を開き、具体的なコースを検討することになった。まず、ゴールは日本海に決めた。北アルプスの北端、飛騨山脈が海に沈み込む海抜ゼロメートルの親不知海岸こそが北アルプス全山縦走の終着点にふさわしい。「日本アルプス」を世界に知らしめたウォルター・ウェストンも、著作のなかでここが日本アルプスの起点であると定義している。

そこで親不知を出発点にするという意見もあったが、終点の候補が多岐にわたり、絞りきれなくなるために却下。北アルプス全山一筆書きリレー縦走という壮大な企画の終わりを飾る下山先は、ドラマチックな演出効果を考えてみても親不知の海にかなう場所はほかにない。

スタート地点は上高地を第一候補に考えた。槍・穂高連峰の玄関口として、また一般観光客にも人気の景勝地として、上高地は理想の出発点といえるだろう。そこで上高地から日本海へという基本コースを描いてみたのだが、この案には重大な欠陥があった。

穂高連峰から裏銀座コースを経て後立山連峰を北上するコースは、直線的なラインで美しい。縦走路としても北アルプスの王道を行く感がある。しかし「北アルプス全山」をテーマにするなら、このままでは重要な尾根が抜け落ちてしまう。つまり常念山脈と、笠ヶ岳から黒部五郎岳へ続く稜線、そして薬師岳から立山、剱岳の稜線である。北アルプス全山縦走というからには、これらの尾根上にある山々を登らないわけにはいかない。かといって、歩いたコースをもう一度戻るような往復登山は避けたいものだ。入山口から下山先まで、一本の道を一筆書きで歩き通す。それが縦走の美学である。あらためて会議室に大きな地図を広げ、みんなの意見を出し合って決めたのが次の計画だった。

第一班は山口章編集長に務めてもらうことにした。スタートは上高地ではなく中房の燕岳登山口。

まずは常念山脈の踏破が目標だ。私としては大糸線の信濃常盤駅をスタートして餓鬼岳に登り、燕岳につなげてほしかったのだが、日程的に厳しくなるので合戦尾根で妥協した。最初のピークは燕岳で、常念山脈を大天井岳、常念岳を経て蝶ヶ岳まで縦走する。そこからいったん上高地側に下り、横尾から穂高の稜線をめざす。涸沢を経由して奥穂高岳に登頂したら、西穂高岳から縦走してきた第二班にバトンの代わりに作ったリレー旗を中継して任務終了とする。

第二班の宮崎英樹隊員は、第一班の動きをチェックしながら上高地を出発。焼岳に登ったあと、穂高連峰の縦走路を北に向かう。西穂高岳に登り、「国内最難の縦走路」と称される岩稜をたどり、ジャンダルムを越えて北アルプスの最高峰、奥穂高岳に登頂。はるばる燕岳から運ばれてきたリレー旗を穂高岳山荘で受け取る。さらに北穂高岳から大キレットを経て槍ヶ岳に登り、双六岳、三俣蓮華岳、鷲羽岳の山頂を踏んでから雲ノ平へ。北アルプス南部の中核部をひととおり歩き尽くしたあとは薬師沢小屋前で黒部川を渡って太郎兵衛平に登り返す。ここで第三班と合流してリレー旗を渡す。

第三班の大竹昭仁隊員は新穂高温泉を入山口とし、まずは笠ヶ岳に登る。急登で知られる笠新道から笠ヶ岳に登ったあとは、穂高連峰を東に見ながら双六岳へ。三俣蓮華岳で裏銀座コースと分かれて黒部五郎岳を越えて太郎兵衛平に向かう。ここで第二班からリレー旗を受け取ったのち、北アルプスの巨峰、薬師岳に登頂。さらに北上を続けて立山へと向かう。

そして第四班、私の出番である。第四班の役割は、はるばる立山連峰まで運ばれてきたリレー旗を、黒部川を隔てて反対側の後立山連峰につなげることにあった。もちろん、その前に北アルプスの北の雄、剱岳に登らなければならない。

そこで、私は次のコースを考えた。

入山口は富山県の馬場島とし、早月尾根から剱岳に登頂する。その後、立山連峰を縦走して大汝山で第三班と合流。リレー旗を受け取り、さらに南下して五色ヶ原へ。ここでいったん稜線から外れて黒部湖へと下り、奥黒部ヒュッテから読売新道を赤牛岳、水晶岳に登ったのちに三俣山荘に至る。ここで、それまで南下してきたルートを転進。北に向かって第二班が通過した鷲羽岳に登り、野口五郎岳、烏帽子岳と裏銀座コースを逆縦走。さらに不動岳、船窪岳、北葛岳といった地味なピークを経て、針ノ木岳で第五班の中尾武治隊員にリレーするという超変則コースだった。

この計画には三つのポイントがある。

まずは二二四九メートルという、日本最大級の標高差を持つ早月尾根。登山口には「試練と憧れ」と彫られた石碑があり、この先に情け容赦のない試練が待ち受けていることを暗示させる。「死の四班」の出発点としてはまことにふさわしいといえるだろう。続いて北アルプスの最奥部に

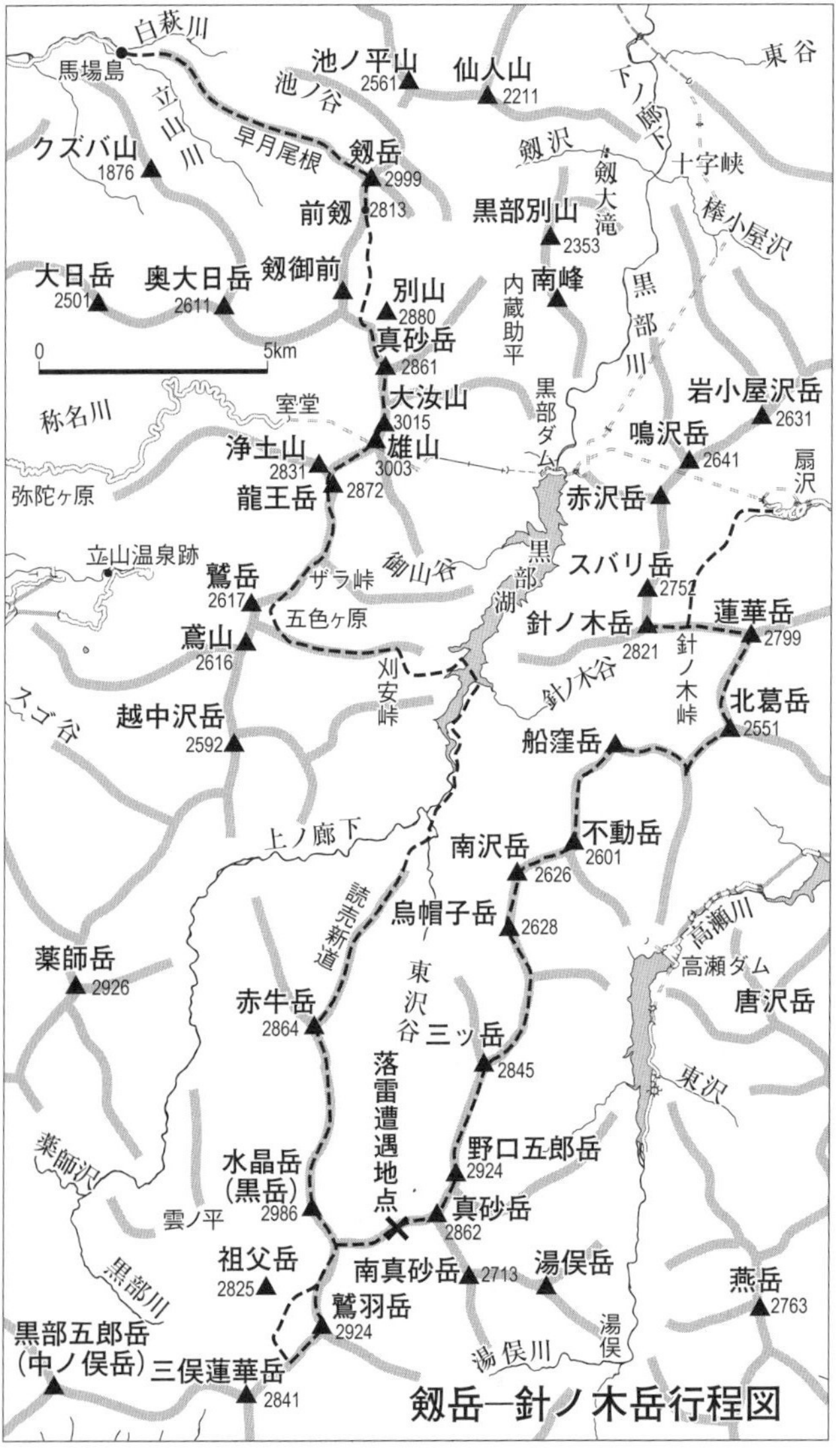
白萩川
馬場島
池ノ平山
2561
仙人山
2211
東谷
池ノ谷
立山川
下ノ廊下
クズバ山
1876
早月尾根
剱岳
2999
剱沢
剱大滝
十字峡
前剱
2813
黒部別山
2353
棒小屋沢
大日岳
2501
奥大日岳
2611
剱御前
別山
2880
内蔵助平
南峰
黒部川
0
5km
真砂岳
2861
称名川
室堂
大汝山
3015
黒部ダム
岩小屋沢岳
2631
鳴沢岳
2641
浄土山
2831
雄山
3003
扇沢
弥陀ヶ原
龍王岳
2872
赤沢岳
立山温泉跡
御山谷
黒部湖
スバリ岳
2752
鷲岳
2617
ザラ峠
五色ヶ原
針ノ木岳
2821
蓮華岳
2799
鳶山
2616
針ノ木谷
針ノ木峠
刈安峠
スゴ谷
越中沢岳
2592
北葛岳
2551
船窪岳
上ノ廊下
不動岳
2601
南沢岳
2626
読売新道
烏帽子岳
2628
高瀬川
高瀬ダム
薬師岳
2926
東沢谷
唐沢岳
赤牛岳
2864
三ッ岳
2845
落雷遭遇地点
東沢
薬師沢
水晶岳
(黒岳)
2986
野口五郎岳
2924
雲ノ平
真砂岳
2862
祖父岳
2825
南真砂岳
2713
湯俣岳
黒部川
燕岳
2763
鷲羽岳
2924
湯俣
湯俣川
黒部五郎岳
(中ノ俣岳)
三俣蓮華岳
2841
剱岳—針ノ木岳行程図

あり、エスケープの困難な読売新道が待ち受ける。立山連峰と後立山連峰のあいだに位置する「北アルプスの中央稜」もまた、標高差一五〇〇メートルの登りが続く健脚コースだ。

ちなみに早月尾根は大正六（一九一七）年に「黒部の主」と称された冠松次郎の一行によってはじめて登られたとされている。驚くことに彼はこの初登攀ののち、そのまま縦走を続けて黒部川へと下り、東沢谷の支流から赤牛岳と水晶岳に登ったと記録にある。つまり第四班のルートは、期せずして七七年前に冠松次郎が初踏査したコースと同じ道をたどることになるわけだ。

そして意外に侮れないのが烏帽子岳〜蓮華岳間の稜線である。ここは北アルプスの主脈のなかで最も標高が低く、尾根が複雑に屈折して歩き通すのに時間がかかることから、私はモータースポーツの減速区間になぞらえて「北アルプスのシケイン」と名づけていた。細かなアップダウンが多いうえに、百名山のような人気のあるピークに恵まれていないことから、敬遠されがちな静かな尾根である。

この、「死の四班」の取材に同行してくれたカメラマンが菊池哲男さんだった。当時の彼はまだ写真家としてプロ宣言しておらず、某カメラメーカーの会社員だったのだが、長期休暇をやりくりして一〇日以上という長期取材にお付き合いしていただけることになった。気の毒なことに、彼にとってはじめての雑誌取材が、この超変則ロング縦走になったのである。

早月尾根を登る。北に流れる早月川の先に日本海が見えた
（File07の写真＝菊池哲男）

剱を越え、奥黒部ヒュッテへ

太郎平小屋にリレー旗が到着したという知らせを受けた第四班は、登山口の馬場島へと向かった。馬場島荘に泊まり、翌朝、早月尾根に取り付く。馬場島の標高七六〇メートルは、中房の燕岳登山口一四五五メートル、上高地一五〇〇メートル、新穂高温泉一一〇〇メートルに比べると圧倒的に低い。「試練と憧れ」のレリーフを横目に眺め、私たちは早月尾根を黙々と登り続けた。この日、剱岳を越えて剱沢小屋まで行くことも考えていたのだが、剱岳山頂付近に雲がかかっていて展望が望めそうにないため、尾根の途中にある早月小屋に泊まることにする。「憧れ」を心に秘め、「試練」はとりあえずあしたにとっておくことにした。

二日目は軽快なペースで早月尾根を登り、剱岳山頂でパノラマ写真を撮影して剱沢へと下った。剱御前小舎まで登り返して編集部に電話を入れると、第三班はすでに一ノ越山荘に到着しているという。大竹隊員は先に下山していった磯貝猛カメラマンと別れて一人きりとのことだった。それならこれから立山を縦走して最高峰の大汝山山頂でリレー儀式を行おう、と提案する。すでに午後二時を回って遅めの時間だったが、天気は安定しているし、三〇〇〇メートルの稜線から夕日の写真が撮れるかもしれない。菊池カメラマンには「あしたから天気が下り坂だから、もうひと頑張りして撮影チャンスをものにしましょう」と説得して立山の縦走路に踏み込んだ。

午後の立山の稜線はじつに静かで、すれ違う人もいない。やわらかな斜光を浴びて真砂岳の広々とした稜線を歩き、今回のコース中の最高峰、立山（大汝山）の頂上に立った。タイミングを同じくして一ノ越山荘から登ってきた大竹隊員と合流する。中房の燕岳登山口を出発してから一四日目。

剱岳を越えた日、大汝山山頂で第３班の大竹昭仁隊員（左）からリレー旗を受け取る

大汝山から見た針ノ木岳。黒部湖を隔ててすぐ目の前に見えるが、私たちがたどるコースはその10倍の距離を歩かなければならない

ちょうど二週間をかけて、三人の編集部員の手によってリレー旗がここまで運ばれてきたのである。

風は強かったが、立山の東には黒部湖を挟んで後立山連峰の山々を望むことができた。私たちのゴールとなる針ノ木岳もすぐ近くに見える。地図で測ってみると、直線距離で七・二キロ。すぐ目の前にあるのに、私たちがこれからたどろうとしているコースはその一〇倍近い距離の六七・五キロを歩かなければならない。ちなみにこの日の行程はコースタイムの積算で一一時間、歩行距離は一〇・七キロだった。

翌朝、一週間ぶりに下界に戻る大竹隊員に見送られて一ノ越山荘を後にする。めざすは五色ヶ原だ。竜王岳、鬼岳、獅子岳と続く、豊富な残雪に恵まれて高山植物が美しい縦走路だった。五色ヶ原山荘に着いて天気図を確認したところ、台風が予定よりも早く日本列島に近づいてきているのがわかった。予想進路を見るかぎり、北アルプスへの直撃は免れそうにない。翌日は大荒れの天気になることが明らかだった。ここで停滞して台風をやりすごすべきか、あるいは奥黒部ヒュッテまで一気に進むか、悩みどころだった。

菊池カメラマンは膝に不安をかかえているようで、はっきりと口には出さなかったものの明らかに休養を欲しがっているように見えた。たしかに前日、撮影機材の入った重いザックを背負って剱岳の岩場を越えたのは大変だったことだろう。さらに立山縦走という〝残業〟もさせてしまったことだし、疲労がたまっていることは十分すぎるほど理解できた。しかしそこを「あしたはどうせ停滞になるから、頑張ってお風呂のある奥黒部ヒュッテまで行きましょう。そうすれば次の日はきっと台風一過の赤牛岳でいい写真が撮れますよ」と悪魔の説得。お風呂の誘惑と、写真のためなら多少の無理でもなんとかするというプロ根性をくすぐって縦走続行を決める。

重い腰を上げて五色ヶ原山荘の外に出ると、風が強まり流れる雲が青い空を埋め尽くそうとしていた。試練の道を選択した私たちは、このころからようやく市民権を得てきたトレッキングポールを使って膝をかばいつつ、急な下り坂を一気に黒部湖へと下降。平ノ渡しで船に乗って黒部湖を横断した。

あとは湖岸の平坦な道を歩くだけ、と思っていたら考えが甘かった。じつは奥黒部ヒュッテまでの道も意外に難路なのである。湖に張り出した尾根をひとつひとつ越えていくためにアップダウンが激しく、滑りやすい急なはしごの連続でなかなか楽をさせてくれない。それでも雨が降り出す前に、なんとか奥黒部ヒュッテに到着することができた。

またしてもコースタイムで九時間超えの長丁場になってしまったが、翌日は台風接近のために停滞と決めている。お風呂で汗を流し、洗濯をして、夕食にはビールを飲んでぐっすり眠った。

翌日は屋根を叩く激しい雨と、ゴウゴウと木々を揺らす風の音に台風の力を感じながら、ほかに登山客のいない山小屋でのんびりと一日を過ごす。が、私は『山と溪谷』一〇月号の締め切りに追われていたため、午後は薄暗い部屋の中でひとり原稿を書いていた。記事の内容は「世界一美しい散歩道」として知られるニュージーランドのミルフォード・ト

台風接近のため奥黒部ヒュッテで停滞する。半年前に歩いたミルフォード・トラックの原稿を思い出しながら執筆中

ラック紀行。まさか黒部の山奥で、半年前に歩いた地球の裏側のトレッキング（ニュージーランドではトランピングという）の話を書くことになるとは思ってもいなかった。

読売新道の先に待っていた大展望

丸一日休養を取った翌日はもうひとつの試練、赤牛岳に向けた読売新道の登りが待っている。この日はバルセロナオリンピックの最終日で、男子マラソン競技が日本時間の深夜にスタートしていた。午前二時に起きてラジオを聞きながら出発の準備をしていると、メダル候補と目されていた日本の谷口浩美選手が転倒し、先頭集団から大きく離されてしまう。「あー、残念」と思いながら午前三時に奥黒部ヒュッテを出発する。熊よけの意味も兼ねてラジオをつけっ放しにして歩いていると、先頭争いをしていた森下広一選手が二位でフィニッシュ。谷口選手は八位に終わった。レース後のインタビューで、谷口選手が明るい声で「こけちゃいました」と話すのを耳にする。のちのちまで語り継がれることになるコメントを聞いて、自分たちもこけないように気をつけようと菊池カメラマンと話しながら、暗い森のなかの急坂を登っていった。

北アルプスのなかでも急登として知られる読売新道は、暗いうちから登りはじめたこともあって、気がついたときにはいつの間にか森林限界を抜けていた。こうした単調な登りが続くときには夜間行動も悪くない。視界がヘッドランプの黄色い輪のなかに限定されるため、足元に集中しやすくなるからだ。そして、登山の鉄則「早立ち早着き」にあるように、出発は早ければ早いほうがいい。山では午後になると天気が崩れやすくなり、疲労もたまってくる。それが焦りを生んで道迷いや転倒などの要因になりかねないのだ。

うっすらと夜が明けてくると背後には黒い森が広がり、その奥に黒部湖が青空を映し出していた。視界が開けると足も軽くなったような気がする。谷を渡るそよ風を浴びながら、朝のやわらかい日差しを受けてハイマツの急斜面を登り切ると、そこが赤牛岳の頂上だった。来訪者も少ないようで、これ見よがしな頂上標識も立っていない。足元の岩の片隅に、誰かが残していった往復はがきほどのつつましやかな木製の標識が立てかけられているだけの好ましい頂だった。

赤牛岳から水晶岳にかけての稜線は、この上もなく快適な絶景探訪路である。台風が大気中のチリを払っていってくれたおかげで空気は澄

読売新道。深い森のなかの急な登りが続く

み、振り返ると左手には立山連峰、右手には裏銀座から後立山連峰にかけての山々がクリアに見渡せた。これぞ北アルプスの中央稜。黒部川を挟んで東西に並行して連なる山嶺が高さを競い合っている。その豪快なパノラマのなかでも、西にそびえる薬師岳のボリューム満点の姿は圧巻だった。黒部の谷を隔てて見るこの場所こそ、薬師岳を撮影するためのベストポジションだと確信した。空高い青空のもと、つくづく夏山縦走っていいなあと喜びながら緩やかな尾根をたどり、二九六八メートルの水晶岳山頂に立った。

当初の計画ではこの日は水晶小屋に泊まる予定だったのだが、宿泊予約が多く大混雑が予想されたので、もうひと頑張りして収容人数の多い三俣山荘に向かうことにする。毎度の延長戦で残業続きの長時間行動になってしまうが、台風一過で空は青く、夕立の心配もなさそうだ。水晶小屋で電話を借り、三俣山荘の伊藤正一さんに事情を話して予約の変更をお知らせすると快く了解をいただいた。水晶小屋と三俣山荘は同じ系列の山小屋なのである。

ふたたびザックを背にした私たちは、三俣山荘に向けて歩きはじめた。鷲羽岳を越えるルートもあるが、それはあしたにとっておいて岩苔乗越から黒部川源流をたどるコースを行く。夕暮れの景色を楽しみつつ黒部川水源の草原に下り立つと、今朝、奥黒部ヒュッテで別れたばかりの黒部の奔流が、ここではひとまたぎで渡れる細さのかわいらしい小さな流れになっていた。ここまでの山

読売新道の上部を歩く。黒部湖の左が剱・立山連峰、右が後立山連峰

旅はずっと黒部川の上流方向に向かって歩いてきたわけだが、あしたからは逆に下流方向に向かって歩くことになる。ハイマツにびっしりと覆われた鷲羽乗越への道をゆっくりとたどり、夕食が始まる前に三俣山荘に到着した。ガイドブックのコースタイムで一二時間という、またもや長い一日がようやく終わった。

雷は冷気とともにやってきた

入山六日目は鷲羽岳を越えて烏帽子小屋まで、裏銀座コースを逆方向に歩く。まずは鷲羽岳に登って大展望を楽しんだ。

北アルプスの中央付近に位置する鷲羽岳山頂からの展望は見事だった。東には高瀬川の谷を隔てて第一班がスタートした燕岳。南には鋭くそびえる槍ヶ岳の奥に、第二班が越えてきた穂高連峰が姿を見せる。そのすぐ西隣には第三班が登った最初のピーク、笠ヶ岳。三つの山脈をつないできた足跡をすべて見渡すことができた。リレー旗はここからいよいよ北へ、日本海へと向かっていく。

北に目を転じると、私たちが登った最初の山、剱・立山連峰が遠くに見えた。そしてその手前には赤牛岳と水晶岳。少し右には立山連峰と並行するように後立山連峰の峰々が姿を見せていた。東面が切れ落ちた特徴的な頂上を持つ白馬岳も、はるか遠くに望むことができる。その先にあるはずの日本海は、まだまだ遠い。

この日の空は薄雲に覆われていたが、ときおり日も差して、天気は安定しているように思えた。低気圧に変わった台風は北海道の東方海上へと去り、日本海には小さな高気圧が生まれて本州の中部地方を覆っている。天気についてはなんの不安も感じてはいなかった。ちなみに入山してからここまでのあいだ、台風をやりすごすために奥黒部ヒュッテで停滞した以外はずっと好天に恵まれている。レインウエアはまだ一度も雨に濡れていない。

ワリモ岳を巻き、きのう通過した水晶小屋の前でひと休みしてから東沢乗越へと向かう。東沢乗越は高瀬川支流のワリモ沢と黒部川支流の東沢谷の源頭部が迫ってきて、ところどころで両側とも切れ落ちたヤセ尾根となっている。赤茶けた脆い岩場も出てくるため、転・滑落に対する十分な注意が必要だ。

ここは高校一年生のときに歩いて「北アルプスの岩場」をはじめて体験した場所だった。その後、大学時代にも何度か通過していたのだが、久々に歩いてみると道はしっかり整備されていて、尾根自体もそれほど切り立っているとは感じられない。経験の積み重ねが景色の印象を変えてしまうということもあるのだな、と思いながら東沢乗越の最低鞍部を通過中のことだった。

遠く、かすかに雷鳴を聞いた。入山六日目にしてはじめて聞く遠雷だった。

まだお昼前なのにずいぶん仕事熱心な雷だなぁと感じたが、すぐこちらにやってくるとは思わなかった。槍の穂先だけは雲に隠れてしまったが、相変わらず視界は良好。全体に雲底が下がってきてはいるものの、遠くの山並みはまだはっきりと見えている。もし雷雲が急接近してきたとしても、ここから一時間弱で真砂岳に登れば野口五郎小屋までひと息の距離だ。少なくとも余裕を持って山小屋まで逃げ込めると踏んでいた。

遠くに雷鳴を聞いたときにいくばくかの不安を感じたものの、（こちらにはしばらくは来ない）（稲光も見えないし、まだ大丈夫）と思っていた。しかし、そんな私たちをあざ笑うかのように、雷雲は私たちの知らないところで力を蓄え、巨大化し、こっそりと近づいていたのだった。

遠雷の音が、さっきより少しだけ大きく聞こえた。低いゴロゴロ音の前に小さく前奏のような音も聞き取れた気がする。それが複数回、続いた。すると、ワリモ沢の源頭斜面から冷たい風が東沢谷の方へ流れ込んできた。同時に白い雲が風下側の東沢谷上空に生まれ、あっという間に谷を埋め尽くしてしまった。

(あ、これ、なんかヤバい感じがする)

そう思った次の瞬間、耳をつんざくような雷の大音響が響きわたった。それはなんの前ぶれもなく、あまりにも唐突な一撃だった。白い霧が稲光《いなびかり》で黄色に染まったようにも見えた。

一瞬、静まったかと思うと、こんどは甲高い「パリパリパリ」といった前奏のすぐあとに「ドーン」という雷撃音。雷雲の中心からものすごく近い場所にいることがわかる。ここは岩とハイマツの岩稜地帯。頭上をさえぎるものは何もない。これは、どこかに逃げないと本当にヤバいと思った。

私の母の実家が栃木県の今市市(現、日光市)にあったので、雷の性格についてはある程度、理解しているつもりだった。そこは関東平野の北に位置し、背後に日光連山が控えているので積乱雲が生まれやすく、雷の名所として知られている。小学校の夏休みに今市の祖父母の家に遊びにいっていたとき、日光杉並木の大きな杉の木に雷が落ちて、白い煙を上げて燃えているのを間近で見たことが何度かあった。

祖母は雷のことを雷様〈らいさま〉と呼んでいた。祖母が教えるには、〈らいさま〉との距離は稲光と雷鳴との間隔で推し量れるというものだった。つまりピカッと光り、ドーンと音がする間隔

東沢乗越を行く。雲がすこしずつ増えてきた

が長ければ雷の中心は遠く、光と音が一致するくらい短くなると、〈らいさま〉はすぐ近くにいて危ないから避難しなさい、という教えだった。実際にその教えは正しく、科学的には雷が光ってから音が聞こえるまでの時間（秒）に三四〇メートルを掛ければ落雷地点との距離が計算できるといわれている。つまり雷が光ったあと、ゴロゴロと音が聞こえるまで三秒だったとしたら、約一キロ以内のところに雷が落ちていることになる。

しかしこのときの雷は遠くで静かに鳴りはじめ、稲光も見えず、まだ遠いところにいるのだろうと思っていたところに突然、光と音が同じタイミングで、しかもフルボリュームで襲いかかってきた。コンサートホールでピアノのソロ演奏を聴いているときに突然、耳元でシンバルを叩き鳴らされたような衝撃だった。そしてその一撃がきっかけとなって、雷は無差別攻撃のように光の矢と轟音を放ち続けた。光と音はほぼ同時。このとき、私たちは間違いなく雷雲の真っただ中にいたのだと思う。

ミルクのように白かった雲はいつの間にかどす黒いグレーに変わり、周囲はまるで夜のように暗くなった。あられ交じりの冷たい雨が急に降り出して、その勢いは慌ててレインウエアを着ようとする私たちを瞬時にびしょ濡れにした。

なんとか真砂岳を越えて野口五郎小屋に逃げ込もうと思ったが、事態は思ったよりも急展開で深刻だった。頑張って真砂岳に登ったとしても、そこはほとんど平らな砂礫地で周囲に何もなく、立っているだけで間違いなく雷撃を誘うことになる。いまの状況で高みに登ることは自殺行為だ。ここはできるだけ低い場所に下りて雷の標的にならないよう地面に溶け込み、通り過ぎるのをひたすら待つしかない。

とはいってもヤセ尾根状の岩場では逃げる場所がない。危険を承知でしばらく前進し、東沢谷の源頭斜面にハイマツ帯を見つけてそこまで駆け下った。

追い打ちをかけるように雨の勢いは増し、霧のスクリーンに雷が危険な光を投げかける。周囲の岩は雨に打たれて黒く染まり、閃光を反射して白く光った。同時に猛烈な雷鳴があたりを揺るがす。決して大げさな表現ではなく、まさしく生きた心地がしなかった。ひとたびあの稲光が放つ一億ボ

ハイマツの中にもぐり込んで、雷雲が過ぎ去るのを待った

ルトの触手に触れてしまったら命の保証はない。そしてそれはどこから飛んでくるのか、まったく予想がつかないのだ。

ハイマツの枝の下にもぐり込んだ私たちは頭からツェルトをかぶり、姿勢を低くして、雷が通り過ぎてくれるのをただ待つしかなかった。数秒おきに閃光がきらめいて雷鳴が鳴り響き、大粒の雨が容赦なく叩きつけてくる。しかしハイマツの枝の下でツェルトの屋根があれば、快適とはいえないまでも安心感がまったく違った。雪山でのビバークや防寒のためにさんざんお世話になってきたツェルトだが、こうした雨のなかでも心強い味方になってくれると、あらためて強く思った。叩きつけるような雨のなか、レインウエアを着たままでじっと立ち尽くす不快さを、わずか数百グラムのツェルトが救ってくれるのだ。

ハイマツの枝の下は落ち葉と地衣類で埋め尽くされてクッションのようになっており、激しい雨もその中に吸い込まれて水溜まりはできない。水に濡れた岩場と違い、電流の通り道を遮断してくれているような気がして樹木のありがたみを知った。周囲は相変わらず暗く、数秒おきに閃光と雷鳴が暴れまくっていたが、そこにもぐり込んでいると、外敵から身を守るためにハイマツの陰にじっと隠れているライチョウの気持ちがよくわかる気がした。

ハイマツの茂みの中で待つこと約二時間、雷はさんざん暴れまくった末に北の方角に去っていった。稲光と雷鳴の間隔がしだいに遠くなり、黒い雲の塊も去って雨もやんだ。しかしこれで安全かというと決してそんなことはない。祖母の教えで「らいさまは忘れものを取りに戻ることがあるから気をつけなさい」というのがあった。実際に、雷雨が通り過ぎたあと、すぐに外に飛び出して遊んでいたら、雷が戻ってきてひどい目に遭った経験がある。雷鳴がまったく聞こえなくなるくらい遠ざかったのを確認するまで、私たちはおとなしくツェルトの中にこもっていた。命が最優先なのだから時間など気にしてはいられない。

じつは冠松次郎が早月尾根の初登攀に続けて赤牛岳に登ったときも水晶岳で夕立ちに遭っている。「私は一時間近くも岩の窪へ、着ゴザを冠ってうずくまっていた。漸く雷鳴が弱くなったので起き上ってその方を見ると、雷光を孕んだ黒い雲が、水晶岳、野口五郎岳、三ツ岳の上を盛んに旋回している」と、まさに私たちと同じような場所で雷雨に打たれていたのだ。彼らがようやく去っていった雷雲を眺めていると、「それがまたこっちへ舞い戻って来たのだ」と、再来襲された体験を『渓』（中公文庫）の「赤牛岳に登る」に記している。

幸いなことに、この日、〈らいさま〉の忘れものはなかった。

その後、私たちは烏帽子小屋まで行くのをあきらめて手前の野口五郎小屋に泊まることにした。事情をよくわかってくださったご主人の上条守親さんは、乾いたタオルを差し出して私たちを温かく迎え入れてくれたのだった。

全行程三四日間のリレー縦走完成

翌日の北アルプスは大荒れの天気となった。西から前線をともなった低気圧が近づいてきて、やがて停滞前線が日本列島の中心に長々と居座るかたちになってしまったのである。前日の雷は寒冷前線のさきがけで、上空に冷たい空気が流れ込んだことによる界雷だったようだ。

まるで梅雨のような気圧配置に、山の上は連日、風雨が収まらなかった。視界も利かず、取材どころではない。結局、私たちは野口五郎小屋に三泊お世話になり、翌日も中途半端な天気のために写真が撮れず、烏帽子小屋までの移動にとどめた。

入山して一〇日目。天候の回復を確認して、この日は船窪小屋に向かう。不動岳でコマクサの大群落地を見つけては喜び、不動沢源頭の水場では冷たくて美味しい水を味わい、地味な山稜の魅力をひとつひとつ丁寧に取材。船窪小屋では囲炉裏を囲んで夕食をいただくという、風情のある夜を過ごした。

一一日目。蓮華岳への登りの途中で小さな岩峰を見つけた。そのはるか遠くに、槍ヶ岳のとんがりが雲の中から姿を見せている。すかさず岩峰の頂に攀じ登った私は、菊池カメラマンに表紙用の写真を撮ってもらうことにした。北アルプスのなかでもあまり歩かれることのない不遇な稜線から、これほど雄大な景色が見られるということを多くの人に知ってもらいたかったからだ。菊池カメラマンはさっそく中判カメラのペンタックス6×7をザックから取り出し、タテ位置で何枚かシャッターを切ってくれた。その写真は一年後、山口編集長の目に止まり、表紙に採用されることになる。

その後、広大なコマクサ畑となっている蓮華岳頂上を越えて針ノ木峠へ。ここで針ノ木雪渓を登ってくる第五班の中尾武治隊員と合流する。リレー旗を渡すセレモニーは翌日、針ノ木岳山頂で行なうことにして、この日の夜はお互いに入山祝いと下山前祝いの乾杯をした。そして入山から一二日目の朝、針ノ木岳山頂に立った私たちはリレー旗の授与式を済ませ、後立山連峰の縦走に向かう中尾隊員を見送ったのだった。

リレー旗はその後、白馬岳で第六班の林弘文隊員に渡り、白馬山荘で悪天候のために三日ほど停滞したあと朝日小屋へと縦走。そこから栂海新道を北上して栂海山荘に宿泊した翌日、日本海の親不知海岸に無事、ゴールしたのだった。

第一班のスタートからゴールまで全日程三四日間。

蓮華岳の登りで見つけた岩塔に立つ。この写真が1993年『山と溪谷』7月号の表紙を飾ることになった

菊池哲男カメラマン（左）とともに針ノ木岳山頂に立つ。背景は11日前に越えてきた劔・立山連峰

六人の編集部員とカメラマンがつないだリレー旗は北アルプスの主要な縦走路をすべて踏破し、日本海の親不知海岸にたどり着いた。一人のけがもなく歩き通したこの記録は、翌年一九九三年の『山と溪谷』七月号のメイン特集として紹介されている。

結局、三四日間の北アルプス縦走中に、猛烈な雷と遭遇したのは私たちの第四班だけだった。東沢乗越で私たちが被雷の恐怖に震えていた日は八月一一日。のちに国民の祝日「山の日」に制定された八月十一日は、私にとって北アルプス落雷記念日としても長く記憶されることになった。

教訓

- 雷雲に遭遇したらとにかく早く、低いところに逃げること。
- 雷雨にかぎらず、避難のためのツェルトは必携装備。

File 08 雷雲接近！　花より命　穂高吊尾根

ヤマケイ登山教室

山と溪谷社では、かつて「ヤマケイ登山教室」という名前のツアー形式による登山教室を開催していたことがあった。教室は旅行会社の協力を得て、春は剱・立山連峰、夏は槍・穂高連峰、冬には八ヶ岳で開かれ、多いときには一回で一二コース一五班、延べ四四九人もの参加者を得ていたこともある。主催は各旅行会社だが、登山コースの選定や講習内容には山と溪谷社がかかわっていたので、それぞれの教室には必ず社員が同行することになっていた。

私も雑誌編集という仕事の合間を縫って、多くの登山教室に参加してきた。残雪期の剱岳登頂や夏の常念山脈縦走、槍ヶ岳、北穂高岳、奥穂高岳、さらに冬の八ヶ岳硫黄岳登頂など、それぞれ一〇～二〇人ほどの参加者とともに山を歩き、登山の基本をお伝えすることができたと思っている。

しかし、気心の知れた仲間と登る山とは違い、グループ登山の運営にはいろいろな苦労がつきものだ。責任も格段に大きい。それはヤマケイ登山教室が始まる以前に、母校の一般学生を山に連れていった経験があるのでよくわかっているつもりだった。

青山学院大学では体育の授業の選択肢のなかに「登山」があり、夏休みの数日間、山に登ると単位が取れることになっていた。蝶ヶ岳登頂や奥穂高岳登頂といった登山教室に参加することで単位が認定される仕組みである。乗馬やゴルフやスキーといった華やかな野外授業があるなかで、登山は地味ながら人気を得ていたようで、毎年四〇人ほどの定員は常に埋まっていたと記憶する。もっとも、「第二希望でこっちに来ました」と正直に話す学生もけっこういたのだが……。

登山教室の引率、指導をするのは山岳部の現役部員とOB・OGだった。参加者にはまったくの初心者が含まれることから、登山計画はかなり余裕を持って作られていた。たとえば奥穂高岳登頂の行動日程は次のとおりである。

初日は上高地から徳沢まで。徳澤園に泊まり、その日の夜は穂高を舞台にした井上靖の小説『氷壁』を素材にして山の文学についてレクチャーする。二日目は涸沢をめざす。午前中に涸沢ヒュッテに到着するので、午後は近くの岩場でクライミングの基礎トレーニングをして翌日の奥穂高岳登頂に備える。夕食後は翌日の行動についての注意点と登山の基本について講座を開いた。三日目はいよいよ奥穂高岳登山。ザイテングラートから白出のコルを経て奥穂高岳に登頂し、穂高岳山荘泊。午後、希望者を募って涸沢岳を往復する。夜は海外登山の経験豊富な山岳部OBがヨーロッパ・アルプスの登山について講演。四日目は涸沢まで下山するだけ。コースタイムでわずか一時間半の行程なので、ザイテングラートからパノラマコースの道ををのんびりと下る。それでも時間はたっぷり余るので、登山道からはずれた「涸沢の岩小屋」をステージにして山の歌の歌唱指導を行なったりもした。五日目は涸沢から来た道を戻り、上高地で解散。教室終了となる。

以上、毎日が半日行程のスケジュールが組まれていて、通常は一泊二日で歩く行程を五日間かけてじっくりと歩くプログラムになっている。悪天時のオプションも考えられていて、登頂率は常に一〇〇パーセントだった。

引率する側は、学生たちを四つの班に分け、山岳部のOB・OGと現役がそれぞれの班に二、三人ずつ付いて指導に当たっていた。初心者を安全に、つらい思いをさせずに山頂へと導くためには、このくらいゆったりしたスケジュールと管理が肝要だと学んだ。そして、初心者とともに歩いたこの経験は、ヤマケイ登山教室で初対面の方を案内するときに大いに役立った。

いずれにしても、集団登山のリーダーはメンバーの安全を確保するために最大限の注意を払わなければならない。それは気の合った仲間と登る山に比べ、とても責任の重い仕事でもある。

前穂高岳〜奥穂高岳縦走を担当

一九九四年の夏、ヤマケイ登山教室で私が担当したのは前穂高岳から奥穂高岳への縦走だった。初日は上高地を昼に出発して岳沢ヒュッテ（現・岳沢小屋）まで。二日目は重太郎新道を前穂高岳に登り、吊尾根を奥穂高岳へ縦走して穂高岳山荘泊。三日目は涸沢を経由して上高地に下山、という日程である。

このコースは急峻な登りや鎖場の通過が多く、森林限界上の行動時間が長くなるので、足並みの揃ったメンバーでないと苦労させられる。そのため、参加するには「岩場を含む登山コースを歩いた経験のある中級者以上」という条件が付けられていた。

上高地のビジターセンター前に集まった参加者の平均年齢は四〇歳代。総勢一六人のうち、約半数が女性だった。初日の行程は岳沢ヒュッテまでなので、参加者の足取りをチェックしながら先頭を歩かせていただく。幸い「中級者以上」という条件で募ったためか、参加者のなかに極端に足の遅い人はいなかった。もっとも、岳沢までの行程で不安を感じるような歩き方をする者は稜線まで連れていけない。その点、このときのメンバーは登山経験の豊富な方ばかりのようで、心配する必要はなさそうだった。

穂高岳周辺図
涸沢岳
3110
涸沢小屋
ザイテングラート
穂高岳山荘
涸沢ヒュッテ
ジャンダルム
奥穂高岳
3190
五・六のコル
3163
天狗のコル
天狗ノ頭
2909
吊尾根
北尾根
前穂高岳
3090.5
扇沢
コブ沢
2907
間ノ岳
前穂高沢
紀美子平
天狗沢
奥又白池
間ノ沢
重太郎新道
岳沢小屋
奥明神沢
明神岳
西穂高沢
2931
中明神沢
ひょうたん池
岳沢
長七ノ頭
2320
前明神沢
2726
カモシカ沢
明神南沢
2263.8
下宮川谷
ワサビ沢
明神池
梓川
小梨平
明神
上高地
0
1km
六百沢
上高地バスターミナル

上高地を出発して約三時間。まもなく岳沢ヒュッテに到着しようとするとき、遠くに小さく雷の音を聞いた。時刻は一五時くらいだったと思う。穂高連峰の奥、飛騨側から風に乗って聞こえてきた雷鳴は身の危険を感じるほどのものではないが、心に引っかかった。「雷三日」という言葉もある。きょうは無事でも、あした雷雲がこちらにやってこないともかぎらない。

結局、この日は穏やかな夕暮れとなり、雷雨になる気配すらなかった。遠くの乗鞍岳も、日が暮れるまでくっきりとその姿を見せていた。しかし用心するに越したことはない。あしたは遅くとも一五時までに穂高岳山荘に着くようにしよう。いや、あと一時間早めて一四時には建物の中にいられるようにしたほうがいい。そう思ってほかのツアーリーダーたちと相談し、翌朝の出発を一時間早めることにした。朝食はお弁当に替えてもらい、食べるタイミングは各自に任せることにする。

出発を早め順調に前穂へ

入山二日目、岳沢ヒュッテを朝五時に出発する。

ツアー登山では、全員が指定された時間に集まったとしても、それから身支度を整えたりトイレに出かけたりする人がいて、なかなか予定どおりに出発できないことが多い。「出発時間は集合する時間ではなく、歩きはじめる時間ですよ」と伝えておいても、遅れる人が必ず何人か出てしまう

前穂高岳から見た奥穂高岳

ものなのだ。しかしこのときのメンバーはとてもしっかりしていた。出発の三〇分以上前から、まだ開いていない食堂の片隅で朝食用の弁当を食べて準備万端。おかげで定刻ちょうどに出発することができた。

岳沢ヒュッテを出て岳沢の河原を横断すると、いきなり標高差八〇〇メートルの重太郎新道の登りが待っている。南を向いたこの尾根は、急峻なうえに晴れた日には背後からの日差しが厳しい。体力の消耗を抑えるためにも、早朝のうちに高度をかせいでおくことが重要だった。

樹林帯の長いはしごを越え、上高地を見下ろす岳沢パノラマを過ぎるあたりから日差しが強くなってきたが、歩くペースは安定していた。森林限界を超えるとガレ場につけられたジグザグ道となり、まわりにはハイマツが出てくる。雷鳥広場を経て短いはしごを下り、長い鎖場を登り切ると紀美子平に着いた。ここまではコースタイムどおり。参加者は体力的に問題がなさそうなので、荷物を置いて全員で前穂高岳に向かう。

前穂高岳の広くて細長い山頂に立つと、遠くに槍ヶ岳の鋭い山容が目に入った。天候は晴れ。視界も良好で、参加者に問われるままに見えている山の説明をする。穂高連峰や常念山脈の山々はもちろんのこと、一般の方には区別がつきにくい明神岳の連峰についても詳しく解説した。山の名前を教えたついでに、「そういえばこのあたりでチシマギキョウのシロバナを見たことがあります。とても珍しいんですよ」などと説明をした。これが、花好き女子の心を刺激してしまったようだ。体力に余裕のある女性たちはその後、花を探して写真撮影することに力を入れるようになってしまったのである。吊尾根は険しい岩尾根になっているが、登山道のほとんどの部分が上高地側につけられていて、南を向いている。そのせいか、ところどころに高山植物の小群落があって、花好きの登山者を喜ばせてくれるのだ。

紀美子平に戻り、吊尾根の縦走路に踏み出すと、女子たちはさっそく花を探しはじめた。チシマギキョウの群落を見つけては歓声を上げ、ウサギギクを見つけてはしゃがみ込んで写真を撮っている。時間にはまだ余裕があったので、ところどころで写真撮影のための小休止を取りながら、奥穂高岳に向けて順調に吊尾根を進んでいった。

吊尾根の登山道は主に上高地側の斜面につけられている

予想より早く雷雲接近！

吊尾根の最低コルを過ぎてしばらく歩くと、吊尾根の核心部といえる長い鎖場が現れる。人が多いときには順番待ちで苦労させられる難所でもある。ここでは下山中の登山者を優先して先に下ってもらい、私たちのパーティーはすれ違いの心配のないタイミングを見て慎重に通過した。時刻は一二時。予定どおりのペースで進んでいる。そして南稜の頭への登りに差しかかったときのことである。

ふと、遠くに雷鳴を聞いた。それはかわいらしいくらいの小さな音で、参加者のほとんどは気づかなかったと思う。しかし私にはすぐにわかった。雷鳴はいずれ聞くことになると予測していたからである。しかし……、それにしても早すぎる。きのうは一五時ごろだったのに、三時間も早いではないか。

この先、奥穂高岳を越えて穂高岳山荘に下るまで、このメンバーではどんなに急いでも一時間はかかるだろう。その間に雷雲につかまったら大変なことになる。稜線には、二、三人ならともかく、一六人ものメンバーを避難させられるような場所などはないからだ。こうなったらとにかくペースを守って休まずに歩き続け、雷雲が近づく前に穂高岳山荘にたどり着かなくては……。

奥穂高岳への最後の登りに差しかかったところで、焼岳方面に白い雲を見た。稲光が雲間に光り、雷鳴もさっきよりも大きく、近くに聞こえる。

（ヤバい。光ってる）

あの雲はこちらに向かってくるのか、それともきのうのように岐阜県側をうろつくだけで去っていくのか。一九六七（昭和四二）年の西穂独標における松本深志高校の落雷事故が頭によぎった。その昔、ここからすぐ近くに見える西穂高岳の稜線で、一一人もの高校生が落雷のために亡くなっているのである。もし、どうしてもヒトに落ちたいなら、参加者ではなく先頭のワタシに落ちてくれ、くらいの悲壮な覚悟を胸に、こっそりとペースを上げる。年配の男性が少しつらそうに見えたが大丈夫。頂上は近い。体力も天気もきっと山頂まではもつだろう。

ところがここで、「まあー、きれい！」という声とともに女性たちが立ち止まる気配がした。岩

吊尾根を行く。ごらんのとおり、尾根上には身を隠せるような安定した場所はなかなか見当たらない

陰に咲くイワギキョウの群落を見つけたらしい。じつは私も気づいていたのだが、黙ってスルーしようとしていたところだった。咲いたばかりと思われる紫色の可憐な花が、空を向いて風に揺れていた。この日、出会った花のなかではいちばん美しい株だったかもしれない。

見逃さなかった女性たちを褒めてあげたいところだが、いまの状況ではさすがにそんな余裕はなかった。雷鳴が先ほどよりも大きく聞こえている。雷の射程距離に入っている状況で、のんびりと立ち止まることは避けたかった。ひとりが撮影を始めると後続者は立ち止まってじっと待ちながら、次は自分の番だとカメラを取り出す……。そうした遅れの伝播は、いまはまずい。

「頂上はすぐそこです。立ち止まらずにあとひと踏ん張り、頑張りましょう」と、無理やり追い立てるようにして登り続けた。

とにかくいまは花より命、なのである。

奥穂高岳に登頂したとき、雷雲はまだ近づいていなかった。焼岳から西穂高岳にかけてライトグレーの雲がかかっているが、まだそれほど厚くはない。ただ、ときおり雲の中からチラリと顔をのぞかせる光の矢がなんとも気になる。

雷鳴も相変わらずゴロゴロと低音を響かせている。これはボクシングでいえば渾身のKOパンチを繰り出す前のジャブなのか、それとも距離をとって様子を見ているだけなのか、雷の気持ちはまったく読むことができない。しかし過去の経験からすると、こうしたゴロゴロのあとにいきなり「ピシャ！　ドーン」と刃を突き立てることもあるので油断はできない。少なくとも雷鳴が聞こえているあいだは、少しでも早く安全なところに下りる努力をしなければならないのだ。

山頂での記念写真もそこそこに、下山にかかる。ジャンダルムの真上付近でピカッと光ったときには、さすがにメンバー全員が危険な状態にあることを悟ったようだが、ここでの焦りは禁物だ。「落ち着いて、立ち止まらずに慎重に下山しましょう。最後まで気を抜かないように」と皆に伝え、穂高岳山荘への道を下りはじめる。風に乗ってときおり小さな雨粒が運ばれてくるが、レインウエアを着るほどでもない。一歩一歩、慎重に歩くように声をかけ、雷鳴から逃げるように下り続けて

奥穂高岳の山頂で急いで撮影した記念写真。背後にジャンダルムを覆い隠そうとする白い雲が見える（プライバシー保護のため、写真の一部を加工してあります）

無事、穂高岳山荘に帰着した。

その後、積乱雲は巨大化して岐阜県中部で暴れていたようだが、穂高までやってくることはなかった。結果として、焦っていた私だけが大げさだったのかもしれないが、まあ、そんなこともある。

＊

ところで、私が雷に対して少々過剰に反応しているように思われるとしたら、それは大切な友人を落雷事故で亡くしたから、といえるかもしれない。

東京農業大学山岳部の馬場哲也は、私にとっていちばんの岳友だった。大学山岳部対抗のマラソン大会ではよきライバルであり、酒の席ではヒマラヤへの熱い思いを語り合った仲でもある。卒業後も、雑誌の取材で手伝いを頼むと率先してボッカ役を引き受けてくれ、人なつこい笑顔で誰からも好かれていた。小柄だが引き締まった体形で、一年中いつでも雪焼けの顔。その顔に似合わず、フラワーショップで働きながら海外登山の夢を見ていた。

その彼が農大山岳部のナンガ・パルバット登山隊の主力メンバーとして登山中、標高五六〇〇メートルの第三キャンプ付近で落雷を受け、二日後に帰らぬ人となってしまった。ヒマラヤでの落雷による死亡事故は当時もいまも珍しく、私もニュースを聞いたときにはにわかに信じられなかった。

その瞬間は、きっと誰にも予測できなかったことだろう。横なぐりの風雪のなか、先頭を歩いていた馬場に、なんの前触れもなく雷が落ちた。一五メートル後方を歩いていた隊員には雷鳴も雷光も感じられず、「ボッ」というにぶい音が聞こえただけという。気がつくと燃えているザックが目に入り、急いで駆け寄ると馬場は燃えているザックを背負ったまま雪の上に倒れていた。

テントに収容された馬場はまだ生きていた。ただ、右顔面と右肩、背中に重い火傷を負っていた。ヘリコプターによる救助を要請するも、その日は悪天候のために飛来できず。いっときは会話を交わせるようになり、回復しているかのように見えたのだが、翌日、ヘリコプターを待つあいだに息を引き取ったという。

まさか彼が、ヒマラヤの落雷で死ぬなどとは考えてもみなかった。

まったく予想できなかった友人の落雷事故を通して、私は臆病になっているのかもしれない。しかし、山の怖さを実感しておくことは大切なことだと思う。危険の存在を知っていて山に入るのと、それを知らずに自然の中に身を置くのとでは、いざというときの対処で確実に差が出ると思うからだ。

山は怖い。しかしその怖さを知って臆病になるのは恥じることではない。その気持ちは、これからも大切にしていきたいと思っている。

落雷事故の実態と雷対策あれこれ

落雷による山岳遭難は、じつはそれほど多くない。二〇一八年度の山岳遭難者の総数は三一二九人だが、そのうち落雷による遭難者はゼロだった。過去五年間にさかのぼってみても、二〇一四年、一五年、一六年の落雷による山岳遭難者はゼロ。一七年に一人の遭難者が数えられているだけなので、五年間の山岳遭難者数一万五〇〇六人のうち、落雷による遭難はわずか一人だけということになる。

だからといって油断してはいけない。二〇一九年になると五月四日、丹沢・鍋割山の山頂から南に六四〇メートル付近で雷雨を避けて木の下で退避していた四五歳の男性が落雷によって死亡した。

八月七日には南アルプスの北岳〜間ノ岳の稜線上、中白根から北岳山荘に下山中の二一歳の男子大学生が頭部への落雷直撃で死亡している。

雷による遭難発生件数は、山岳遭難全体の割合から見ると少ないとはいえ、被雷したらとても重い結果となることを再度、認識しておくべきだろう。

雷の接近を知るには、昔からよくAMラジオを使うといいと教えられてきた。雷雲の接近によって電波が乱れ、バリバリといった雑音が入ってくるからである。私も実際に使ったことがある。たしかに雑音で雷の存在を知ることにはなるのだが、ふだんからラジオを聴きながら歩く習慣のない者が、雷に備えてわざわざラジオをつけるという時点ですでに雷への警戒意識が高まっているわけで、聞き分けられるほどの雑音がスピーカーから聞こえてくるころには遠雷のナマ音が直接、耳に入っていた。停滞しているときに雷の接近を察知する手段としては役に立つかもしれないが、行動中の雷検知器として使うにはいまひとつ実用性に欠けるように思える。さらに、最近のラジオは性能が上がり、雑音が入りにくい設計になってきたというからなおさらである。

天気図をチェックして、午前六時の富士山頂と御前崎の気温差が二五度以上あるときには雷の発生に注意、といったことも昔からよく教えられてきた雷対策である。これはたしかに説得力がある。地表と上空との大きな気温差が激しい上昇気流を生み、雷雲の発生に結びつくからだ。しかし近年は天気図をとる習慣も少なくなり、その代わりに天気予報の精度が上がってきたため、テレビやラジオやインターネットでの情報を確認するだけでも十分といえるかもしれない。天気概況で「上空の大気が不安定」といったことばが含まれていたら、雷の発生を疑ったほうがいいだろう。もっとも、そのような大気の状況であれば、気象予報士が「急な雷雨に注意しましょう」と警告してくれるはずである。

実際の登山中では、雷鳴を聞いてはじめて雷の接近に気がつくことがほとんどだろう。しかし音が聞こえたという時点で、すでに雷は近くにいて危険な状態となっている。危険地帯から逃げる時間を考えると、雷鳴が聞こえる前に、雷が接近中だということがわかれば安心だ。そこで、携帯型の雷検知機「ストライクアラート」を使ったことがある。これは片手に収まるほどの大きさで、LEDランプの点灯と音で雷の接近がわかる仕組みになっており、事前に雷雲の接近を察知できるので持っていて心強かった。

また、近年はウェブサイトや携帯のアプリで雷の接近を知ることができる。たとえば気象庁のウェブサイトにある「レーダー・ナウキャスト（降水・雷・竜巻）」を見れば、日本のどこに雷が発生しているのかをリアルタイムで知ることができる。活動度のレベルは四段階の色分けで表示されており、雷雲の予想進路も一〇分単位で見ることができるので、雷を回避するための心強い判断材料になることだろう。

そのほかにも雲の発生や動向についてチェックできるアプリが数多く出ているので調べてみるといい。私も天候の判断には三、四種類のアプリや情報サイトを並行して使っているのだが、なかでも一時間単位で雲の動きをチェックできる天気予報情報サイト「ＳＣＷ」は小まめに見るようにしている。雨を降らせる雲がどこにあって、どの方向に進むかの予想が詳細な地図に示されるので、局地的に生まれた雷雲の動きを事前に把握することができる。写真撮影やビデオの収録の際も、雲の隙間がどこにあるのかがわかるので便利に利用させてもらっている。

天気予報に関しては、ほかにもさまざまなウェブサイトやアプリがあるので、情報収集に積極的に使用してみてはいかがだろうか。ただし、重要なのはその情報をもとにどのような判断を下すかということだ。情報過多によってかえって迷いが生じるようなことのないよう、常に客観的な目で全体の状況を把握していきたい。

教訓

- 雷の発生・進路は気まぐれであり、確実な予想はむずかしい。
- 雷に遭遇しそうになったら、一刻も早く安全地帯への移動を試みること。

第4章

転落

File

09

ジャンダルムの脆い盾　穂高岳

槍・穂高連峰へのあこがれ

栃木県で生まれ育った私にとって、北アルプスの槍・穂高連峰はあこがれの山だった。山好きの父親に連れられて、小学生のころから日光や那須の山をよく歩いていた。栃木県を代表する男体山や那須岳のほか、美しい山容で知られる高原山の剣ヶ峰などにも登り、霧降高原や小田代ヶ原、塩原自然研究路といったハイキングコースもよく歩いたものだった。父は山に行くたびにトウゴクミツバツツジ（東国三葉躑躅）やチュウジョウセツリ（柱状節理）といった、小学校低学年にはちょっと難しい植物や地質の名前を教えてくれ、私もそれを面白がって聞いていた。

そのなかでも、小学校五年生のときに登った栃木県最高峰の日光白根山が、私を本気で山に向かわせるきっかけとなった。日光湯元スキー場から往復八時間の健脚者向けコースを歩いたのだが、前白根山を越えたときに突然、眼下にエメラルドグリーンに輝く五色沼を見たときの感動はいまも忘れられない。父は「見る角度や光線状態によって水面の色が変化するから五色沼と名づけられた」と教えてくれ、実際に奥白根山の山頂から見下ろすと、五色沼は青みがかったコバルトブルーに変わっていた。群馬県との県境にそびえる奥深い山に、これほど神秘的な景色が待っているのだと知ったとき、もっとほかの高い山に登ってみたいと強く思ったものだった。このとき私は一〇歳。登ったのは体育の日の一〇月一〇日。三つの一〇を重ねたこの日が、私にとって山登りに開眼した記念日となり、五色沼の鮮やかな色彩とともに深く記憶に刻まれることになる。

中学生になると、富士山や吾妻山、草津白根山など県外の山にも積極的に足跡を記すようになる。家族旅行で蔵王にスキーに行ったときには、両親が妹と樹氷原コースを滑っているあいだに地蔵山から最高峰の熊野岳までひとりで歩いて往復してみた。地蔵山山頂からは吹きさらしの白い尾根が続き、熊野岳の先まで行くと蔵王のシンボル、御釜が姿を現した。短い距離ながら、体が浮き上がるような強風に雪山の厳しさを思い知らされたはじめての冬山単独行だった。

登山の技術書とガイドブックを買い求めて、山のことを勉強しはじめたのもこのころである。当時のガイドブックは写真が少なく、その代わりに文章でしっかりと山の魅力が描かれていて読む楽しみがあった。書店の棚には山と溪谷社のアルパインガイドと実業之日本社のブルーガイドの二つのシリーズが並んでいて、私はページデザインと地図の見やすさから山と溪谷社のアルパインガイドを選んだ。まとめて六冊購入し、文学全集でも読み進める感覚で片っ端から読みふけったものである。

そのなかで何度も繰り返し読んだのが、地元の山を紹介したアルペンガイド『日光・奥鬼怒・那須・塩原』（山と溪谷社刊）だった。著者の沼尾正彦氏は日光市の職員で、広報編集の仕事をされていた。余暇を利用して取材をし、このガイドブックを書き上げたのだという。氏は母の高校時代の同級生だったと後に知ることになるのだが、この本には市の観光係長という視点から、読者のためにきめ細かい情報が記されていた。単なる登山コースガイドにとどまることなく、地方の歴史、地質、動・植物などの解説に加え、日光の社寺仏閣の案内から年中行事、名産品の紹介、古代から伝わる民話の数々等、多彩な情報が一冊にまとめられており、読んでいて飽きることがなかった。ビニールのカバーがかけられていたので油断して、お風呂で読んでいて水没させたときの染みがいまでも残っている。とにかく読んでいるだけで、知らなかった山とその周辺のさまざまな知識が身に着き、山に登り、ついでに麓を観光している気分にさせてくれたものだった。

アルパインガイド（現在はアルペンガイドの名称で統一されている）は、私にとって山に入るためのバイブルでありパスポートのような存在となった。その数十年後、まさか自分がこのアルパインガイドシリーズの編集長になるとは夢にも思っていなかったのだが……。

ほかにも、いつか登ってみたいと思っていた『尾瀬』や『八ヶ岳』と併行して、『上高地・槍・

穂高』『剱・立山・薬師岳・雲の平』『後立山連峰』の北アルプス三部作を読み進めていくうちに北アルプスへのあこがれが強まった。とくに印象的だったのがアルパインガイド28『上高地・槍・穂高』である。著者の三宅修さんは山岳写真家であると同時に、山の文芸誌『アルプ』の編集責任者をつとめられていて、美しい写真とともに、巧みな文章表現力で私を山へといざなってくれた。ちょっと扇情的とも思えるくらい、山への愛がたっぷりと詰めこまれた三宅さんの文章に刺激を受け、北アルプスをめざすなら最初の目標は槍ヶ岳だと心に決めていた。

裏銀座コースで北アルプスデビュー

私にとって、はじめての北アルプス登山は一五の夏、高校一年生のときだった。めざす頂は迷うことなく槍ヶ岳に決めていた。問題は、どこから登るかだった。アルパインガイドには上高地から槍沢を経るコースがもっともベーシックで初心者向きと紹介されていたが、せっかくだから槍ヶ岳だけでなく、ほかの山も一緒に登りたかった。そこで燕岳から縦走する表銀座コースか、烏帽子岳から縦走する裏銀座コースのどちらか悩んだ末、裏銀座を選ぶことにした。

その理由は、第一に人が少ないこと。山は静かなほうがいいに決まっている。第二に高山植物が豊富だということ。アルプスの高嶺に咲くコマクサをいちど見てみたかった。第三は鷲羽岳山頂からの展望である。ガイドブックに載っていた一枚の写真がずっと頭の中から離れなかった。山頂直下の火口湖・鷲羽池を前景に、赤茶けた硫黄尾根が中間部に異彩を放ち、その奥には左に北鎌尾根、右に穂高連峰を従えて鋭くそびえ立つ槍ヶ岳の威容。その光景を実際にこの目で見てみたかったからである。

高校一年生の夏休み、私は中学時代の親友、村上隆と新宿発の夜行列車に乗った。最初は独りで歩くつもりだったが、両親を安心させるために仲間を誘ったのである。村上は登山の経験はほとんどないが、野球部で鍛えられているので体力的には問題ないと思った。

出発当日、小柄な彼がジーンズ姿で駅に現れたときにはちょっと心配したが、足元は厚手のソックスでキャラバンシューズを履いていたので少し安心した。ジーンズは裾を膝下まで折って歩きやすく工夫すればなんとかなるだろう。私はウールのニッカーズボンに化繊のカッターシャツ。足元は革製の重登山靴で、ザックは当時はやっていたフレームパックを背負っていた。今回は山小屋を使うが、素泊まりなので四日分の食料と調理具を持っていかなければならない。石油コンロやクッカー、燃料などの重いものは私が背負うことにし、食料の一部を村上に持ってもらった。

列車が松本を過ぎるころに夜が明け、外が白々と明るくなってきた。ふと車窓から外を眺めると常念山脈が屏風のようにそびえていて、その高さに驚く。安曇野にうっすらとただよう朝もやを突き抜けて立ち上がる山容に、栃木の山とは違う北アルプスの風格というものが感じられた。

信濃大町駅からバスで七倉に向かい、高瀬ダムの工事車両が通る林道をたどって濁沢出合の登山口に着く。ここから「北アルプス三大急登」のひとつとされるブナ立尾根が始まる。出だしからうわさどおりの急な坂道が続いたが、男体山の単調な急登を何度も経験している私にとって、それほどつらいとは思えなかった。村上も、野球部で鍛えた体力にものをいわせてぐいぐい登ってくる。道は明瞭で天気も安定しており、なんの不安もなく烏帽子小屋に到着した。はじめて登り着いた北アルプスの稜線の反対側には、赤茶けた尾根が見えた。赤牛岳に続く稜線だ。赤い牛が寝そべっている姿に見立てて名がつけられたとガイドブックに書かれていたが、そのとおりの山容だった。

荷物を小屋に置いてから烏帽子岳へと向かう。まもなく樹林帯を抜け、空が広くなった。足元は黒い土からベージュ色の砂礫地に変わっていた。その砂礫地のなかにコマクサを発見する。周囲を見ると、ハイマツに縁どられた砂礫地の中に点々とピンク色のコマクサが咲いていた。ほかの植物と群生することなく、パセリのような淡い緑の葉の上に、うつむき加減に咲く姿は清楚で品の良さが感じられる。まさに「高山植物の女王」の名にふさわしいと思った。

コマクサが咲き、ハイマツの緑が砂礫地に模様を描く公園の散歩道のような斜面の奥に、烏帽子岳の尖塔がそびえていた。鋭く尖っていて険しそうに見えたが、近づいてみると思ったほど傾斜はない。花崗岩の岩の割れ目に沿って攀じ登っていくと、人が一人立てるかどうかの狭い頂上にたどり着いた。烏帽子岳の標高は二六二八メートル。日光白根山より五〇メートルほど高い岩山が、私にとって記念すべき北アルプス最初のピークとなった。

二日目は三ツ岳、野口五郎岳を越え、東沢乗越を通ってワリモ岳、鷲羽岳に登り、三俣山荘へと下った。三ツ岳でふたたびコマクサの群落を見つけては喜び、野口五郎岳では雷鳥の親子に会うことができた。

真砂岳のおだやかな稜線を歩いた先の、東沢乗越への下りでちょっとしたアクシデントも経験した。岩場を下っているとき、大きな段差でかがもうとした瞬間、フレームザックの下の部分が岩に当たって前のめりに転びそうになったのだ。瞬時に右足を前に出してバランスを立て直したからよかったものの、頭を下にして岩場を転がっていたらけがだけでは済まなかったかもしれない。フレームザックは岩稜縦走には向かないと学んだ出来事だった。以後、岩場を通過するときはいっそう注意するようになった。

鷲羽岳山頂では念願の大展望を目にすることができた。ガイドブックで繰り返し見た写真と同じ光景が、そのまま目の前に広がっていた。しかし、これは時間を紙に閉じ込めた写真ではない。遠くに見えている槍ヶ岳は、夏の午後のかすみがかった大気を隔ててたしかにそこに実在していた。

鋭く天を刺す頂をめざしてあした、あの稜線をてっぺんまで歩き通す。まだゴールしてもいないのに、縦走登山はつくづく楽しいと思った。

三日目はいよいよ槍ヶ岳に登頂する日である。まずは三俣蓮華岳に登り、緩やかな山稜を双六岳へと向かった。進むにつれて幅広い尾根の先にそびえる槍の穂先がどんどん近づいてくる。樅沢岳を越えると西鎌尾根の岩稜地帯が待っていた。細く狭くなった尾根を慎重に歩いていたとき、心をなごませてくれたのが硫黄乗越のお花畑だった。東側のちょっとした凹地に雪が残っていて、雪が解けるそばから花々が咲き誇っていた。シナノキンバイの黄色とハクサンイチゲの白がみずみずしい葉の緑とコントラストを描き、それはコマクサの群落とはちがった華やかさを醸し出していた。お花畑の奥には赤茶けた岩でできた硫黄尾根が見える。荒涼とした無機質な山肌と、生命力に溢れる花々との対比は、北アルプスの山奥だからこそ見ることのできた光景だった。

西鎌尾根を登るにつれて槍の穂先が大きくなり、前日に登った鷲羽岳がはるか彼方に遠ざかる。槍の肩に向けて砂礫のなかのジグザグ道を登ると、大槍の左手前に小槍が現れ、まもなく槍ヶ岳山荘に到着した。私たちは部屋に荷物を置くと、槍の穂先に向かった。

二〇分後、私たちは槍ヶ岳山頂に立っていた。思っていたよりも広い頂上からは、三六〇度の大展望を楽しむことができた。印象的だったのは、ここではじめて目にする穂高連峰の威容だった。

大喰岳から南岳にかけてのボリューム感溢れる尾根の奥に、左から前穂、北穂、奥穂、西穂と険しい峰々が立ち並び、それはまるで岩の要塞に見えた。奥穂高岳を中心に、要塞の左翼を守るのが前穂高岳北尾根。穂高岳のイメージ写真としてよく使われる前穂北尾根が、鋸の歯のようなギザギザのスカイラインを描いていた。奥穂高岳の右にはジャンダルムのとんがりと、西穂高岳に向けてアップダウンの激しい岩稜が見える。あの岩山を歩くには、私たちの登山経験はまだ足りない。

振り返って自分たちが歩いてきた鷲羽岳方面を眺めていたら、頂上の裏側から人の声が聞こえた。北側にある祠から下を覗いてみると、北鎌尾根を登ってくる二人組の姿が見えた。ヘルメットをかぶり、ハーネスにつけたカラビナをガチャガチャいわせながら切り立った岩場を登ってくる。やがて祠の奥の岩の陰から、ひょっこりと二人が現れた。居合わせた一〇人ほどの登山者からいっせいに拍手が起こる。まるでスーパースターの登場だった。握手を求められ、質問責めにあった二人のクライマーは、照れくさそうに、でもとても誇らしげに登攀の様子を語っていた。

自分もいつかは北鎌尾根や前穂北尾根といったバリエーションルートを登ってみたいと、このとき強く思った。そのためには岩登りの技術を学び、経験を積まなければならない。岩登りの技術と経験は、この先、山と深くかかわっていくには絶対に必要な条件である。自分たちに岩登りの技術と山の経験があれば、いずれはさらに縦走を続けて大キレットを越え、西穂高岳まで縦走できるこ

北穂高岳から見た前穂北尾根。この端正なギザギザの尾根を、私は「日本一美しいスカイライン」と呼んでいる

とだろう。

翌日、上高地に向けて下山中、裏銀座コースを無事に縦走できたことの満足感と、次の山に向けて岩登り技術をマスターするという目標がずっと心の中を占めていた。

高校山岳部で雪山と岩登りを学ぶ

槍ヶ岳北鎌尾根や前穂高岳北尾根を登るためには岩登り技術が必要だ。また、雪山に登るには専門的な知識と技術を身に着けなければならない。それは独学で学ぶには危険すぎる。そう考えて、夏休みが終わり学校が始まるとすぐに山岳部の部室をたずねてみた。

入部の目的が岩登りと雪山技術の習得だったので、縦走だけの活動だったら入部するつもりはなかった。また、お揃いのユニフォームを着せられて何かの大会に出るようなクラブだったら、おそらく入るのを躊躇していたことだろう。しかし幸いなことに、当時の宇都宮東高等学校の山岳部は、雪山も岩登りも積極的に取り入れている理想のクラブだった。山岳部の顧問にはクライミングや冬山登山の経験豊富な福田稔先生がいらして、社会人山岳会で活躍するOBが合宿に参加し、技術指導をしてくれる。決められた制服などはなく、雪山も岩登りも単独行も、実力に見合った計画であると判断されれば許可してくれた。

入部した翌週にはさっそく鹿沼の岩山（注・山名です）での岩登り合宿に参加し、クライミングの基礎を学んだ。ザイルを使ったクライミングはもちろんはじめての経験だったが、パートナーの命をあずかる確保技術の重要性を徹底的に教え込まれた。

一〇月には女峰山での幕営山行に出かけた。ちなみに女峰山は東高山岳部のホームマウンテンで、卒業するまでの三年間にほとんどの部員が一〇回以上登ることになる。標高五三〇メートルの日光駅から歩きはじめ、日光東照宮の境内を抜けて山に入り、長い尾根を頂上まで歩くと標高差は二〇〇〇メートル近くにもなる。上高地から奥穂高岳の標高差が一六〇〇メートルだから、それよりははるかに大きい。じつは隠れた「バカ尾根」なのである。尾根の途中には私たちだけの秘密のテントサイトがあり、土曜の夜に集まって翌日に頂上を往復、もしくは赤薙山や小真名子山方面へと縦走した。体力トレーニングには最適の山なのだ。

冬になると男体山に登り、頂上付近で雪山訓練をした。そして冬休みに入ってすぐの年末には日光白根山へ。中曽根（なかっつぉね）を腰までのラッセルに苦労しながらまず五色山に登り、さらに雪に埋もれた五色沼畔を横断して奥白根に取り付き、その頂を踏んだ。

三月の春休みには那須連峰で雪山合宿をした。茶臼岳や朝日岳の登頂はもちろん、朝日岳の裏の斜面で雪上技術とクライミングの基礎トレーニングを積んだ。冬の那須岳の強風は想像を絶するものがあり、風の通り道である峰の茶屋付近では何度も吹き飛ばされそうになった。

残雪の山の魅力を教えてくれたのも日光白根山だった。五月の連休には奥白根山の東に深く切れ込んだ東面ルンゼを登攀した。夏には藪だらけでボロボロの谷が、雪を着けると直線的に登れる快適なルートに変貌する。また、登山道のない錫ヶ岳も、残雪に埋もれた栃木・群馬の県境尾根をたどって往復することができた。いずれも自分たちだけで地図と地形を見て計画したものだった。

ユニークな活動としては男体山の集中登山があった。男体山には中禅寺湖側から登る表参道と、志津小屋から登る裏参道の二本しか一般登山道はない。円錐形のシンプルな山の形なので登山道は変化に乏しく、どちらの登山道もはっきり言って面白みがない。そこで、頂上に向かって延びる四本の薙（ガレ場）を登路に使い、山頂で合流するという集中登山を先輩たちが企画した。大薙、古薙、御神仏薙、鼻毛薙をそれぞれ手分けして登り、登攀の記録を写真とともに模造紙にまとめて学園祭で発表。ガレ場の登りはたしかに単調ではあったが、各パーティーとも何が出てくるかわからない探検的要素のある山登りを楽しんだ。不安定なガレ場歩きは、体力と歩行技術を高めるのにおおいに役立った。

二年生の夏山合宿は、白馬岳から針ノ木岳まで後立山連峰を縦走した。テント泊の装備と食料を背に不帰ノ嶮、牛首、八峰キレットといった岩場を次々に越え、岩稜登降のいいトレーニングになった。合宿から帰った二日後には前から気になっていた南会津の田代山と帝釈山に登り、さらにその二日後には南アルプスの北岳から塩見岳まで、ツェルトを使った単独縦走をして歩き込んだ。こうした登山活動の合間には、独自に机上講習会を開くなどして登山の基礎を学ぶことを忘れなかった。とにかく自由な発想でユニークな活動を続けることのできる山岳部だったので、私にとって山に対する視野が大きく広がったのだった。

そして入部から二年後の夏。部長を任された私は、あこがれだった穂高連峰をめざすことになる。

穂高初登山に選んだ一泊二日コース

穂高岳に登るチャンスがめぐってきたのは高校三年の夏だった。後輩たちが涸沢をベースにして穂高合宿をすることになり、そこに一泊だけ参加して前穂高岳北尾根を登る計画を立てた。パートナーには、同学年でもっともクライミングのセンスに恵まれた長谷川純一を誘った。細身で長身の彼は慎重な性格で、いざというときにもパニックに陥るようなことはない。クライミングのパートナーとして信頼のおける男だった。ただ、お互いに大学受験を半年後に控える身なので時間を節約すべく、行きも帰りも夜行列車を使って山中一泊二日の行程とした。

涸沢への入山は、一般的に歩かれている横尾まわりではなく、岳沢を経由することにした。地図を見ればわかるが、涸沢を経由した奥穂高岳登頂は、じつはかなりの遠回りになる。上高地の河童橋をスタートしてまずは梓川に沿って東に向かい、徳沢から横尾に向かって北上。そして横尾から涸沢、さらに白出乗越までひたすら西に登ったのち、奥穂山頂への最後の登りは南に向かう。もちろん、そこにはしっかりとした道があり、安全性が高いことからメインルートとして使われているわけで、穂高岳登頂のためには間違いなくベストコースだといえる。

しかし、より直線的に奥穂高岳に登る登山道はほかにもある。岳沢を経由して前穂高岳に向かう重太郎新道と、あまり一般的ではないが、同じく岳沢を経由して天狗のコルからジャンダルムを越えて奥穂高岳に登るルートである。重太郎新道は前穂北尾根からの下山に使う予定だったので、私たちは後者のルートから初日に奥穂高岳を越えて一気に涸沢に入ることにした。この、天狗のコルから奥穂高岳までは「日本最難の縦走路」として知られる西穂～奥穂コースの上半分に当たる。この縦走路は、たしかに難しい。岩稜としての険しさもさることながら、登山道の整備が必要最小限にとどめられているからだ。きちんとルートをたどっているかぎり、クライミングの基本を身に着けている者ならまったく問題ないのだが、少しでも道を外れてしまうと脆い岩場が牙をむく。

しばらく後の話になるが、じつは私自身、このコースでけがをしたことがある。『山と溪谷』誌の取材のため、単独で奥穂から西穂に向かって歩いているときのことだった。天狗ノ頭を越えた先、間ノ岳付近でわざと道を外れてみた。近くの岩塔に登り、狭く厳しい岩稜の写真を撮るつもりだった。赤茶けた岩に左手をかけて登りはじめて数歩目、浮き石に足をとられてバランスを崩してしまった。撮影のアングルに気をとられて、足元への注意がおろそかになっていたのだと思う。すぐに右手を突けば体は起こせたのだが、あいにく胸元にはボーナスで買ったばかりの一眼レフカメラがぶら下がっていた。思わず右腕でカメラをかばいながら斜面に倒れ込んだため二の腕付近が岩に当たり、傷を負ってしまったのだった。この日は風もなく暑かったので半袖のシャツだったことも災いした。尖った岩に素肌を強く押し付けるかたちになり、長さ五センチくらいの切り傷ができて血が流れた。

幸い傷は浅く、出血もしばらくして治まったのだが、自分で自分の利き腕に包帯を巻くのがいかに大変かということがよくわかった。登山道に戻り、水筒の水で傷口を洗い流し、傷口にガーゼを当てて左手で包帯を巻いたのだが、きれいに巻けなくて苦労した。いまなら大型の絆創膏を当てて、アームカバーで傷口が見えないように隠していただろう。しかしこのときは目にもまぶしい真っ白な包帯のところどころに血がにじみ、痛々しいけが人になっていた。その後の行動には支障はなかったのだが、よく考えてみると、岩の崩れ方がもっと大きかったら飛驒側の谷に転げ落ちていた可能性もあった。登山道を外すことの危険性をあらためて思い知った出来事だった。

この縦走路は、クライミングの基礎を学んだ者が、安全なコースを見極められる経験者とともに、安定した天候のもとで歩くべきコースだといえるだろう。岩場のなかのルートを正確に見抜き、確実に歩ける技術を持った人でないと、縦走するのは危険ということだ。

ジャンダルムをめざして

新宿発の夜行列車で松本へ向かった私と長谷川は、松本電鉄に乗り継いで新島々からバスで上高地に入った。早朝の上高地はまだ太陽の光が谷の中まで届かず、梓川を渡って吹き降ろす風が睡眠不足の目を覚まさせてくれた。岳沢に向かう道はしばらくシラビソのうっそうとした森が続いたが、上高地を見下ろせる河原に出るころにはようやく太陽が山の端から姿を出して周囲を暖めてくれる。

岳沢ヒュッテ（現・岳沢小屋）でしばらく休憩したあと、畳岩からの落石に注意しながら天狗沢に沿ってガレ場のなかの踏み跡をたどる。ここはガイドブックでも西穂～奥穂コースのエスケープルートとして紹介されているだけで、あまり詳しい情報がない。雪が消えたばかりのガレ場は岩がグズグズで、歩きにくいことこの上ない。ただ、私たちは男体山の薙や那須連峰の北斜面といった道のない場所を登り、石を落とさないように歩く経験を積んでいるので不安はなかった。

やがて天狗ノ頭と畳岩ノ頭との鞍部、天狗のコルに到着する。ここではじめて飛驒側の景色を目にすることができた。正面には蒲田川を隔てて笠ヶ岳の優美なシルエットが顔をのぞかせ、美しいと思った。四年後、大学山岳部に入って集中的に笠ヶ岳に通い詰めるようになるとは、このときは知る由もなかったのだが……。

ここから先はいよいよ国内屈指の難関縦走路が始まる。まずは腹ごしらえだ。かつて避難小屋があったという天狗のコルには広く平らなスペースがあり、急峻なヤセ尾根が続くこの縦走路のなかでは唯一、安全といえる場所である。ザックの中から小型のガソリンコンロ、スベア123を出し、スイスメタでプレヒートをして点火。ゴゴゴーッという、小さいサイズのわりには派手な音を奏でる愛機でお湯を沸かし、インスタントラーメンを作って二人で食べた。

スベアのノズルを閉じると、あたりは静寂に包まれた。お腹も満ち、暖かな日差しを浴びているとついウトウトしてしまう。夜行列車の寝不足に加え、高度も影響していたのだろう。二人ともあ

奥穂高岳から見たジャンダルムの威容

くびを連発し、猛烈な眠気を感じていた。とはいえ、あまりのんびりしてはいられない。ここから先は一瞬たりとも気の抜けない岩場が続く。そして後輩たちが待つ涸沢に行くには、これからジャンダルムと奥穂高岳を越えていかなければならないのだ。

ザックの中には前穂北尾根のために用意したザイルや登攀具とともに、後輩への差し入れとしてバレーボールほどの小さなスイカを入れてきた。新聞紙にくるみ、ビニール袋でパックしてセーターにくるんできたのだが、とりあえずこいつを割らないように注意して運ばなければならない。

畳岩ノ頭までは逆層ぎみの急峻な岩場が続いた。ただ岩のフリクションが抜群なので、多少外傾していても、靴底のゴムがまるで岩に吸い付くようで安定感がある。登山者が必ず足場にする岩は角がすり減っているので、ときどきスリップに注意しなければならないが、逆にすり減って色が変わった岩を探して歩けば道を外れることはない。これは岩稜縦走のちょっとしたチェックポイントといえるだろう。岩にペンキで丸く書かれた目印を追いながら、要所要所で現れる鎖を補助に使って縦走路を北に進んだ。手のひらが鎖のサビでうっすらと茶色に染まり、鉄の臭いがするようになる。手袋も持っていたが、岩をホールドしづらくなるので素手のまま進んだ。

青空に向かってひたすら急峻な岩場の登りが続いたのち、展望が開けて傾斜が緩やかになったところがコブ尾根ノ頭だった。正面には灰褐色の巨大な岩峰、ジャンダルムが姿を現した。フランス語で「護衛兵」という意味の名前をつけられたこの岩峰は、たしかに奥穂高岳へ侵入しようとする登山者を阻むかのように尾根の正面に鋭く立ちはだかっている。

登山道はジャンダルムの頂上を避けて信州側を巻くようにつけられている。てっぺんに立つためには正面の岩場を登らなければならない。近寄ってみると、思ったほど傾斜はきつくなく、ここまでの縦走路に比べてもそれほど難しそうに見えない。とくに決まったルートはないので、私たちはやや西寄りの傾斜の緩そうな場所を選んで攀じ登り、ジャンダルムの頂に立った。

恐怖の〝引き出し〟ホールド

ジャンダルムの頂上は想像していたよりも広く、平らで安定していた。本来であればここからさえぎるもののない大展望が望めるはずなのだが、午後の霧が周囲の景色をすっぽりと包み隠してしまっている。近くに迫っているはずの奥穂高岳山頂も、ミルク色の雲に覆われて何も見えない。予定ではこの日、山岳部の後輩たちが涸沢からここまで遊びに来ることになっていたのだが、姿が見えないところをみるとすでに戻ってしまったのだろう。

長谷川と霧のなかで記念写真を撮り合って下山にかかる。登ってきた岩場をそのまま戻り、ジャンダルム基部の信州側につけられた登山道をたどるのが安全だということはよくわかっていた。しかし頂上から見下ろすと、一五メートルほど下に登山道が見える。まっすぐクライムダウンすれば簡単に合流できそうだ。縦走のスタイルとしても、頂上を越えて前に進むほうが美しい。

ちなみに当時のガイドブックには、ここを登る「直登ルート」があると紹介されていた。「ただしザイルがあったほうがいい」とも書かれていたのだが、そのときはそこまで覚えていない。仔細に観察すると、傾斜はそこそこ強いがホールドは豊富にある。ザイルを出す必要性は感じられなかった。長谷川とも相談し、お互いに行けるだろうと判断してここを下りることにした。

あまり人が登っていないせいか、下りはじめると岩の不安定さを感じた。しかし大きなホールドがいくらでも使えるので問題はない。この程度の傾斜であれば、鹿沼の岩山でザイルを使わずに何度も登り降りした経験がある。

頂上の縁で後ろ向きになり、壁に正対する姿勢になって下りはじめた。しゃがみこむように腰を低く落としてから、ゆっくりと足を下ろしていく。膝が伸び切る前に、岩の突起に爪先が乗ったことを確認してから体重を移す。次はハンドホールドを低い位置に求め、しっかりと保持してからもう片方の手も下ろして体を安定させる。一ステップぶん下り切ったらふたたび腰の位置を低くして次の一歩を踏み下ろす。両手両足の四点のホールドのうち、一度に動かすのは一点のみ。残りの三点は必ず岩に接していてバランスを崩さないように保つ。つまり岩登りの基本の三点支持（確保）を守りながらゆっくりと下降を続け、登山道まであと七、八メートルくらいのところでのことだった。

右手で支えていた岩が、カタっと小さな音を立てた。先ほどまでフットホールドとして右足で踏んでいた岩だ。数ミリ岩がズレた感じがしたので、少し引き気味に力を加えてみた。すると、レンガ状の岩が壁の中からそのままするうっと引き抜けるではないか。

（おいおいおい、ちょっと待ってくれよ）

2001年（左）と2015年（右）に撮影したジャンダルム北面のクローズアップ。この岩場は崩壊を続けており、あきらかに崩れ落ちたとわかる場所がわかる

心のなかで岩に呼びかけ、そーっと押し戻して元の位置に収めた。

（いまのはなかったことにしよう）

と言い聞かせ、「落ち着け、落ち着け」と自分に語りかけながら深呼吸をする。セバ谷から吹き上げる風が頬をなで、その冷たさからイヤな汗をかいていたことに気づかされた。自分はいま、ジャンダルムの頂上直下一〇メートルほどの岩壁にしがみついている。安全を確保するためのザイルは身に着けていない。つまり落ちることは絶対に許されないのだ。

右手のホールドを求め直し、四点支持になった状態でそれぞれの岩の状況を確認する。と、こんどは左足の下でまたもや「カタリ」と音がした。これも恐怖の〝引き出し〟ホールドにちがいない。鉛直方向への静止荷重には耐えられても、引き抜き方向に力がかかるとすっぽ抜けるような、積み木の集合体のような岩場になっているのだ。

もしここで足場が抜けて滑落したら、落下の勢いのついた体が眼下に見える幅五〇センチほどの登山道にとどまることはありえない。急峻なセバ谷の岩場を、はるか数百メートル下まで転げ落ちてしまうことだろう。そうなればまず命の保証はない。

絶対に落ちてはいけない。

「慎重に。慎重に」

こんどは声に出して自分に言い聞かせる。

じつはこれ、実際にいまでもやっていることである。頭で思っているだけではなく、口に出して注意喚起すると、より明確に事態に集中することができる。クライミングの懸垂下降などで失敗が即、死につながるような場面では、駅員の指差し確認よろしく小さな声で「慎重に。慎重に」と自分に言い聞かせている。そして安全が確認できたり無事に危険個所を通過したときには、「よぉーし、オーケー」「エラいぞ、オレ」などと、周囲に聞き取られないように小さく声を出しているのだ。このときからの癖のようなもので、いまでも岩場などでちょっとヤバそうな場面に直面すると、ひとりボソボソとつぶやいている。

そこから先は一手ごとにホールドを慎重に求め、全体重をかける前に軽くテストをし、岩に衝撃を与えないようゆっくりと確実に下って登山道に降り立つことができた。後続する長谷川には危険なホールドを下からひとつずつ指示して、とにかくあせらないように注意して下ってもらった。

ジャンダルムの北面は柱状節理が発達しており、節理に沿って岩が剝がれるように崩れていまの鋭い山容が形成されたといわれている。今回、私たちが下った斜面はまさにその成因によってできた岩場の弱点だったのだろう。登ったルートを素直に戻って、鎖のついた縦走路を歩いていれば、こんな恐ろしい目に遭うこともなかったにちがいない。

気を取り直して縦走路を北に進む。道があることの、なんとありがたいことか。奇しくも前穂高北尾根で亡くなった登山家、大島亮吉が残した文章のなかに「道のありがたみを知っているものは、道のないところを歩いたものだけだ」という一節があるが、人が歩いてできた道には、ついさっき味わった罠のような危険が少ないことだけは確かだといえる。

ロバの耳を飛驒側から巻き、ナイフリッジの馬の背を越え、奥穂高岳への最後の登りに差しかかったところで、霧の奥から宇都宮東高校山岳部のコール（ヤッホー）が聞こえた。「イヤッホーーーーエッ！」と、裏声で「ホー」を長く延ばす独特のコールなので間違うはずはない。山岳部顧問の福田先生が私たちのことを心配して奥穂高岳の山頂でひとり、待っていてくださったのだった。こちらからも霧の中にコールを返して無事を伝える。山頂に着くと先生は満面の笑みで私たちを迎え、ミルクコーヒーをカップになみなみと注いでくれた。後輩たちは午前中にジャンダルムを往復して、すでに涸沢のベースキャンプに向けて下山中とのことだった。

私たちはその後、ザイテングラートを涸沢に下り、後輩たちに無傷のスイカを渡すことができた。その夜は可愛い後輩たち（注・当時の宇都宮東高校は男子校です）にジャンダルムの〝カタカタ〟ホールドの話をしながら夕食を共にし、夜行列車と長時間行動で疲れた体をテントの片隅に横たえることができた。

前穂高岳北尾根を登る

翌朝三時半、後輩たちに見送られて私たちは五・六のコルをめざした。テントサイトの裏手はびっしりと残雪に覆われていて残雪歩行となる。スプーンカットの硬い雪をキックステップで登りながら少しずつ高度を上げていった。しだいに斜面が急になり、雪もさらに硬くなってきたため、途中から六峰寄りのガレ場につけられた踏み跡をたどる。雪が解けたばかりのグズグズのガレ場は歩きにくい。それでもジグザグの踏み跡を数十回繰り返して登り、周囲が明るくなるころに五・六のコルに到着する。

　ここから歩く稜線が前穂高岳北尾根の上半部にあたる。二年前、槍ヶ岳の山頂から遠くに見たあのギザギザの尾根の核心部だ。目の前にそびえるピークは五峰で、ハイマツ交じりの岩の斜面にしっかりと踏み跡がついていた。思ったより人が多く登っているようだ。いったん下ってから次は岩登りの要素が強まる四峰の登りになる。涸沢側が鋭く切れ落ちた絶壁の縁を、急峻な岩場を直登したり巻いたりしながら大岩が散在する四峰の頂上にたどり着く。次に急な岩場を下り切ったところが三・四のコルだ。ここからは北尾根の中でもっとも強い傾斜の三峰の登攀が待ち受ける。

　先行パーティーがいたので、最後のメンバーが登りはじめるのを待ってから一段上のテラスまで登ってみた。しかしルートはここから奥又白側に回り込んでいるため全容が見えない。とりあえず偵察してみることにして長谷川をテラスに待たせ、せり出した岩の下をトラバースして上部を眺めてみた。すると、頭上には顕著な大チムニーがあり、先行パーティーはそこをめざして登っているようだった。よく観察してみると右手のクラックに錆びた残置ハーケンがあり、ここがルートであることは間違いない。いつの間にか長谷川が近くまで登ってきて、一緒にルートを確認する。

　タイミング的には先ほどの小テラスでザイルを出して、お互いを確保しながら登るべきだった。しかし、ルートを見ているうちにこのまま登ってしまいたい誘惑にかられた。グレードはⅢ級。岩登りの初級レベルの難しさで、岩も安定しており、落ちる可能性はまずない。背後では三・四のコルに後続パーティーが着いたようで、登攀の準備を始める音が聞こえた。これからテラスまで戻り、登攀準備のために彼らを待たせるのも悪いような気がした。

「このまま行っちゃおうか？」

と長谷川に相談すると、

「いいんじゃない？　登りだしね」

との返事。きのうジャンダルムで怖い経験をしたばかりなのに、お互いに懲りていない。ただ、岩の安定感はこちらのほうがはるかにしっかりしているように感じた。

先行パーティーがチムニーの中に入っていったのを確認してから、長谷川にちょっと距離を置いて登るように伝えて登りはじめる。ジャンダルムに比べて岩はしっかりしている。思ったよりも傾斜があるように感じたが、正面の岩を向いているかぎり高度感は忘れられる。しかし途中で股のあいだから下を覗いてみたら、はるか数十メートル下の奥又白谷の雪渓が小さく見えた。いやおうなく高さを実感する。落ちたらまず助からないだろう。しかし、きのうのジャンダルムの下降に比べると登りということもあり、恐怖感や不安はあまりなかった。三峰名所のチムニーも、中に入り込んでしまうと内面登攀になるので露出感は小さく、高さもあまり感じなかった。

三峰の頂上から二峰直下までは意外に広い尾根になっている。そして急峻だが短い岩場を登った

北尾根三峰の登り。二〇〇八年、ＤＶＤアドバンス登山ガイド「前穂北尾根」の取材で登ったときのカット（下も）

前穂北尾根三峰の核心部。足元のはるか下に奥又白の雪渓がみえる

ところが二峰の頂上だった。このあたりは岩稜のなかを好きにルートを選んで登れるのが楽しいところだ。

最後の核心が二峰の下りになる。見下ろすと断崖が一・二のコルへと鋭く切れ落ちており、クライムダウンは手強そうに見えた。しっかりした懸垂下降用の支点が残されているので、ここは懸垂下降で降りるパーティーが多いようだ。しかしルートをよく観察してみると、西側の斜面にバンド状の足場が続いていたので、このバンドを使って容易にクライムダウンすることができた（二〇一一年に再登したときには、このバンドは消失してしまっていた）。

そしていよいよ一峰＝頂上に向けての最後の登り。本日六回目となるアップダウンを経て、私たちは念願の前穂高岳山頂に立つことができた。二年前に槍ヶ岳の頂上から眺めて「日本一美しいスカイライン」と思った前穂北尾根を、無事にトレースすることができたのである。

細長い前穂高岳山頂の片隅で靴を脱ぎ、コンロを出してインスタントラーメンを作る。二人の水筒に残っている水の量が少なかったため、しょっぱすぎる味になった。そのころは水の量に合わせてスープの素の量を加減するという知恵がはたらかなかったので仕方ない。水が足りなくなったのは、二人とも、いつもよりも緊張していたからなのだろう。

「スイカ、もうひとつ持ってくればよかったね」

「ザイルの代わりにか？　いまここで食べられたら最高だろうな」
そんな冗談を言い合いながら、やっぱり三峰ではザイルを出すべきだったと反省しつつ、岳沢の冷たくて美味しい水を目当てに重太郎新道を下っていったのであった。

教訓

- 人の道を安易に外して歩いてはいけない。
- 岩場では決して急なムーブを起こしてはいけない。
- 危険を感じる前に、早めにロープを出す習慣を心掛けよう。

File

10 転落は忘れたころにやってくる　谷川岳

「魔の山」谷川岳

谷川岳には「世界一」の記録がある。それは山での遭難死者の数。ひとつの山で遭難して亡くなった人の数が世界一多いという不名誉な記録である。ギネスブックに登録された二〇〇五年までに七八一人の命がこの山で失われており、二〇一二年には遭難死者の総数が八〇〇人を超えた。標高二〇〇〇メートルにも満たない谷川岳でなぜ、これほど多くの死者を出すことになったのか。それは、この山にある岩場開拓の歴史から説明しなければなるまい。

谷川岳の存在を広く登山界に知らしめたのは、慶応大学山岳部OBの大島亮吉である。山にかかわる数々の著作を残し、登山界に大きな影響を与えて二九歳でこの世を去った大島は、一九二七(昭和二)年五月に谷川岳東面の岩場を偵察したときの印象を慶応大学山岳部の部報『登高行』に記した。「近くてよき山なり」と。首都圏の近くに魅力的な岩場があるということの情報は当時の意欲的な登山者に刺激を与え、谷川岳の岩場開拓の端緒となった。

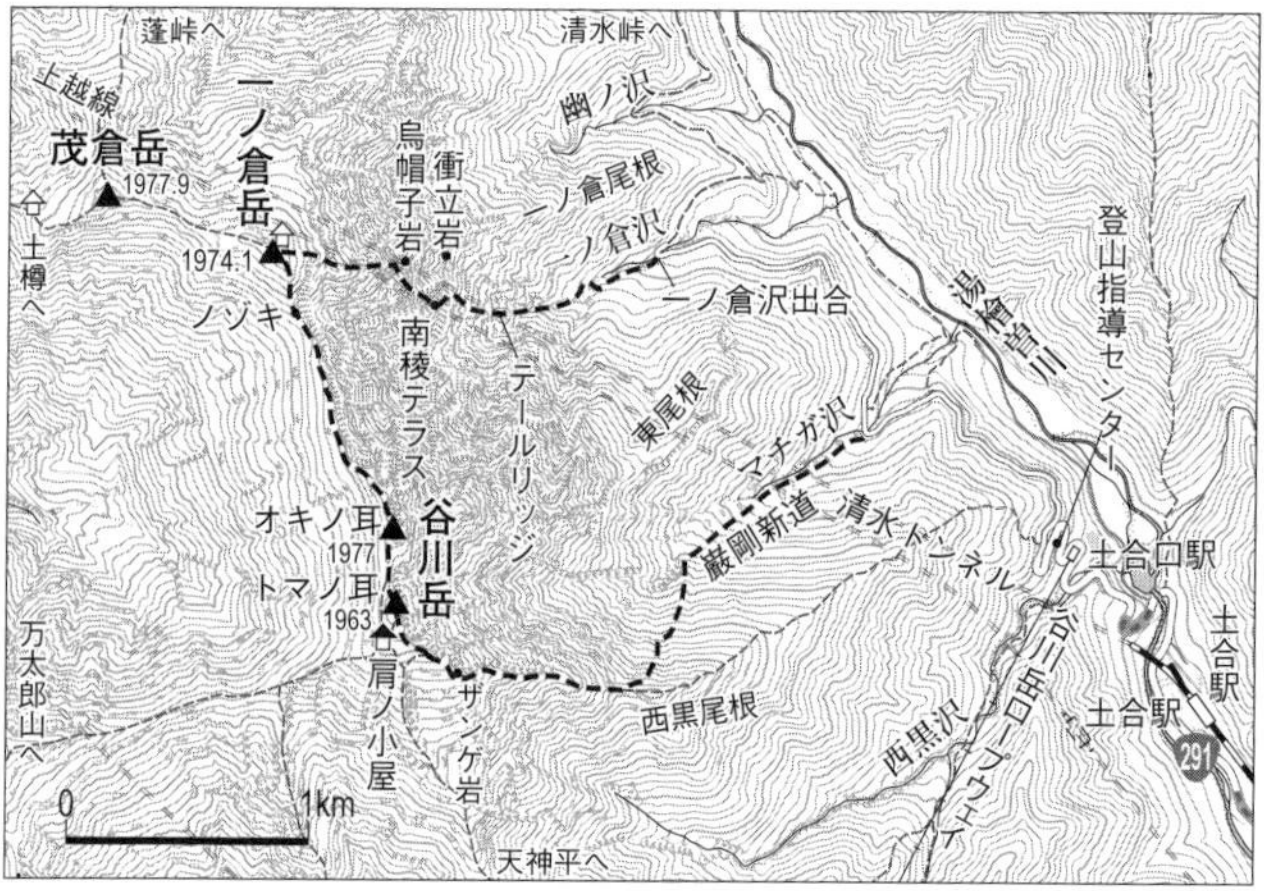

一九三一（昭和六）年、上越線の開通によって谷川岳はさらに「近く」の山になる。週休二日制がまだ一般的でなかった当時、夜行列車でアプローチできるというのは大きな魅力だった。しかも一九二九（昭和四）年に槙有恒がアイガー東山稜の初登攀に成功し、アルプスの登山スタイルが日本に紹介されて登山が注目されはじめた時代である。土合駅からいきなり入山できる谷川岳に登山者が殺到するのは必然だったといえるかもしれない。

その後、谷川岳の人気は続き、一九五六（昭和三一）年のマナスル初登頂で日本中が登山ブームに沸いていたころに頂点を極める。当時の写真を見ると、土合駅のホームは溢れんばかりの登山者で埋め尽くされ、西黒尾根には数珠つなぎの行列ができていた。いまではまったく想像できないほど多くの老若男女が谷川岳をめざしていたのである。

登山者が増えれば遭難も増える、ということは統計的に考えても納得できるだろう。しかしその増え方は尋常ではなかった。統計を取りはじめた一九三一（昭和六）年から遭難死者が八〇〇人を超えた二〇一二年まで、八一年のあいだに八〇五人が谷川岳で亡くなった。平均すると毎年一〇人以上の死者を出し続けている計算になる。最も多くの死者を出したのが一九六六（昭和四一）年で、この一年で三七人もの登山者が亡くなった。一〇日に一人がこの山で命を落としていたことになる。これを異常といわずして何と呼べばいいのか。

たしかに谷川岳は「よき」山である。日本海側と太平洋側を分ける中央分水嶺に位置するため、冬の厳しい季節風が厳しくも美しい山容を造り上げた。強風と豪雪のために稜線には樹木が茂らず、標高二〇〇〇メートルに満たない山であるにもかかわらず、アルプス的な高山の景観が登山者を迎えてくれる。東面の谷には遅くまで雪が残り、その奥には雪崩に磨かれた険しい岩壁がそそり立つ。「近くてよき山」に穂高岳や剱岳に負けないほどのスケールの岩場があるのだ。世界的に見て桁外れの死者を出してしまった背景には、この岩場の存在があった。

谷川岳の東面には、南からマチガ沢、一ノ倉沢、幽ノ沢という三つの沢がある。これらは「沢」という名前がついているものの、源頭部は上越国境稜線に向けて一気に立ち上がる岩壁帯となっており、そのスケールと困難性は穂高岳や剱岳の岩場に勝るとも劣らない。そのなかでも最も険しい

谷川岳で最も多くの死傷者を出した一ノ倉沢

岩壁を有し、最も多くの犠牲者を出しているのが一ノ倉沢だ。

「より困難な登攀を」の舞台

一ノ倉沢は、一九三〇（昭和五）年に小島隼太郎（小島烏水のご子息）をリーダーとする青山学院大学山岳部のパーティーによってはじめて国境稜線まで登られて以降、数多くのクライマーによって初登攀争いが繰り広げられてきた。谷の奥にそびえる岩壁やリッジ（尾根）、ルンゼ（岩溝）などが注目され、より困難なルートを求めて開拓が続けられたのである。ひととおりのルート開拓が進むと、冬季初登攀が次の目標になった。さらに登攀不可能と思われていた強い傾斜の岩壁帯に、埋め込みボルトを使った人工登攀で挑む者たちが現れた。そして、単独登攀をめざす者、何本かのルートを継続して登攀する者、人工登攀でしか登れなかったルートをフリークライミングで突破しようと試みる者など、時代の流れとともに、より困難な登攀を志す者たちが谷川岳の岩場を舞台に情熱を注ぎ続けてきたのである。

谷川岳の地形的特徴が遭難増を招いたという見方もある。日本海側と太平洋側を分ける分水嶺に位置する谷川岳は天候が変わりやすく、登山者が気象の判断を誤って死に至った例も少なくない。また、クライミングの対象となる岩場は谷の奥にあるため湿りがちで、逆層の岩も多く、スリップを誘う。岩壁登攀を終えたあとの、急峻な草付帯での滑落事故も多かったようだ。

ただし、間違いなくいえるのは、いまとは違って圧倒的に多くのクライマーが谷川岳に集中していたということだ。そして皆が「より高く、より困難」をめざすアルピニズムの思想のもとに、危険をはらんだ登攀に真剣に立ち向かっていった。その結果、遭難事故が増え、死者も増えてしまったということなのだと思う。

近年、谷川岳の岩場を訪れるクライマーの数は激減している。昨今のクライミング・スタイルの対象としての魅力に欠けるからだ。谷川岳の岩は脆く、ブッシュが目立ち、また取付までのアプローチが危険で、登攀終了後の下山も長い。それでいて岩のグレードがそう高いわけでもない。純粋にハードなムーブに挑戦するには安定した支点が得にくく、つまり危険なのだ。「より困難」を追求する場は、いまでは瑞牆山などの硬くてすっきりした岩場が取って代わり、フリークライミングの高グレードを極める方向にシフトしてきている。それにともない、一ノ倉沢のあちこちに大勢のクライマーが取り付いているような状況は、いまではほとんど見ることがなくなった。人気の高い入門ルートだけが、アルパインクライミング志向のクライマーたちによって細々と登られているというのが現状である。

そのような状況のなかで一九九六（平成八）年、母校の大学山岳部の後輩が一ノ倉沢で転落事故を起こしてしまった。

「後輩が落ちた」の一報で現地へ

「南稜でKとMが落ちた。命に別条はないが、まだ岩場のなかで救助を待っている。あしたの朝、一ノ倉に来れるか？」

一九九六年六月、会社で残業をしていた私に、山岳部の監督をされていたI先輩から救助要請の電話が入った。烏帽子岩南稜を登っていた三人の現役部員パーティーのうち、二人が最終ピッチで転落し、岩場で助けを待っているという情報だった。

南稜とは一ノ倉沢のほぼ中央部、烏帽子岩南面のリッジに沿って登る岩登りの入門ルートである。

岩登りの基礎訓練を受けた山岳部員が、はじめてマルチピッチルートの「本番」を体験する場所として位置づけられており、谷川岳で何度も岩登りの経験をしたことのある者のなかで、このルートを登ったことのない者はまずいない。それほどポピュラーな岩登りルートなのである。

グレードは最も難しいピッチでⅣ級プラスだから、技術的に困難とはいえない。ピッチごとに安定したテラスがあるのでルートファインディングに迷うこともないだろう。彼らが技術的に劣っていたとも思えない。それは一緒に登ったことのある私がよく知っている。はたして事故の原因は何だったのだろうか?

私は書きかけの原稿を素早くまとめ、タクシーで印刷所に届けてから家に帰った。すぐに大型ザックにヘルメット、ハーネス、九ミリ五〇メートルロープ、カラビナとスリングなどを詰め込み、ピッケルとアイゼンとともに車に積み込んだ。

車にはロードレーサーが積んであった。じつは翌日、山と溪谷社の自転車仲間とともに、群馬サイクルスポーツセンターでの八時間耐久ロードレースに出場することになっていたのだった。四人一チームで交代しながら一周六キロのサーキットコースを八時間走り続け、走った距離の長さを競い合う大会である。仲間には欠場することを電話で知らせておいたが、谷川岳と群馬サイクルスポーツセンターは近い。車で三〇分ほどの距離である。レスキューが早く終われば出場できるかもしれない……ということで愛車とサイクルジャージは積んだままにしておき、レースのために買っておいたエネルギーバーとスポーツドリンクをザックの中に押し込んだ。

前夜は原稿の締め切りに追われて一睡もしていないので、本当は少しでも仮眠を取りたかったのだが、時計を見たらすでに日付が変わっていたので山用のウエアに着替えて車に乗り込む。救助隊は一ノ倉沢出合を四時に出発することになっている。ゆっくりしている時間はない。関越自動車道の料金所ゲートをくぐると、いつもより少しだけ強めにアクセルペダルを踏み、北をめざした。

山岳救助のプロフェッショナルとともに

一ノ倉沢出合に着くと、ちょうど救助隊が点呼をとっているところだった。急いで登山靴に履き替え、ハーネスとヘルメットを装着して入山登録を済ませ、谷川岳山岳救助隊の後に続いた。

この季節、一ノ倉沢の下部は雪に埋もれていてアプローチがしやすい。雪が解けるとそこには深いゴルジュが現れ、急峻な草付斜面を大きく高巻かなければならないので時間がかかるのだが、今回は雪渓の上を歩いて容易に岩場に近づくことができる。私たちは半島のようにせり出している岩尾根、テールリッジに取り付いた。この岩尾根は技術的には難しくないが、落ちると助からない場所なので、いつもより慎重に足を運んだ。二重遭難だけは絶対にあってはならない。先行者の靴についた雪が岩を濡らすので、スリップには十分注意する。南稜を見上げると、先発部隊はすでに現場に到着しているようで、負傷者を背負って懸垂下降の準備をしている。

私たち後発隊は、テールリッジから一ノ倉沢本谷に下降するポイントを探して柴ゾリ搬送の準備をするよう指示がされていた。足元の不安定な岩尾根を、負傷者を背負って下まで降りるのではなく、ここから雪に埋まった本谷に負傷者を下ろし、その先からは灌木を切り払って作るソリに乗せて運ぼうという作戦である。さっそく警備隊員たちの手によって近くの灌木が刈り払われ、安定した岩に埋め込みボルトを複数打ち込んで下降支点を作り、懸垂下降の準備が整った。

刈り取った木の枝を背に、三〇メートルほどの懸垂下降で本谷の雪渓へと下降する。後発隊全員が下り切るころ、負傷者を背負って搬送してきた先発隊員が下降点に到着。数分後、後輩のKを背負った山岳警備隊隊長の馬場保男さんが降りてきてKを雪の上に横たえた。レインジャケットのフードを深く被ったKは、私に気づくなり「すみません。迷惑かけちゃって」と小さな声でつぶやいた。頭に巻かれた包帯が血に染まって痛々しいが、思ったより元気そうで安心する。「いいから黙って目をつぶってろ。まだ先は長いからな」と言って私は柴ゾリづくりの手伝いに戻った。

柴ゾリの作りはきわめてシンプルである。長めの木の枝を同じ方向に敷き詰め、細引きで編むようにしてシート状にし、その上にマットを敷いて負傷者を乗せる。わかりやすく言えば藁筒に入れられた納豆のように木の枝で人をくるみ、雪の上をソリのように滑らせて運ぶのだ。それにしても山岳警備隊の方たちの手際の良さには感心した。あっという間にKは木の枝ごとロープでグルグル巻きにされ、藁筒の具、というか隙間だらけのミノムシとなる。〝ミノムシ号〟は六人の人ゾリ隊によって引っ張られ、滑り降ろされていった。私は率先して先頭のロープを持たせてもらった。せめてこれくらいは救助の役に立たないと。

途中までは下り傾斜で楽だったのだが、平らになると急にソリが重くなった。スリップしないようにアイゼンをしっかりと効かせ、重心を低く落として渾身の力で引き続ける。最初はブレーキ役だった後ろの二人も前に回ってソリを引いた。こうして約三〇分後、ソリは無事に一ノ倉沢出合の駐車場に到着。じきにMも同じようにして運ばれ、待ち構えていた救急車に乗せられて二人は渋川市の救急病院へと運ばれていった。

救急車のサイレンがしだいに小さくなっていくのを聞いて、レスキュー終了の実感が湧いてきた。時計を見ると九時前。レースには余裕で間に合う。仲間に電話を入れ、車のドアの陰でサイクルジャージに着替えた私は、そのまま群馬サイクルスポーツセンターに向かったのだった。

＊

二人の退院後、事故の原因究明と再発防止のために部内で反省会を行なった。結局、事故の原因はセルフビレイの取り間違いという単純なミスだった。三人は南稜の最終ピッチを正面のフェイスではなく六ルンゼ右俣にルートを求めて二人が完登。最後にラストのMが登攀中に小さくスリップした際、ビレイしていたKが止めることができずに終了点のテラスから引きはがされて二人とも落ちてしまったとのこと。Kは頭部の裂傷と両足の打撲、Mは右足首の骨折と足裏の裂傷という重傷だった。しかし状況から考えると、二人とも死んでもおかしくないような墜落だった。落ちた先が半畳ほどの狭いテラスで、もしそこで止まらなかったら六ルンゼをはるか下まで落ちて命はなかっただろう。奇跡的にテラスに引っかかって止まったこと。そして、たまたま近くを登っていたほかの山岳会の方が救助要請と応急手当てをしてくださったのも幸いした。

クライミングの指導をするとき、セルフビレイの大切さは最初から口を酸っぱくして何度も注意してきたつもりだったし、彼らもそれはわかっているはずだった。しかし最終ピッチを登り切ったことで気持ちの緩みがあったと彼らは反省していた。人の命をあずかるビレイヤーが、セカンドの小さな滑落を止められないどころか自分まで落ちて負傷してしまう……。これは絶対にあってはならないミスである。山の中では、ふとした気のゆるみが死に直結するということを常に意識していなければならない。

「なにはなくともセルフビレイ」

岩登りのトレーニング中に先輩から必ず聞かされるこの言葉の意味を、今回、彼らは痛い思いをして心に刻んだことと思う。

一ノ倉沢南稜ふたたび

大学を卒業してからしばらくのあいだ、私は山岳部のコーチとして現役部員を指導する立場にあったのだが、一九九七年に監督を任されることになった。谷川岳の遭難があった翌年のことである。

仕事が忙しいのは相変わらずだったが、学生の訓練山行にはこれまで以上に同行するように努めた。大学の部室で山行報告を聞いているだけでは、部員たちの本当の実力というものが把握しきれないからである。

五月の白馬岳新人合宿では新入部員とともに双子尾根を登り、夏の剱岳合宿では立山室堂で縦走に出発する部員たちを出迎えた。三ツ峠でのクライミング講習や初冬の富士山雪上訓練では三人のコーチとともに岩登りと雪上歩行の指導に当たった。冬に彼らが皇海山から日光白根山へと縦走したときには前白根山で学生たちを待ち、ともに奥白根山に登ったりもした。

一九九九（平成一一）年の一〇月下旬、現役部員たちが一ノ倉沢の南稜を登りたいというので、同行させてもらうことにする。もちろん、三年前の事故のことが頭にあったからだ。メンバーは三年生部員が三人。主将のIと主務のF、そして女子部員Oという、クラブの中心メンバーである。学生たちは前日に谷川岳の麓に入っているとのことなので、私は車で夜中に東京を出発して早朝、彼らに合流することにした。

みごとな秋晴れの一日だった。一ノ倉沢出合では雲ひとつない青空に衝立岩が鋭く天を突き、周囲の岩壁が朝日を浴びて白く輝いていた。いつもは湿りがちなテールリッジへのアプローチも乾いており、アプローチシューズのソールがピタリと岩に吸い付く。テールリッジの岩場をぐいぐい登り、烏帽子スラブの上端をトラバースして南稜テラスへと向かう。南稜テラスは一ノ倉沢のオアシスともいえる場所で、急峻な壁のなかで唯一、平らで安定した休憩スポットである。ここでアプローチシューズからクライミングシューズに履き替える。私が現役のころは重たい革製の登山靴のままで岩を登っていたのだが、用具の進化は登り方も変えた。

ここから本格的な登攀が始まる。IとF、Oと私でロープを結び合い、それぞれがツルべ式(一ピッチごとにリードを交代して登るスタイル)で登ることにした。

南稜は一ピッチ目のチムニーと最終ピッチの垂壁がほかに比べて若干難しいので、私が一ピッチ目のリードを請け負う。核心のチムニーは奥に入り込みすぎないように注意して、左右の岩にホー

一ノ倉沢南稜の２ピッチ目（『日本のクラシックルート』取材山行より）

南稜５ピッチ目、馬の背リッジにて

ルドを求めて登ればさほど難しくはない。Oもスムーズにフォローしてきたので、そのまま二ピッチ目のフェイスを登ってもらう。ここは背後に一ノ倉沢のスラブ群が広がり、露出度が高く快適なピッチである。九七年に刊行したクライミングガイド『日本のクラシックルート』では、南稜を紹介する際にここで撮影した写真をメインビジュアルとして使用している。

淀みのないリズムで二ピッチ目を登り切った彼女は、こんどはビレイヤーとしてセカンドの私を迎え入れてくれる。ロープさばきもスムーズで、安心して見ていられるのが気持ちいい。草付帯をしばらく登ってからの三ピッチ目は私がリード。フォローしてきたOはそのまま四ピッチ目をトップで登り、南稜の核心となる最終ピッチのリードは私の番となった。

ここは三年前に彼女の先輩たちが事故を起こした場所である。私は過去に四回ほど登っていたが、いつもより丁寧に登り、終了点に着くと岩に打たれたボルト二本を使ってアンカー（確保支点）をつくった。自分のハーネスから出ているメインロープをクローブヒッチにしてロッキングカラビナにパチンとかける。

「なにはなくともセルフビレイ」

自分のなかでは条件反射的に身に着いた動作であるが、あえて口に出してセルフビレイの確認をする。それから下で待つOに「ビレイ解除」のコールを送り、フォローで登ってくるのを待つ。

南稜の完登後も油断はならない。5ルンゼの頭ではロープを出して確保して登る

南稜でいちばんの核心部である垂壁に少しはてこずってくれることも期待していたのだが、彼女は「どこが核心かしら？」といったふうで、細かなホールドをていねいに拾いながらすました顔で登り切った。続いてIとFのパーティーも無事、終了点に到着した。

南稜のクライミングはここで終了するが、今回は一ノ倉岳の頂上をめざすのでクライミングシューズをアプローチシューズに履き替える。登攀終了後に同ルートを懸垂下降するパーティーも最近は多いようだが、登攀の終了はやはり山の頂上であることが望ましいと思うからだ。

岩場を抜けたあと、谷川岳で絶対に油断してはいけないのが草付帯の登りである。岩交じりの草付帯のなかにうっすらと踏み跡がついているものの、この先にある五ルンゼの頭付近は脆い岩が露出しており、ここで起きた転落事故も過去には多い。スリップしたら本谷まで死のダイブが待っている。さほど難しいわけでもなく、慣れていればロープは出さずに登ってしまうところだが、今回は必ずロープを出して確保しながら登ることに決めていた。乏しい中間支点を探しつつ、しっかりとランニングビレイを取りながら岩場を越えてパートナーを確保する。その先は狭い岩稜が続いており、最後は腰くらいの深さの笹藪をこいで国境稜線の一ノ倉岳山頂に登り着いた。

登攀具一式をそれぞれのザックに納めてひと休みしてから、谷川岳本峰を越えて西黒尾根、途中から厳剛新道を下ることにして出発する。

完登後に待つ落とし穴

一ノ倉岳から谷川岳オキの耳にかけての稜線には、しっかりとした縦走路が続いている。道の西側は万太郎谷の源頭で、クマザサの絨毯が敷き詰められたおだやかな斜面だ。それに対して東側には、足下に深く一ノ倉沢の絶壁が迫っている。途中には「ノゾキ」と呼ばれる展望所があり、一ノ倉沢の出合まで崖の上から覗き込むようにして見渡すことができた。よくもまあ、こんなところを登ってきたものだと自分たちに感心しながら最後の急登を経て谷川岳オキの耳の頂上に立った。谷川岳の山頂は二つのピークが仲良く並ぶ双耳峰になっていて、天神尾根から見て手前がトマの耳

一ノ倉岳山頂に着いてホッとひと息。しかしその先に落とし穴が待っていた

（一九六三メートル）、奥がオキの耳（一九七七メートル）と呼ばれている。トマの耳のトマはテマエ、オキの耳のオキはオクと覚えておくといいだろう。

　西黒尾根の下りにかかる。土合駅からのコースタイムが登り四時間三〇分、下り三時間四〇分。標高差一三〇〇メートルのこの尾根は、北アルプス烏帽子岳のブナ立尾根、南アルプス甲斐駒ヶ岳の黒戸尾根とならぶ日本三大急登のひとつとして紹介する人がいるほど急峻な尾根である。とくに下りはじめは岩場が続くので、初級者の下山ルートにはお勧めできない。とはいってもクライマーにとっては単なる下山路である。私にとっても通い慣れた道を下るにあたって、この先の危険個所とか事故とかはまったく念頭にはなかった。

　ザンゲ岩を過ぎ、やや広くなった露岩地帯を下っているときのことだった。急斜面のジグザグ道を左斜め前方に向かって歩いているとき、私の後ろを歩いていたOが浮き石を踏んでバランスを崩した。「あっ」という声に気づいて振り返ると、Oが前向きに倒れかけるところだった。転んだときの勢いをすぐに止めなければ、はるか下まで斜面を転げ落ちてしまう。その危機を救ったのが主将のIだった。Oの後ろを歩いていたIは、Oがバランスを崩した瞬間とっさにOの下に駆け込み、Oの滑落を止めたのだった。

助かった。

もしIの支えがなく、Oがそのまま斜面を転がりはじめていたら、滑落のスピードが加速して数百メートル下の谷まで落ちていたかもしれない。その間に岩に頭をぶつけたり、頸椎を損傷して重大な事故になっていた可能性も十分にある。Oが転んだとき瞬時に反応したIの動きは、彼女の命を救ったファインプレーであった。

Oは転んだときに右の足首を捻っていた。まっすぐに立つのもつらいという状態だが、テーピングで足首をガチガチに固めてみたら痛みはがまんできると言う。背負い搬送も考えたが、肩を貸せば自分で歩けると言い張るので、Oの荷物を三人で分配し、交代で肩を貸しながら歩いてもらうようにする。

やがて夜になり月が出た。対岸に見える白毛門の稜線がうっすらと白く縁どられたと思ったら、白くて丸い、大きな月が昇ってきた。ヘッドランプを消しても道がはっきりわかるような明るさで、けが人をかかえてはいるものの悲壮感はない。在京連絡先には携帯電話で下山が遅れることを伝えてある。けがをした0も、ほかの二人も元気で、休憩時には非常食を出し合って月を愛でる余裕もでてきた。あとは時間をかけて慎重に尾根道を下るだけだった。

とはいっても、個人的には大きな反省を残す山行となった。烏帽子岩南稜のクライミングは合格点だったと思う。アプローチの歩行も、クライミング中の中間支点の取り方も、草付帯での安全対策も、安心して見ていることができた。しかし最後の下りでの転倒、負傷は大きな反省点に挙げられる。転倒そのものは体力不足が原因といえるのだろうが、そこにはやはり登攀終了後の気のゆるみというものがあったように思えてならない。

古典の授業で習ったことのある方も多いと思うが、吉田兼好の『徒然草』に「高名の木登り」がある。木登りの名人が弟子に指導をした際、木の先端に近い不安定な場所で剪定の仕事をしているときにはひと言も声をかけなかったのに、仕事を終え、下りはじめてもうすぐ地面に着くという最後のところで「心して降りよ」とアドバイスをした、という話だ。「なぜこんなところで注意をするのか？」という兼好法師の問いに名人は答える。「木が高く枝が細くて危ないところでは、自分で危ないと思って怖がるのでとくに注意はしません。失敗は簡単なところになって必ず起きるものなのです」

つまり登りで緊張しているときは、技術がともなってさえいれば問題なく、むしろ目的を遂げてから下る途中にこそ失敗の危険が潜む。慢心こそが危険なのだ、と説いているのだ。今回の転倒事故は、最後の最後に注意を喚起させられなかった私に責任があったように思えてならない。

高名の木登りならぬ「高名の山登り」になれるよう、メンバーの体調とメンタルをしっかり管理しなければならないと、つくづく思った山行であった。

教訓

- 岩場では、なにはなくともセルフビレイ。
- 核心を越えた先に落とし穴。遭難の罠は人の心に潜んでいる。

第5章

道迷い

File
11
白い迷路からの脱出

栂海新道

春の大型連休は小日向のコルで新人合宿

大学山岳部時代、春の大型連休の山行といえば白馬連峰での新人合宿と決まっていた。四月に入部した新入部員は、一二月の冬山登山に備えるために約一週間の雪上合宿に参加させられる。そこでみっちりと雪上歩行とテント生活の基本を学ぶのだ。その拠点となっていたのが、白馬連峰の小日向のコルに設営されるベースキャンプである。

小日向のコルは杓子岳山頂から東に延びる双子尾根の標高約一八〇〇メートル地点、小日向山（一九〇八メートル）との鞍部に位置する。猿倉から鑓温泉へと向かう登山道がこのコルを越えているが、ゴールデンウイークのころは道が完全に雪に埋もれて白一色の世界だ。私たちはいつも風の通り道となる鞍部の中央を避けてテントを設営し、入山初日と二日目は近くの斜面を使って一年生部員のために雪上歩行や滑落停止の訓練をしていた。

全員が雪上歩行に慣れてきた三日目には、実践訓練として大雪渓から、もしくは双子尾根から杓

小日向のコルのベースキャンプにて。背景は杓子岳と白馬鑓ヶ岳（1980年）

子岳を経由して白馬岳に登頂するというのがいつものパターンだ。新入部員は稜線から雪の穂高や剱岳を眺め、白馬岳登頂の喜びを胸に意気揚々とベースキャンプに下山してくる。一〇時間を超える行動時間で、ほとんどの者がバテバテの状態である。そんな新人たちに対して、上級生はさわやかにトドメの言葉を言い放つ。

「よーし。じゃあ仕上げの雪訓（セックン）いってみようか！」

一日が終わったと思い込んでいる新人にとっては残酷な追い打ちだが、雪上での歩行技術はとことんバテきったときでもちゃんと歩けるようになることが大切なのだ。上級生は率先して、でもなんだかちょっとうれしそうな表情で下ってきたばかりの斜面を登りはじめ、新人たちも仕方なく、うつむきな

スキーを使って大雪渓を登る（1987年）

がらそれについていく。こうして一時間ほど歩き方の最終チェックを行ない、新人たちの基礎訓練はようやく終わるのである。

新人のための基礎訓練のいっぽうで、上級生パーティーは交代でバリエーションルートを登るのが恒例となっている。対象となるルートとしては白馬岳主稜や三号尾根、杓子岳東壁、白馬鑓ヶ岳北稜などが挙げられる。いずれも夏はボロボロの岩と密生した藪に覆われてとても登れる場所ではないのだが、ひとたび雪をまとうと、美しくも魅力的な雪の尾根に変貌してクライマーを魅了する。なかでも白馬岳主稜は私のお気に入りのルートで、白馬尻から白馬岳山頂にダイレクトに突き上げるラインはじつに美しい。頂上直下の急峻な雪壁を登り切ったところが頂上というフィナーレもみごとだ。積雪を有効に使った登山ができるのも、

合宿終了後に登り直した白馬岳山頂にて（1980年）

この季節ならではの魅力といえるだろう。

猿倉から（雪の多い年は手前の二股発電所から）約半日で登り着けるというアプローチのよさ。新人から上級生まで満足させることのできるルートの豊富さ。そしてテントサイトの背後には杓子岳東壁と白馬鑓ヶ岳北稜の大絶景が広がるというロケーション。残雪の山の魅力を堪能するのに、まさに絶好のベースキャンプになるのがここ、小日向のコルなのである。

白馬岳から日本海へスキー縦走

大学二年生のとき、小日向のコルでの新人合宿が終了したあとにもうひとつの山行を加えることにした。白馬岳から日本海まで、スキーを使って縦走するという計画である。

標高二九九三メートルの白馬岳山頂から海抜ゼロ

メートルの親不知海岸へ。全行程をスキーで滑り降りるというわけにはいかないが、雪さえついていれば登りも下りも楽に、素早く、楽しみながらゴールすることができるはずだ。私は同級生のなかでスキーの最も上手な依田光雄を誘い、二人で日本海をめざすことにして小日向のコルにスキーを持ち込んだ。

当時はまだスキー兼用靴がそれほど普及しておらず、靴底の硬い冬山用の革製登山靴で滑ることが多かった。スキーツアーだけではなく、雪稜でクライミングをすることを考えると、滑走性能よりも登攀時の安定性を重視せざるを得なかったからである。私はトラペール社のセキネルモデルという、アイスクライミングを想定した靴底の硬い冬山用登山靴を履いていた。これに、軽くてシンプルなジルブレッタ300というバインディングをスキーに固定して使っていた。ただし、登山靴で滑る場合は足首の固定がどうしても甘くなるためバランスが取りづらい。とくに荷物が重いときにはバランスを崩しやすくなり、リカバリーに苦労させられたものだった。

新人合宿の最終日、体力強化のために白馬駅まで歩くという後輩たちを猿倉で見送った私と依田は、きのう登頂してきたばかりの白馬岳をめざした。この日は白馬尻右岸の台地にツェルトを張ってビバーク。翌朝、雪が締まって安定している時間帯に大雪渓をつめて稜線に上がり、白馬岳を越えて雪倉岳まで進んでおくつもりだった。

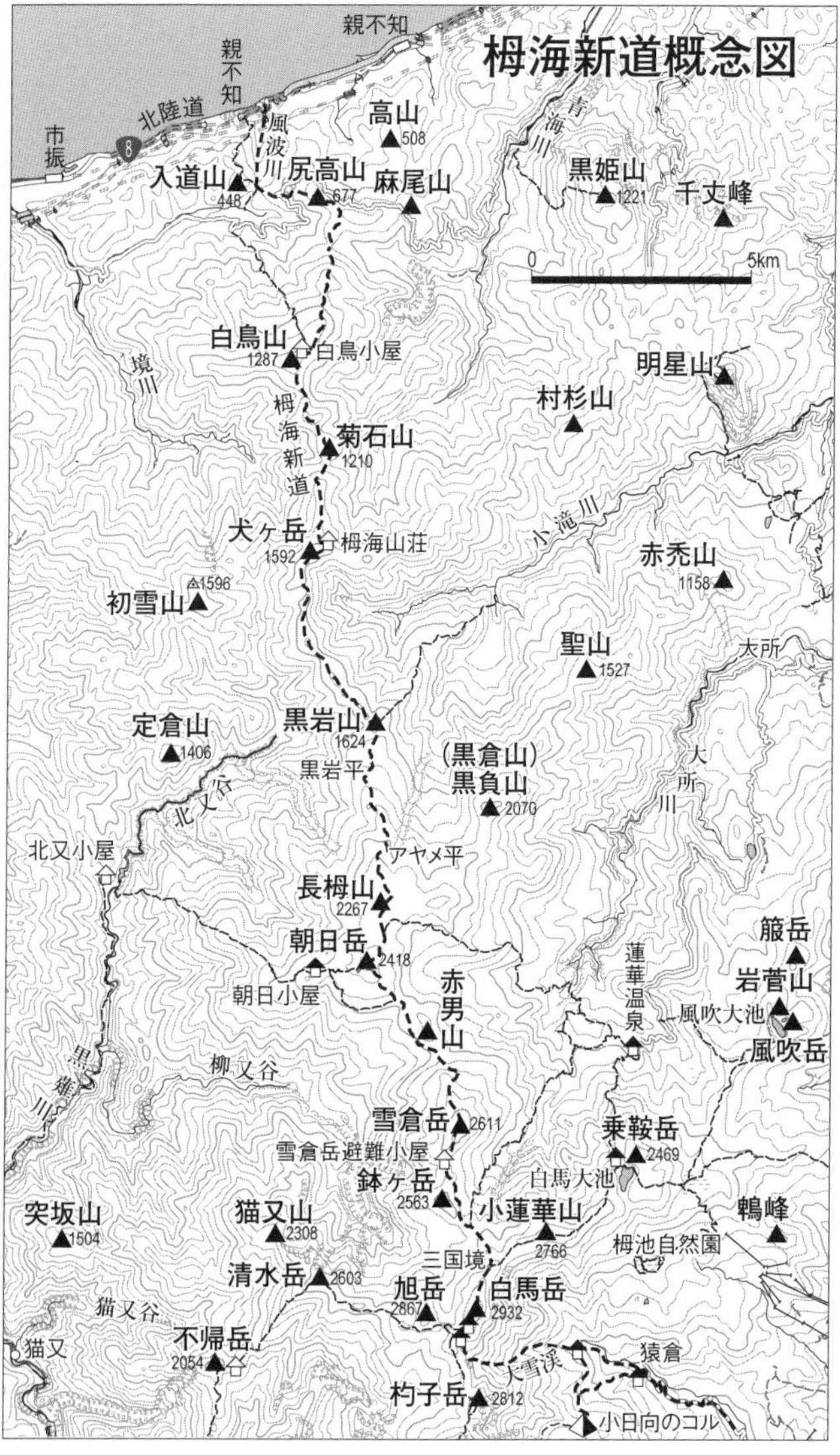
栂海新道概念図
親不知
親不知
北陸道
8
市振
風波川
高山
508
入道山
448
尻高山
677
麻尾山
青海川
黒姫山
1221
千丈峰
0
5km
白鳥山
1287
白鳥小屋
境川
栂海新道
菊石山
1210
明星山
村杉山
小滝川
犬ヶ岳
1592
栂海山荘
赤禿山
1158
初雪山
1596
聖山
1527
大所
黒岩山
1624
定倉山
1406
黒岩平
(黒倉山)
黒負山
2070
大所川
北又谷
北又小屋
アヤメ平
長栂山
2267
朝日岳
2418
朝日小屋
赤男山
箙岳
岩菅山
風吹大池
風吹岳
蓮華温泉
黒薙川
柳又谷
雪倉岳
2611
雪倉岳避難小屋
乗鞍岳
2469
白馬大池
鉢ヶ岳
2563
小蓮華山
2766
鵯峰
突坂山
1504
猫又山
2308
栂池自然園
三国境
清水岳
2603
旭岳
2867
白馬岳
2932
猫又谷
猫又
不帰岳
2054
猿倉
大雪渓
杓子岳
2812
小日向のコル

しかし、悪天候がそれを許してくれなかった。シール登高で快適に高度をかせいでいるとしだいに雲が厚くなり、稜線に上がるころには猛烈な風雪になった。五月とはいえ、こうなったときに主稜線を歩き続けるのは自殺行為に等しい。私たちは村営頂上宿舎で天候の回復を待ちながら、その日は玄関の片隅でひと晩、過ごさせていただくことにした。

その夜の天気は荒れに荒れた。何度も経験していることだが、五月の北アルプスは気圧配置によっては突然、狂暴な冬山に変わることがある。

近年では二〇一二年の五月四日、山岳部のOBとして新人合宿にあとから合流したときの天候急変が記憶に残っている。猿倉を出発したときは青空が見えて日差しも明るく、半袖でも汗ばむような陽気だったのが、午後三時ごろになると空が急に曇り、冷たい空気が流れ、雨の匂いがするようになった。事前に天気図を見て天候が崩れることはわかっていたものの、嵐は予想よりも早くやってきて雨を降らせ、風が暴れまくった。ようやくたどり着いた小日向のコルでは、テントを飛ばされないようにピッケルで四隅を固定しながら設営した。二〇年ほど使い続けている自慢のシングルウォールテント、ゴアライズ三~四人用も、強風のために壁が顔につきそうになるほどひしゃげ、剝がれたシームテープの間から雨漏りがして床に水溜まりができた。夜になると雨はミゾレに変わり、強風は夜中になっても衰えることはなかった。

白馬岳山頂から日本海方面の山々を望む（1980年）

標高一九〇〇メートルの小日向のコルでこの激しさである。三〇〇〇メートル近い吹きさらしの稜線でこの天候に見舞われたら、どんなベテランであってもひと晩を生き延びることは困難だったことだろう。体が飛ばされそうな強風下ではツェルトをかぶることも容易ではない。仮にツェルトの中に入れたとしても、風のために生地が体に密着して保温効果も期待できない。できるかぎり早く風をさえぎれる場所を探すか、山小屋に避難するか、最善の努力をしないと命の保証はありえない。実際にこの日、白馬岳登山中の六人パーティーが三国境付近で行動不能となり、翌朝、全員が遺体で発見された。死因はいずれも低体温症だった。

ただし経験上、春の嵐はひと晩で回復することが多い。前日の猛烈な風雪などケロリと忘れたような快晴の夜明けを迎えたことがこれまでに何度もあった。

このときも天候の回復は早かった。村営頂上宿舎の屋根をゴウゴウと叩いていた強風も明け方には収まり、白馬岳に静かな朝がやってきた。窓ガラスには真っ白な霜が厚い層となって付いており、入り口のドアは重くなっていてなかなか開かない。雪が大量に積もり、引き戸を押しゆがめて開けにくくなっていたのだった。小さく開けた扉からなんとか外に体を出すと、小屋の陰には高さ一メートルほどの吹き溜まりができていた。関東地方では桜も散ってひと月にもなろうというのに、ここでは新雪が一メートルも積もっている。どうやら季節にも垂直分布というものがあるらしい。

小屋の外に出てアイゼンを着け、白馬岳頂上へと向かう。見事な快晴だった。西には朝日を受けた剱岳がまぶしいほどに白く輝いていた。南には遠く槍ヶ岳が望める。スキー縦走初日は、合宿期間中も含めて最高の天気に恵まれたようだ。昨夜は最悪の天気だったのに、わずか一二時間でこれほどの違いを味わえるのも春山ならではなのかもしれない。そしてつい三日前に登ったばかりの白馬岳山頂に無事、到着する。

ここからいよいよ日本海に向けて大滑降の始まり、といきたいところだったのだが、稜線周辺は強風のために雪が着いておらず、そのまま国境稜線を雪倉岳避難小屋までツボ足で下り、そこからシール登高で雪倉岳に登頂。頂上の北側には豪快なカール状の地形が待っていた。

連休後とあって、白馬岳の山頂からここまで誰にも会っていない。おそらくこの先、日本海まで

雪倉岳の広大な北斜面を滑る（1987年）

人に会うことはないだろう。私たちは目の前にそびえる朝日岳と、その奥に続く白い尾根を眺めてから頂上北面の大斜面に滑り込んだ。ほどよく締まった雪の上に、昨晩降ったばかりの新雪が一〇センチほど薄く積もっていて、ターンのたびに雪煙が高く舞う。極上のパウダースキーを楽しみつつ、標高差にして約六〇〇メートルを一気に下って赤男山とのコルに到着。振り返ると、広い斜面の中央に二人のシュプールがくっきりと描かれていた。

ふたたびシール登高で朝日岳に登り、こんどは朝日岳の北斜面を滑る。出だしが四〇度近い急斜面だが、それを過ぎるとまた快適なボウル状の斜面があらわれた。カールを下り過ぎないように注意して滑って稜線に戻ると、次は長栂山の北斜面が待っている。今回のコースは滑るラインがすべて北斜面になるので、積雪量も安定していて滑りやすい。最初の急斜面を慎重にこなすと、あ

長栂山から黒岩平をめざして滑る。気持ちいい雪原が広がるが、霧にまかれると怖ろしい迷路となる（1980年）

とは黒岩平まで四キロにわたって延々と緩やかな斜面が続いている。このあたりは広い雪原になってい て、ところどころにシラビソなどの針葉樹が雪の中から頭をのぞかせているだけの、目印に乏しい、ただただ広い雪の斜面だった。

黒岩平を北に進むと、広い雪原からちょうど船の舳先のように飛び出た小ピーク、黒岩山の頂に立つ。スキー滑降のお楽しみはここでひとまず中断。この先、犬ヶ岳までは、東に小滝川、西に北又谷の源頭をもつヤセ尾根となっていて、ブロック状に崩れかけた雪庇も発達しておりスキーは使えない。細かいアップダウンを、雪庇を避けながら、藪に背中のスキーをとられつつ、もがきつつ歩いて犬ヶ岳の山頂に到着。すぐ近くに立つ栂海山荘に入る。朝日岳から日本海までの登山道、栂海新道を切り拓いた「さわがに山岳会」が所有する山小屋を快適に使わせていただき、再入山から二泊目を過ごした。

翌日、すっかり春の陽気になった雪の尾根を、日本海を間近に望みつつ、標高約九〇〇メートルのシキ割まで滑り込んだ。道中、雪が消えたばかりの森の林床にはカタクリの群落が春を謳歌していた。あたり一面がピンクの花びらに埋め尽くされ、前日、猛吹雪の稜線にいたことがうそのように感じられる。

さらに下るとブナ林の新緑が私たちを迎えてくれた。樹皮が白っぽくて美しいブナの林を通り抜けると下界は近い。最後は坂田峠から風吹川の流れに沿った道を下っていくと（注・いまは廃道になっている）、国道八号線の橋梁が目の前に現れた。潮の香がする。風吹川に沿ってその下をくぐりぬけると、そこが親不知海岸だった。

風雪の白馬岳から潮風の日本海へ。後輩たちと別れてから三泊四日目のゴールであった。

テレマークスキーとの出会い

大学卒業後、山と溪谷社に入社した私はスキー雑誌『skier』編集部に配属された。最初から登山関係の部署に入れてもらえなかったのは、若いうちにさまざまな仕事を経験させるという社の方針のためだと聞かされた。

とはいっても大学山岳部出身の経験を買われたのか、入社して二カ月後の五月には「富士山頂でハンググライダー滑空とスキーダウンヒルのコラボレーション撮影」などという大掛かりな取材現場を担当させられたりもした。まだドローンや携帯電話などのない時代だったので、富士山頂に滞在して飛翔条件を見計らい、アマチュア無線を使って調布飛行場に指示を出してセスナを飛ばせ、機内のカメラマンと連絡を取り合いながらハンググライダーと富士山頂上直下を滑るスキーヤー入りのカットを撮影させるという一大プロジェクトでもあった。冬用テントのほかに一週間分もの食料と燃料、そしてハンググライダーの機体をどうやって荷揚げするかについては、大学山岳部時代の経験が役に立った。ボッカチーム（荷揚げチーム）の編成も、重廣恒夫さんをリーダーに、日本山岳会に所属する五つの大学山岳部から精鋭メンバーが集まってくれたので助かった。山の経験が仕事にストレートに結びつくという、やりがいのある職場であることをいきなり実感したものだった。

入社二年目に、アメリカでテレマークスキーがはやっているという情報を得て記事を作ったところ、想像以上に大きな反響を得た。そのころは北海道のニセコ、東北の山形蔵王、中部地方の峰ノ原高原、志賀高原、北八ヶ岳麦草峠、関西ではハチ北スキー場などで、テレマークスキー愛好家が独自のテレマークメソッドを持ち、それぞれの地域でテレマークスキーの普及と研鑽に努めていた。そんな状況のなかで発表された『skier』の記事に対してさまざまな意見が寄せられ、話し合いが持たれるなかでテレマークスキーの全国組織を作ろうという流れになり、一九九四年にテレマークスキー協会が発足。私が編集した記事が問題提起となり、協会設立のきっかけのひとつになったというわけである。

そうとなれば私もテレマークスキーをマスターしないわけにはいくまい。ということで、スキー専門誌の編集部員でありながら、取材の際には紐締めの革靴とスリーピンバインディングの付いた細板でゲレンデを滑っていたものだった。

当初、日本に入って来たときのテレマークスキーは「クロスカントリー・ダウンヒル」という名前で知られていたように、クロカンの細い板を丈夫にしてエッジを付け、靴もエッジが立てやすいようにサイドを深く頑丈にした程度の道具だてて、華麗に滑ることなんてそう簡単にできるものではなかった。ただ、その用具の軽さと、歩行の快適さにおいてはそれまでの山スキーの比ではない。かかとが自由に上げられるので、少々の登りならシールを使わずにすいすいと登れてしまう。最初からかかとがフリーになっていることで、山野を軽快に歩きまわることが可能になるのだ。もちろん、滑りこなすためにはそれなりの練習が必要になるのだが、日本テレマーク協会主催の講習会やレースに出ているうちに、山の中でも自由に滑る自信がついてきた。

この新しい道具を使えば何か新しい挑戦ができるのではないか、そう思って考えたのが白馬岳

〜日本海スキー縦走の再挑戦だった。山スキーを使って三泊四日かかったコースを、テレマークスキーなら一泊二泊で抜けられるかもしれない。

テレマークスキーで栂海新道ふたたび

一九八七年五月、山岳部の三年後輩にあたる羽田登志男をパートナーに、現役部員たちが合宿中の小日向のコルのベースキャンプに入った。雪上訓練に付き合った翌日は、大雪渓から白馬岳山頂をめざす新人パーティーとともにベースキャンプを後にする。今回はコーチではなくオブザーバー的な立場での参加なので、新人たちのペースに合わせてシール登高でのんびりと登る。とはいえ私たちのほうが圧倒的に速いので、途中で面白そうな斜面を見つけては学生たちの前でひと滑りしてまた登り返す、なんてことを何度か繰り返した。そして昼前には全員が白馬岳の山頂に立った。

天気は無風快晴。前日の天気図からはまったく予想できなかった好天である。西から近づいてくるはずの低気圧はどこに行ってしまったのだろう。少し気になったが、悪天の兆しはどこにも見えない。計画どおりに進むことにして現役部員たちと別れ、私たちは日本海をめざした。

三国境から鉢ヶ岳の山腹を巻いて雪倉岳避難小屋へと下る。ここから一気に雪倉岳山頂に登りつめると二〇人ほどのスキーツアーグループが滑降の準備をしていた。蓮華温泉から登ってきたらしい。私たちが滑る北面のカールは滑ってほしくないな……と思っていたら、団体はリーダーの指示にしたがって東の斜面に滑り去っていった。蓮華温泉からの往復ツアーだったようだ。ここから先、雪倉岳北面の広大なボウル状斜面を、私たち二人は独占して滑ることができる。七年前と違うのは足回りで、前回に比べてはるかに細くて長く、かかとも固定されていないテレマークスキーが新兵器だ。急斜面に対する不安も少々あったが、背中の荷物も軽量化してきたのできっと問題ないだろう。

お互いに写真を撮り合いながら、午後の日差しで重くなったザラメ雪の斜面に大回りのシュプールを描いた。ここを滑るのは二度目になるが、雪が安定しているのでテレマークスキーのハンディはさほど感じることはない。背中の荷物も、二〇キロ程度なら山スキーと遜色がない滑りができると思った。

標高差六〇〇メートルほどのダウンヒルを堪能したのち、赤男山とのコルにツェルトを張る。シラビソの樹林帯だが、雪に埋もれて樹高がそれほど高くないため視界は開けている。ちょうど太陽が能登半島に沈もうとするところで、夕日を浴びた富山湾が黄金色に輝いていた。港に帰る船の航跡が沖から陸に向かってゆっくりと伸びてきて、まるで映画のワンシーンのような完璧な夕暮れだった。

隠し持ってきた缶ビールで乾杯し、(これはあしたもいい天気かな?)と思いながら天気図を引いてみると、東シナ海にあった低気圧が本州に近づいてくるのがわかった。いまは風もなくおだやかな夕暮れだが、天気が下り坂であることは間違いない。あした、日本海に向けて一気に滑り降りる計画に黄色信号が灯った。朝の天気次第では停滞の可能性もある。空には星がまたたいて、とてもこれから悪くなる空模様とは思えないのだが、低気圧は着実に接近しているようだった。

天候悪化

翌朝は、やはりあいにくの空模様となった。鉛色の雲が低く垂れ込めていて、いますぐにでも雨が降り出しそうな気配だった。きのうの天気図から見ても今後、天候が回復するとは思えない。ただ、本格的な雨になる前に、目の前の朝日岳だけでも越えてしまうことにした。ツェルトを畳み、レインウエアを着込んでさあ出発、というタイミングでポツリと雨が落ちてきた。霧雨のなかに小さな雨粒が含まれているといった降り方で、いまのところ行動に支障はないだろう。

小桜ヶ原まではほぼ平坦な樹林帯を進む。雨はまだ小降りで風も弱いので、予定どおり朝日岳の登りにかかる。ここから頂上までは標高差四〇〇メートル。ひたすら急な登りが続くところで、前回はスキーを使って頂上までシール登高したのだが、今回は雪が締まっていたのでキックステップで直登することにした。当時使っていたテレマークスキーはバインディングを含めて片足一キロほどの軽さだったので、背負ってもさほど苦にならないところもいい。

樹林帯を抜け、標高が上がるにつれて雨粒が大きく強くなってきた。こうなることは想定の範囲内ではあったものの、風の強さは誤算だった。想像を超える強風が南から吹きつけてきた。雪をともなうような冷たい風ではないが、まっすぐに立っているのが困難なほどだった。風速は二〇メートルを軽く超えていることだろう。朝日岳山頂にたどり着くころには強風に本格的な雨が加わり、雨粒が真横から吹きつけるようになってきた。風をはらんだフードがバタバタとわめき、レインパンツの裾も細かく震え続けている。吹きさらしの頂上は休むところもなく、すぐさま下降に移る。

朝日岳山頂の北面には雪倉岳と同じように広い一枚バーンが待っていて、出だしの急斜面さえ安全に下れたらあとは快適に滑り降りることができたのだが、視界が利かない状況でここを滑るのは危険に思えた。そもそも風が強すぎて、スキーを装着すること自体が難しい。無事に急斜面を転ばずに降りられたとしても、深い霧のなかでは、滑る方向をほんの少し間違えただけで目的地から遠く離れていってしまう危険性がある。スキーでは、一分間のダウンヒルの快楽が、登り返しの地獄の二時間に変わることもあるのだ。深い霧のなか、目標のない広い斜面に踏み込むのは危険な賭けのようなものである。

安全を期して地図とコンパスを使い、真面目にルートファインディングをすることにした。千代ノ吹上と呼ばれる尾根を歩いて下りはじめるが、ザックのサイドに付けたスキーがものすごい風圧を受け、まともに立って歩くことができない。前かがみになって、ときおり耐風姿勢をとりながら這うようにして烈風をやりすごしつつ、少しずつ下降を続けた。

風雨のなかのルートファインディング

長栂山との鞍部に降り立つと、そこは樹林帯になっていて少しは風をしのぐことができた。とはいえ、ここまでの雨と強風のために二人ともレインウエアの中は濡れていた。視界は相変わらず二〇メートルくらいで、樹林の陰から雪原に出ると体がふらつくほどの風が吹いている。雨もしばらくやみそうにない。

今後の行動にはふたつの選択肢が考えられた。ひとつは少しでも風の弱いこの場所でツェルトを張り、天候の回復を待ってから進むこと。もうひとつはこのまま霧の中を突き進むこと。しばらく悩んだ末に、後者で行くことにした。七年前とはいえ一度は滑ったことのあるルートなので、たとえ視界が悪くともなんとかたどり着ける自信があったからだ。前回の印象が頭に残っているので、黒岩平の迷路もきっと抜け出すことができるだろう。これがはじめての縦走だったら、

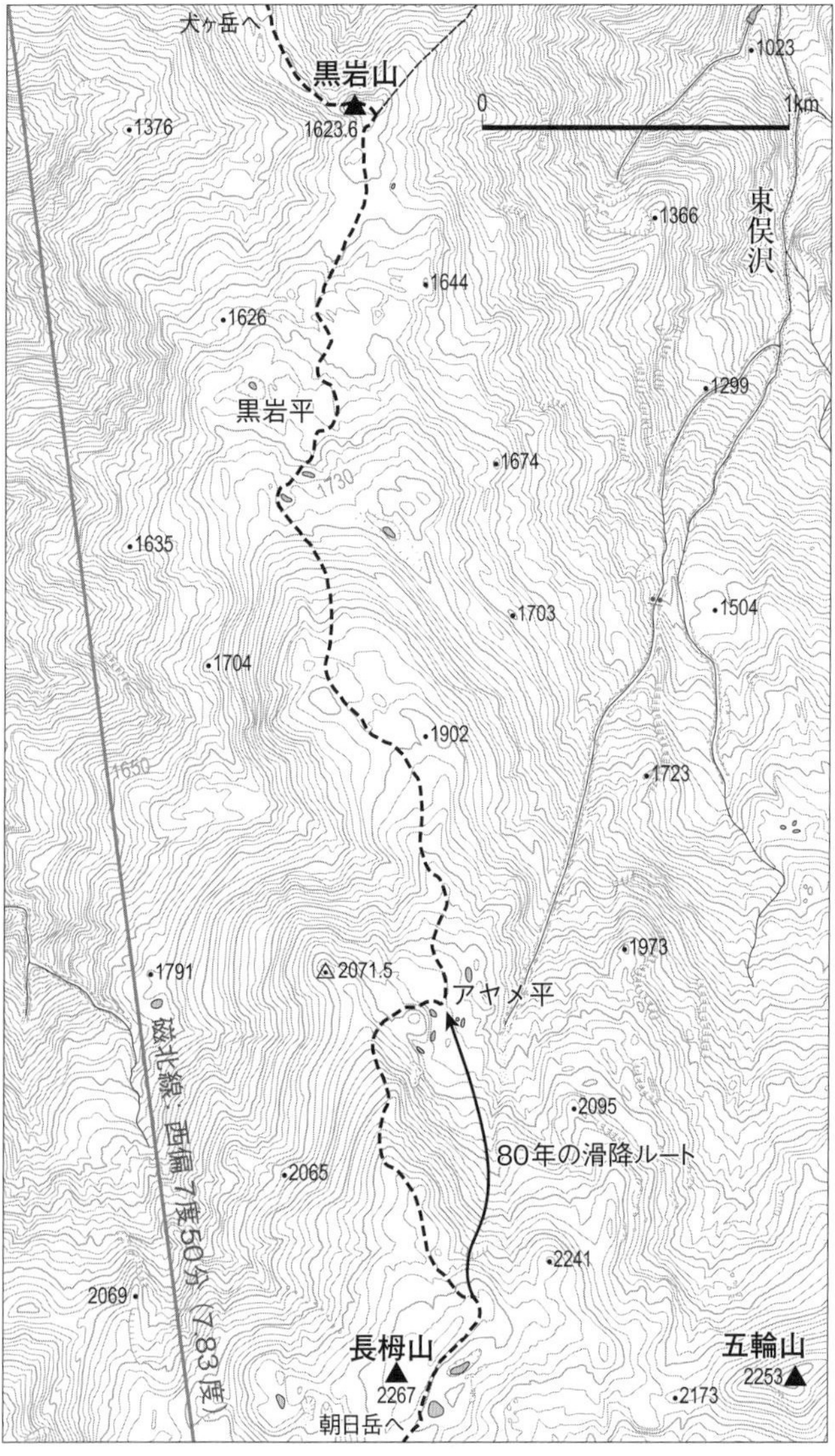

犬ヶ岳へ
黒岩山
1623.6
1376
0
1km
1023
東俣沢
1366
1644
1626
黒岩平
1299
1730
1674
1635
1703
1504
1704
1902
1650
1723
1973
1791
2071.5
アヤメ平
2095
80年の滑降ルート
2065
2241
2069
磁北線：西偏7度50分（7.83度）
長栂山
2267
五輪山
2253
2173
朝日岳へ

様子を見て停滞することを選んでいたにちがいない。

ただし、縦走続行にはリスクがあった。この雨は夜になればきっと雪に変わるだろう。道に迷って時間と体力を無駄に費やすことだけは避けなければならない。体が濡れた状態のまま行動できなくなってしまったら最悪の事態が待っている。深い霧と横なぐりの雨のなか、命を賭けた本気の地図読みが始まった。

まずは長栂山の頂上に向かう。高みをめざす登りではルートを見誤る心配はない。頂上は一点しかないのだから、北に向かって登ればしぜんに二二六七メートルの長栂山山頂に着く。問題はそこからの下りである。

この先、黒岩平までは約四キロにわたって広大な雪原とシラビソの疎林帯が続き、六五〇メートル近い標高差を一気に下っていく。おだやかなスロープが延々と続き、まさにスキーを楽しむためにあるような斜面である。しかしいまは深い霧のために進むべき目標物＝黒岩山を目にすることができない。霧に隠された白い迷路だ。おいそれと滑り下りるわけにはいかなかった。

前回は長栂山山頂から北面の四〇度近い急斜面を下り、その先に待つ広大な一枚バーンをアヤメ平に向かって滑ったのだが、視界が利かないなかでこの斜面を滑ると東俣沢方面に引き込まれる恐れがあった。やむなく県境の尾根をしばらく下ってからアヤメ平に向けて滑り降りる。ここで尾根はいったん細くなり、一九〇二メートルの独立標高点付近にたどり着く。その先が、複雑な地形のために夏でも道に迷う人が出るという黒岩平の斜面となる。

視界が良ければここからまっすぐ正面に黒岩山の姿が見えて、なんの心配もいらずに滑っていけるのだが、今回は地図とコンパスだけを頼りに黒岩山を探し当てなければならない。視界は相変わらず二、三〇メートル前後。いよいよ正念場だ。

私がナビゲーターになり、コンパスで進むべき方向を羽田に指示しながら少しずつ進むことにした。胸元に地形図を広げ、コンパスの指し示す方角にある木や雪のコブなどを目印にして視界の利くぎりぎりのところまで羽田に先に滑らせる。フードをかぶっているから「止まれ」の声は絶対に届かないので、五〇メートルくらい滑ったら止まるように指示をした。

羽田のオレンジ色のレインジャケットが遠ざかり、ミルク色の霧のなかにぼんやりと溶け込もうとする直前で彼が止まる。私はその方向をコンパスで再確認すると、風にバタつき、雨に濡れてちぎれそうな二万五〇〇〇分の一地形図の上に、ボールペンでおおよその線を書き込む。地図の上では一センチが二五〇メートルに相当するから、五〇メートルは二ミリに当たる。この線の延長上に、黒岩平の出口となる黒岩山が待っている……はずなのだ。

地図をポケットにしまい込み、グローブをはめ直してからオレンジ色のジャケットをめがけてスキーで滑り下りる。ほんの短い距離だが、この瞬間だけは何も考えずに小回りのテレマークターンを楽しませてもらった。雨のために雪の表面だけが硬く締まり、これはこれで意外に滑りやすい。目標に向かって滑っているあいだは、雨や風や道迷いの不安などもさっぱり忘れてしまっているから現金なものである。「ヒャッホー」などと奇声を上げながら羽田の隣に滑り込むと、また地図を広げて目標物を指し示して羽田を先に滑らせる。羽田が止まると、方角がズレていないかを確認して地図に小さく線を引いてからスキー滑走。それを何度も繰り返しながら私たちは北をめざした。

目標とする黒岩山は、ちょうどコンパスの磁針が示す磁北線とほぼ同じ方角にあるため、赤い矢印の方向にある目標物を指し示すのも比較的楽だった。とはいえ、ほんのわずかな方角のズレのために目標にたどり着けなくなることもある。いまならGPS携帯を使って現在位置を確認しつつ、迷うことなく目標に向かうことができるのだが、このときはこれが道迷いを防ぐために考えられる唯一の方法だった。そうした時代の変化も考えてみると、この日の地図読みは、私にとって後にも先にも最も悪条件下でのナビゲーションになっていたのだと思う。

標高が下がるとともに少しずつ周囲が明るくなり、霧が白く薄くなっていって、やがて雪原の先に見覚えのある黒岩山が見えてきた。私たちが進んできた方角に狂いはなかった。これで読図の苦労から解放される。右手にしっかりと手袋をはめると、ここから先は途中で滑りを止めることなく、

犬ヶ岳山頂直下を滑る。バックは前日、濃霧のなか通過してきた朝日岳、長栂山、黒岩平

最低鞍部に向けて一気にスキーを走らせた。顔に当たる雨が先ほどよりも強く感じられたのは、スピードが出ているせいだろう。斜面の起伏もよく見えるためなんの心配もない。二人はこの日はじめて同時に滑りながら、互いに自由なラインを選んで最低鞍部へと下り、そのままシールを付けずに斜面を登って黒岩山の頂に立った。

頂上から振り返ると、長栂山も朝日岳もまだ完全に雲の中で、黒岩平の周辺だけが霧の中に姿を現していた。雪原の中央には私たちのシュプールが見える。視界不良、横なぐりの風雨といった劣悪なコンディションの白い迷路から抜け出した喜びの軌跡がそこに印されていた。

北を見ると、見覚えのある稜線が犬ヶ岳に向かって延びていた。前回来たときよりも雪が少ない印象だっ

白鳥山山頂から続く尾根を滑る。日本海が近づいてきた

た。もちろん、ここは雪がたっぷりついていたとしても急峻なヤセ尾根のためにスキーは使えない。雪庇が微妙なバランスで尾根に張り付いているので、安全のために富山県側の斜面を通過することもあるのだが、密生した藪には苦労させられた。テレマークスキーは細くて抜群に軽いのだが、長さが一九五センチもあるのでザックのサイドに付けていると藪に引っかかって邪魔になる。あまりにも藪が密生した斜面ではスキーをザックから外して片手に持って通過することもあった。雪の上を自由に飛翔する二本の翼は、藪が出た斜面では素早い行動を妨げる厄介物にもなる。

この日は結局、犬ヶ岳山頂直下の栂海山荘で行動を打ち切ることにした。風が冷たくなり、気温が急激に下がってきた状況の中での山小屋の存在はありがたい。朝日岳の激しい風雨に叩かれ、黒岩山からの藪こぎで汗を

無事、親不知海岸にゴール

かいたため、レインウエアの中は全身びしょ濡れに近い状態だった。ほかに宿泊者がいないことを幸いに小屋の片隅にツェルトを張らせてもらい、中でコンロを焚いてすべての衣類を乾かした。汗の匂いが混じったサウナのようなツェルトの中は温かく、風雨の長栂山で停滞することを考えれば天国といっていいだろう。小型ガスコンロで雪を溶かして水を作り、フリーズドライのシチューを温め、サラミソーセージをあぶりながら雪を入れたバーボンで一杯。小屋の窓を叩いていた雨音が静かになったと思ったら、外は吹雪になっていた。

翌朝は、雲ひとつない晴天となった。小屋の屋根にはツララが下がり、窓際に濡れたまま置いてあった手袋はカチカチに凍っていた。積雪は一〇センチ程度で、入り口前の私たちの足跡はきれいに隠れて白一色の世界となっている。きのう、通過に苦労した長栂山から黒岩山にかけての山並みもくっきり見渡すことができる。すべての山が五月の新雪に化粧を施されて朝日に輝いていた。

やっぱりきのうは長栂山で停滞して、きょうの朝イチのパウダーを楽しむべきだったか……。そんな思いも一瞬、胸に去来したのだが、ここから日本海に向けてまだまだスキーが楽しめる斜面は残っている。カタクリの群落やブナの新緑も待っていてくれることだろう。踏破してきた山をバックにひと滑りした私たち二人は、軽くなったザックを背に、海抜ゼロメートルの親不知海岸をめざしたのであった。

教訓

- 濃霧の雪原は恐ろしい。通過できる自信がなければ停滞もやむを得なし。
- 春の北アルプスは天候の激変に十分注意しよう。

File

12

雪に消えた登山道　高原山

山岳遭難の原因別ナンバーワンは道迷い

警察庁が発表する山岳遭難の態様別ランキングを見ると、毎年必ず一位に入るのが「道迷い」だ。二〇一九年度のデータによると、二位の滑落一七・四パーセント、三位の転倒一五・〇パーセントに対し、道迷いが全体の三七・九パーセントを占めている。つまり山岳遭難の四割近くが道迷いによるものとなっている。

もっとも、このデータはあくまでも「山岳地域で起きた遭難」の数を挙げたものなので、総件数のなかには登山だけでなく山菜・キノコ採りでの遭難が一二・三パーセントほど含まれる。それらが加算されることによって道迷いによる遭難の率が多少上がっているとも予想されるが、山岳遭難原因の第一位であることに変わりはないだろう。

なぜ人は道に迷うのか。それは個人の経験や登山道の状況、天候の条件などで一概に説明できるものではない。風雪に叩かれて目標物を見失う、登山道の分岐に気づかず森の奥に分け入ってしまう、錯綜する踏み跡や仕事道に紛れ込んで元に戻れなくなるなど、道を見失うケースは人と場所によってさまざまだ。しかしその後の動き方によって、自力で帰還できたり、救助されたり、あるいは永遠に帰ってくることができなかったりと違いが出てくる。遭難者数もたしかに多いのだが、道迷いの末に自力脱出できたケースもはるかに多くあるにちがいない。それは結果として数字に残らないだけであって、道迷いは決して他人事ではなく、誰にでも起こり得ることなのだ。

かく言う私自身も、道に迷った経験は何度もある。いずれもなんらかのかたちで自力脱出し、事なきを得ているのだが、その一部を紹介しよう。

春、父に誘われて高原山へ

高校一年生になったばかりの一五の春、父に誘われて高原山《たかはらやま》に登ることになった。

高原山は関東平野の北、那須連峰と日光表連山のあいだに緩やかな裾野を広げてたたずむ美しい山である。大雪山や八ヶ岳に「大雪山」「八ヶ岳」といった名前のピークがないのと同じように、高原山には「高原山」という名の頂上はない。最高峰の釈迦ヶ岳一七九五メートルを筆頭に、鶏頂山や中岳、西平岳といった山の集合体として高原山の名が使われている。そして男体山や女峰山のように「なんたいさん」「にょほうさん」と音読みで呼ばれるのではなく、「たかはらやま」と訓読

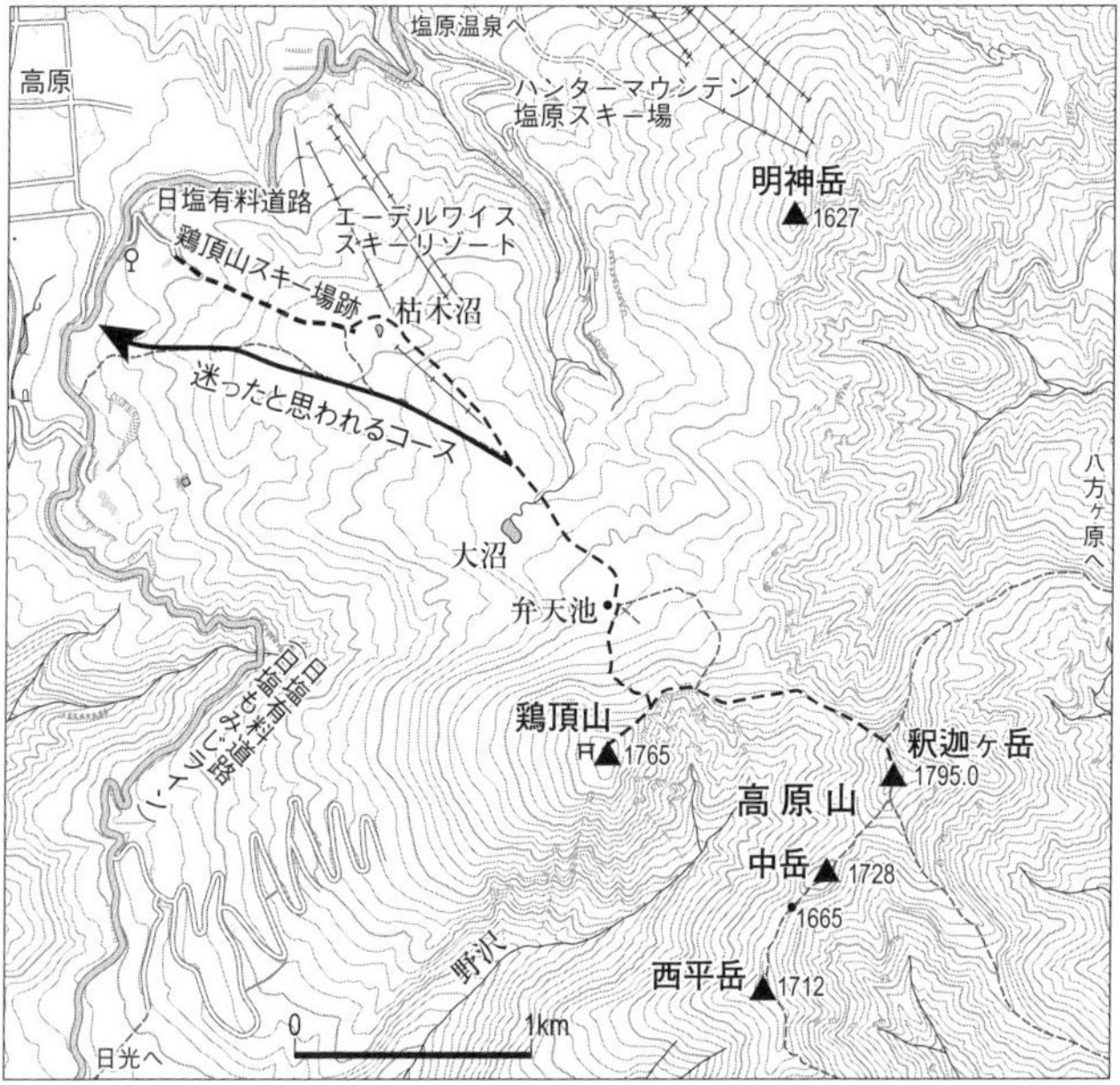

塩原温泉へ
高原
ハンターマウンテン
塩原スキー場
明神岳
1627
日塩有料道路
エーデルワイス
スキーリゾート
鶏頂山スキー場跡
枯木沼
迷ったと思われるコース
大沼
弁天池
八方ヶ原へ
日塩有料道路
(日塩もみじライン)
鶏頂山
1765
釈迦ヶ岳
1795.0
高原山
中岳
1728
1665
西平岳
1712
野沢
0
1km
日光へ

みで読まれるところが、いかにも柔らかな山容にふさわしい。

中学一年生までを矢板市片岡で過ごした私にとって、高原山はふるさとの山であった。家の庭から見る高原山は三つの頂が仲良く並び、冬になると右端の釈迦ヶ岳の頂が雪をかぶって朝日に白く輝いた。秋には夕日を浴びて山全体がほんのりと赤くなり、田畑で稲わらを焼く煙が山を背にまっすぐ登っているのを見ると、小学生のくせに「郷愁」という言葉の意味を知ったような気がした。魚釣りをして遊んだ荒川に沿って田園地帯がひらけ、中腹の牧場地帯へと続き、丸みを帯びたやさしい頂上へとつながっている。いつの日か家の玄関から山に向かって歩き続け、森に分け入り、荒川がはじまる最初の一滴を見てみたいと思っていた。

小学生のころに釈迦ヶ岳の東にそびえる剣ヶ峰に登ったり、高原山中腹の「栃木県民の森」でキャンプをしたことはあったが、中学生までに高原山の頂に立つことはなかった。だから高校一年の春の大型連休前に、父から「高原山に登ろう」と誘われたときには喜んで一緒に行くことにしたのだった。

父と、父の友人のMさん、そして私の三人は、ふだん見慣れた南面からではなく、アプローチの楽な北面から登ることにした。日光と塩原を結ぶ「日塩有料道路」を通り、営業が終了した鶏頂山スキー場から入山。すっかり雪の消えたゲレンデを枯木沼へと登り、森のなかの登山道に入って鶏

栃木県高根沢町の鬼怒川河川敷近くから見た高原山

頂山をめざした。
　そこで驚いたのは残雪の量だった。毎日眺めている高原山には雪の気配などまったくなかったのに、森のなかには雪がびっしりと敷き詰められていて地面が見えない。もちろん、道は雪に埋まっている。ここは北斜面で積雪が多いことに加え、針葉樹が光を遮って雪解けを遅くしているからなのだろう。
　雪の上に踏み跡はなかったが、ところどころ木に付けられた赤布が目印となってなんとなくルートはわかった。雪の表面は硬いのだが、ときどき踏み抜いて膝までもぐることもあり、そのたびに靴の中に雪が入って靴下を濡らしていった。当時はスパッツの存在も、その必要性も知らなかったのだから仕方ない。とりあえずズボンの裾を伸ばし、キャラバンシューズのくるぶし付近に輪ゴムを巻いて雪が靴の中に入らないようにして進むことにする。

大沼への分岐を過ぎ、弁天沼周辺の平地を抜けると、周囲は針葉樹の暗い森からダケカンバなどの広葉樹が交じった林へと変わる。傾斜も突然急になり、手を使わないと足が上がらないような場所も出てきた。仕方なく雪の上に手をついて体重を押し上げる。はめていた軍手はまもなく濡れて冷たくなった。それでも一歩一歩、雪でスリップしないようにしっかりと足場を作ってくれる大人二人の足跡を追って登っていくと、やがて神社が建つ鶏頂山山頂に着いた。あいにくの曇り空で、南から霧が湧いてきて視界も利かない。これでは期待していた大展望はあきらめるしかない。気持ちを切り替えて高原山の最高峰、釈迦ヶ岳を往復することにした。

釈迦ヶ岳への道も、稜線にはところどころに雪が積もっていた。尾根の南側は野沢の源頭部となっており、足下に深い谷が口を開けていて不気味だった。あまり南側に寄ることは危険なので北側の斜面をトラバース気味に歩くのだが、こんどは雪が深くて苦労させられる。麓から見たおだやかな表情とはあきらかに違う山の地形に驚きながら、三人は無事に釈迦ヶ岳の山頂に立った。

開けた草原地帯になっていて、日当たりが良いせいか雪は残っていない。天気は回復せず、やはり深い霧のなかで展望は得られなかった。それだけならまだしも、霧のなかに雨が混じるようになってきた。じっとしていると足元から寒さが忍び寄ってくる。晴れていたらこの草原でランチを広げ、双眼鏡で自分の家を探すつもりだったのに残念だった。測量用のやぐらの前で記念写真を撮り、おとなしく来た道を戻ることにする。

鶏頂山に戻る途中で雨が本格的に降り出したので、鶏頂山神社の中で休ませてもらうことにした。扉を開けると、四、五人は中に入れるスペースがある。こんな天気の日に屋根の下で雨風をしのげるのはなんとありがたいことか。三人はここで遅めの昼食を食べることにした。

神社の奥には祠があり、鶏の絵が描かれたのぼりが数本、壁に立てかけられていた。なるほど、鶏の神様が祭られているから鶏頂山なんだね、などと納得しながら昼食の包みを取り出したとき、「あ、これはまずい！」と思った。

霧の中の釈迦ヶ岳山頂（1975年5月）

母が持たせてくれた弁当の包みには卵焼きが入っていた。それだけならまだしも、私が副食として持ってきたのは焼き鳥の缶詰だった。鶏が祭られている神社の中でいただくには、なんともバチ当たりなメニューである。

とはいっても、買ったばかりの携帯用ガスコンロを使いたくて仕方ない私は、コンロに火をつけてまず味噌汁を作った。冷え切った体に温かい味噌汁が深くしみ込む。焼き鳥の缶詰はふたを開けて缶のままゴトクに乗せた。寒さでゼラチン状に固まっていた脂が、ちょっと火を通しただけで溶けてアツアツの甘辛い焼き鳥に変わる。こうして卵焼きと焼き鳥は、母が作ってくれたおにぎりとともに三人の胃の中にしっかりとおさまった。

「鶏の神様のたたりがなければいいけどね」

などとMさんが冗談めかして言ったことを覚えているが、まさか数時間後に本当にひどい目に遭うことになるとは、このときは思ってもいなかった。

残雪に道を見失う

外に出ると雨は依然、降り続いていた。

帰りは来た道を下るだけだ。自分たちの踏み跡を探して歩いていけばなんてことはない、という油断があったのかもしれない。急な樹林帯を下ったあと、傾斜が緩くなったところで足跡を見失ってしまった。鶏頂山の北斜面一帯は深い雪に覆われていて、どこでも歩くことができる代わりにどこにでも迷い込む危険がある。それに気づかなかったわけではないが、事実、目の前から足跡が消えていた。

残雪におおわれた樹林帯（5月初旬、北アルプス長塀山にて）

私が調子に乗ってずんずん下っていたのがいけなかったのだと思う。霧で視界が悪いうえに、よく締まった五月の雪の上にはブナの芽鱗や枯れ枝などが落ちていて、似たような森の景色が延々と続く。自分たちが登ってきたときの足跡も、硬い雪の上ではそれほど明瞭にはついていなかった。さらに、登りよりも下りのほうが足跡を探すのは難しい。地面と目との距離が、登り斜面よりも下り斜面のほうが遠くになるからである。

三人で左右に広がって踏み跡を探しまわるが、どうしても見つからない。

「鶏の神様が怒って道を隠してしまったのかもしれないね」

父はそんなことを言ってのんびりと構えているが、どうするつもりなのだろう。

道に迷ったらわかるところまで戻ること。

それが登山の鉄則である。登山の教科書にはそう書いてあったし、下り続けるといずれ深い谷に誘い込まれて危険な目に遭う、ということも想像がついた。

登り返すのは大変だけどやっぱり戻るべきだろうな、二人に悪いことをしてしまったな、と思っていたら、父とMさんはしばらく地図と磁石を眺めたのち、このまま下ることを選択した。二人には地形がしっかり見えているらしい。日塩道路が山懐をぐるりと巻いているので、下っていけば必ず道に出合えるはず、とのことだった。

たしかに理屈ではそうだけど、途中に断崖や深い谷はないのだろうか。このままの斜面がずっと続いているのだろうか。やっぱり登り返したほうが安全なんじゃないだろうかと少し不安になるが、父がそこまで言うなら信じてついていくしかない。ちなみに父は栃木県の職員で、以前は林業事務所で働いていたことがあった。日光の山の奥で砂防ダム建設の現場を仕切るなど、一般の登山者よりも幅広い目で山を見る経験を持ち合わせていたようなのだから任せるしかない。

ここからは父とMさんが先に歩き、木々のまばらな緩やかな斜面を下って道路をめざすことにする。笹藪をこぐと、雨のしずくをたっぷり含んだ枝が体に当たり、雨具の中まで染みてくる。雨に湿った雪のせいで、靴の中はビショビショに濡れてしまった。歩いているうちは寒くはないが、方角を確認するために立ち止まると急に寒さがやってきて震えが止まらない。このとき、「五月はまだ雪の山なのだ、雪山への備えが必要なのだ」ということをあらためて実感していた。

夕暮れが迫り、樹林の中は暗くなってきた。どこまで行っても景色が変わらないというのは、じつに不安で心細くなるものだ。このまま日が暮れてしまったら大変なことになるのではないか、と焦りはじめたころ、樹林の奥のほうが少し明るくなり、突然、目の前に道路が現れた。日塩有料道路だった。私たちは森の迷路から脱出することに成功したのだった。そこは入山口よりも日光寄りに一キロほど離れた西側斜面だった。山間道路につきものの急な法面《のりめん》などはなく、斜面がそのまま車道につながっていたのも運が良かったといえるだろう。

結局、最初に足跡を見失った私は、まっすぐ下っているつもりでいつしか西の方向に向かっていたようだ。父はそのブレを承知のうえで、西側の斜面に深い谷がないことを確認して下り続けることを選んだのだった。ただ、いま思えばこれは地形が読めているからこそできた判断だったと思う。結果として道に迷ったときにはわかるところまで引き返す。そして絶対に谷には下らない。これが基本であることは間違いない。

ちなみに現代はスマートフォンのＧＰＳアプリを使って簡単に現在位置を知ることができる時代になった。道に迷ったとしても、アプリを起動すれば自分がいまどこにいるのか、瞬時に画面に表示される。知識と経験を総動員して必死に現在位置を探していた昔の自分の努力は何だったのだろうと思うほど、GPSアプリの普及は道迷い対策の決定打になったといえる。もちろん、その情報を有効に使うには地形図がきちんと読めることが大前提になるのだが……。

無事に日塩有料道路に降り立った私たちであったが、鶏の神様のバチ？はこれだけでは済まされなかった。私たちは鶏頂山スキー場からの最終バスに乗り遅れてしまい、塩原温泉まで延々一五キロの車道を歩くことになってしまったのである。

教訓

- 五月の中級山岳では残雪による道迷いに注意しよう。
- 道に迷ったらわかるところまで引き返す。谷には絶対に下ってはいけない。

第6章

強風

File
13
独立峰の魔の風
羊蹄山

「実践！　にっぽん百名山」収録の舞台裏

「次回は羊蹄山と甲武信ヶ岳、木曽駒ヶ岳です」

番組のディレクターから収録の予定を聞かされたとき「ヤバい」と思った。甲武信ヶ岳と木曽駒ヶ岳には何度も登ったことがあるのだが、羊蹄山はまだ登っていなかったからである。

ＮＨＫ ＢＳ１のテレビ番組「実践！　にっぽん百名山」に、二〇一三年四月から二〇一八年三月まで、五年間にわたって計一五〇回ほど出演させていただいた。前半は釈由美子さん、後半は工藤夕貴さんが司会となって毎回ゲストを招き、私が解説者として全国の山のガイドと登山のテクニックをお伝えする番組である。番組の前半は「にっぽん百名山」のダイジェスト版をＶＴＲで見ながら独自の視点で解説していくのだが、登ったことのない山を知ったかぶりで紹介するのはなんとも心苦しい。そこで、次に紹介する山が発表になったとき、自分がまだ登っていない山が出てくると、慌てて登りにいくことが何度もあった。とくに番組の後期では、深田久弥さんの「日本百名

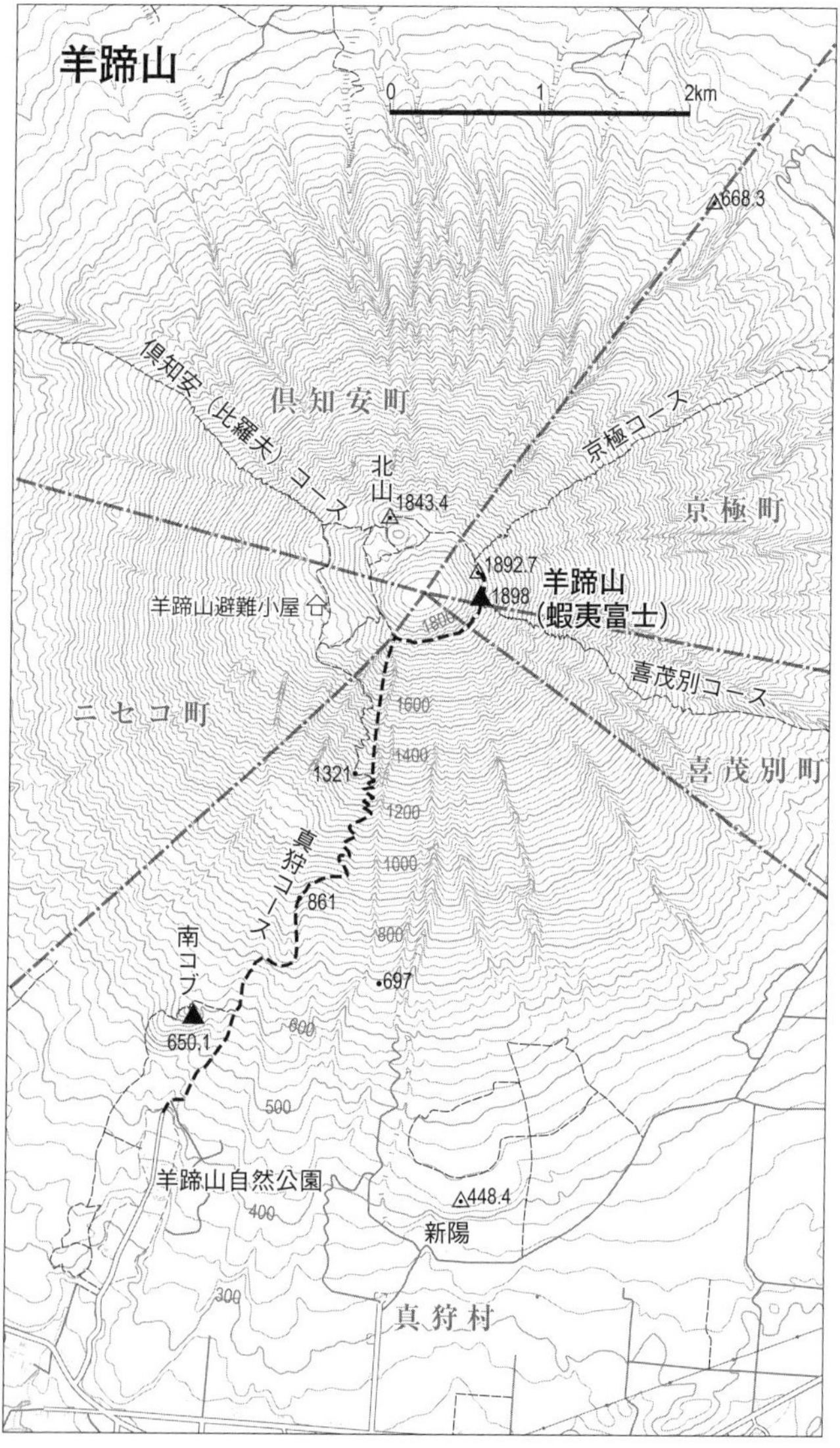
羊蹄山
0
1
2km
668.3
倶知安（比羅夫）コース
倶知安町
京極コース
北山
1843.4
京極町
1892.7
羊蹄山
1898
（蝦夷富士）
羊蹄山避難小屋
1800
喜茂別コース
1600
ニセコ町
1400
1321
喜茂別町
1200
真狩コース
1000
861
800
南コブ
697
650.1
600
500
羊蹄山自然公園
448.4
400
新陽
300
真狩村

山」だけではなく田中澄江さんの「花の百名山」を取り上げることが増えてきたので、鈴鹿山脈の藤原岳や四国の東赤石山、北海道の暑寒別《しょかんべつ》岳など、それまで行く機会がまったくなかった山にも週末を利用して登りに出かけたものだった。

羊蹄山も、まだ登っていないという理由で急遽、登ることに決めた。連絡を受けたその日に航空券とレンタカーの予約を入れる。車の機動力を生かして好きな時間に好きな場所へと移動し、登山口の近くで車中泊するのがいつものパターンだ。翌日は早朝から登りはじめて山頂を往復し、千歳空港発の最終便で羽田に帰る予定である。最短日数での山行であり交通費も高くつくため、誘っても付き合ってくれる仲間はまずいない。こうしたプライベート山行のほとんどがひとり旅であった。

羊蹄山をめざす

四月最終週の土曜日、私は羽田発の早朝の便で北海道に向かった。

千歳空港でレンタカーを借り、まずは羊蹄山を一周して東西南北すべての角度から羊蹄山（蝦夷富士）の姿を撮影する。日本には「○○富士」の名がつけられた山が数多くあるが、本物の富士山に最も近い姿をしているのがこの羊蹄山の蝦夷富士と開聞岳の薩摩富士だといわれている。実際に車で一周してみて、羊蹄山はどの角度から見てもたしかに美しい蝦夷富士だった。このとき四方か

羊蹄山南面と滑降コース（真狩村より）

ら撮り比べた四枚の写真は、収録本番の際にパネルに作られ、山の紹介をする際に大いに役立つことになる。

取材を兼ねた今回の山行の楽しみは山スキーにあった。四月の羊蹄山はまだたっぷりと雪を残し、雪崩の危険も少なくなるため多くのスキーヤー、スノーボーダーが訪れる。山頂からの滑降はもちろんのこと、頂上にある火口の底まで滑り下りることができるのが大きな魅力でもある。

羊蹄山には四本の登山コースがあり、スキールートにはさらにバリエーションがいくつかあるのだが、私は最もポピュラーな真狩《まっかり》コースを選んだ。南を向いているので、昼には雪も軟らかくなるだろうとの読みがあった。富士山と形が似ている羊蹄山は、頂上に近づくにつれて傾斜が急になってくる。もし頂上付近の斜面が氷化していた場合、転倒は命取りになりかねない。だから今回はコンディションの安定していそうな真狩コースを選び、テレマークスキーではなく通常の山スキーを用意した。アイスバーンにはやはり、かかとを固定したスキーのほうが安心だからだ。

北海道の初日は山麓の写真撮影だけで行動終了とし、登山口に近い真狩温泉に向かった。この露天風呂からは、あした滑る予定の斜面がはっきりと見えた。併設された食堂でお腹を満たしてから町に下り、道の駅にて車中泊。翌朝、真狩コース登山口に移動して入山する。

羊蹄自然公園駐車場のまわりは雪に覆われていて、その場でスキーを履いてすぐに登り出せるのがうれしい。すでに登山者がおおぜい入っているようで、真新しいシュプールが明瞭につけられていた。とりあえず先行パーティーの跡をたどることにするが、すぐに暑くなってきたのでジャケットを脱ぐ。ここから頂上まで、標高差一五〇〇メートルを一気に登らなければならないのだ。

針葉樹の森を抜けるとすぐにダケカンバの疎林帯となり、まわりが明るくなる。登り詰めたところの左手に広がる台地が通称「一〇〇〇メートル台地」と呼ばれているところだ。厳冬期はここまでの登り下りだけでも十分スキーツアーが楽しめそうだ。

そこから先は、頂上に突き上げる広大な雪の斜面の真ん中を登っていく。ジグザグを切り、単調な登り返しを続けているといつの間にか周囲にはハイマツが見えるようになってきた。振り返ると真狩の街がすぐ足下に見下ろせる。このあたりから斜面が急になり雪も硬くなってきたため、ス

頂上直下を登るスキーヤー。ここは積雪期限定の登頂&滑走コースだ

キーを担ぎアイゼンを着けて登る人も出てくるが、私はそのままシール登高で頂上をめざした。シールをしっかり効かせれば、まだアイゼンを着けるほどでもない。

真狩コース終了地点、外輪山の一角に着くと、目の前には真っ白な雪のボウル、噴火口跡の父釜が見えた。火口の底に向かって、これから滑り出そうとしているグループもいる。噴火口跡の対岸越しにニセコの山々が低く見えて、あらためて羊蹄山の高さを感じさせられる。

ここから羊蹄山の最高点までは、噴火口跡の縁を半周しなければならない。この区間はちょっとした岩稜帯になっていて、登山地図にも「岩場注意」と書かれている。真っ白な父釜の底に滑り込んでみたいという誘惑も強かったが、とりあえず頂上をめざすことにした。

スキーを脱いで岩陰にデポし、ザックの中からアイゼンを取り出して着ける。八年前にモンブランに登ったと

羊蹄山山頂から真狩登山口分岐に続く岩稜をのぞむ。右が火口跡の斜面

きに使ったアルミ製のアイゼンだが、とにかく軽いのでスキー登山の際にはこれまでにも何度か使っていた。手にはカーボン樹脂を使った軽量ピッケルを持つ。

真狩コース終了地点にはまだ一〇人ほど登山者がいたのだが、頂上をめざす人はほかに誰もいなかった。エビノシッポをたくさん着けた真っ白な岩稜に踏み跡はない。とりあえずきょうの頂上一番乗りをめざして歩きはじめる。

このころから風が強くなってきたのを感じた。不用意にザックを下ろしたら、すぐに風に持っていかれそうな勢いになっていた。二〇〇〇メートル級の独立峰なので風が強いのは当たり前だと思っていたが、南からの風というのが気になった。岩稜の北側は崖になっていて、風に吹き飛ばされたら火口の底まで急斜面を転がり落ちることになるからである。

羊蹄山山頂の火口跡、父釜。底まで気持ちよさそうな斜面が続いていた

頂上へのルートはうっすらと夏道が出ているので迷う心配はなかった。ときおり強風でバランスを崩しそうになる以外は順調に頂上への道を進んでいた。約三〇分後、まもなく頂上というところで、喜茂別《きもべつ》から登ってきた単独の登山者に出会う。頂上稜線ではじめて見かけた登山者だった。

最後の急登では、岩にしがみつきながら風の呼吸をはかりつつ、最高点をめざした。頂に立つと、お互いにカメラを交換しながら写真を撮り合った。風は目に見えず、当然、写真には写らないので、このときの風の勢いが伝えられなくて残念である。撮ってもらった写真を見ると、青空の下で普通に立っている私がいる。ただ、よく見ると頂上の標柱をしっかり片手で持っている。そうでもしないと、火口跡の底まで吹き飛ばされそうな風がこのとき吹いていたからである。

写真を撮り終えると互いにひと言だけ礼を言い合って別れた。もっとも、話をしようにもフードがバタバタと風にあおられてうるさく、会話にならなかったと思うが……。

獰猛な風に抗して

山頂からは、噴火口の縁をそのまま反時計回りに歩いて真狩コース分岐に戻ることもできたのだが、コースがわかっていて距離的に短い往路を戻ることにする。風の勢いは衰えるどころかこの三〇分の間で急激に狂暴化した。真横から吹きつける風、そして山裾から這い上がってくる風が、雪の斜面に張り付いている私を引き剝がそうとする。南風なので冷たさは感じないのだが、その質量とでもいうか、空気に重さが感じられた。風には強弱があり、突然襲ってくる強風は空気のバットで殴られるような感覚だった。風速三〇メートルは軽く超えていただろう。噴火口跡に叩き落とそうとする悪意さえ感じるほどの獰猛な風であった。

一歩足を出しては雪面にピッケルを打ち込んで耐風姿勢をとり、風が途切れるタイミングを狙って三歩進む。そんな繰り返しで少しずつ前進する。おもに南側の斜面をトラバースするように歩くため、左足にかかる負担が大きい。雪面がそれほど硬くないのがせめてもの救いだった。雪がアイスバーン状態になっていたら、恐怖心はもっと増していただろう。

羊蹄山山頂にて。写真ではまったくわからないと思うが、このとき猛烈な風が吹いていた

風の呼吸を読みながら着実に進んでいたそのとき、一陣の猛烈な風が吹いて体が火口跡のほうに持っていかれそうになった。左足を前に出し、ピッケルを雪に深く突き刺して上体を伏せるようにした耐風姿勢をとる。風に負けないように両足で踏ん張った瞬間、足元で「ボクッ」という鈍い音がした。はじめは何が起きたのかわからなかったが、突風が収まって次の一歩を踏み出したときに明らかな異変を感じた。右のアイゼンが靴の下でズレている。靴底との間に隙間ができていた。よく見たら、アイゼンのストラップを固定する金具が根元からポッキリと折れていた。

八年前から使っているアルミ製アイゼンはもう寿命だったのかもしれない。しかし、よりによって壊れるのがこのタイミングとは……。風が強くて修理もできない状況だったのでアイゼンは外し、右手にピッケル、

破損したアルミ製アイゼン。フロントのパーツが根元からポッキリ折れていた

左手にアイゼンという不格好ないで立ちで真狩コースの分岐をめざした。

相変わらず殴りつけるような風が吹いていたが、踏ん張りが効かない右足をかばいつつ歩き続ける。不思議なもので、アイゼンを失ってからのほうが集中力が増した気がした。アイゼンがなくてもキックステップで足場は作れる。それもだめならピッケルを使ったカッティングで対応すればいい。こんなときは焦ってジタバタするのがいちばんいけない。不利な状況に追い込まれたときこそ、慌てず冷静に判断して動くことが大切なのだ。

ヤバいときほど冷静に、自分の置かれた状況を客観視すること。ネガティブな思考の泥沼に沈まないように注意して、できることだけを考えて動くしかない。

「もしここでスリップしてけがをしたら、しばらく誰

山頂からのスキー滑降の途中、斜面を見下ろす。この広い斜面を独り占めすることができた

にも助けに来てもらえない」などと、悪くなる展開をいまここで考えていても仕方ないのだ。

ますます強さを増してきた烈風と闘いつつ、不安定な右足の置き場所に細心の注意を払いながら歩き続け、ようやくスキーのデポ地にたどり着いた。火口を滑っていた人たちはすでに下りたらしい。羊蹄山の頂上稜線にいるのは私ひとりだけになった。

スキーが風で飛ばされていやしないかと心配だったが、わが愛機は岩の陰で主人の帰りを待っていた。風に持っていかれないように注意しながらシールを外してザックにしまい、スキー兼用靴を滑走モードに切り替える。「バチン」とバインディングにセットしたときの音が、なんと頼もしく聞こえたことか。

スキーを履いてしまえばもうこっちのものだ。岩の陰から出たとたん風に押し倒されそうになるが、二本

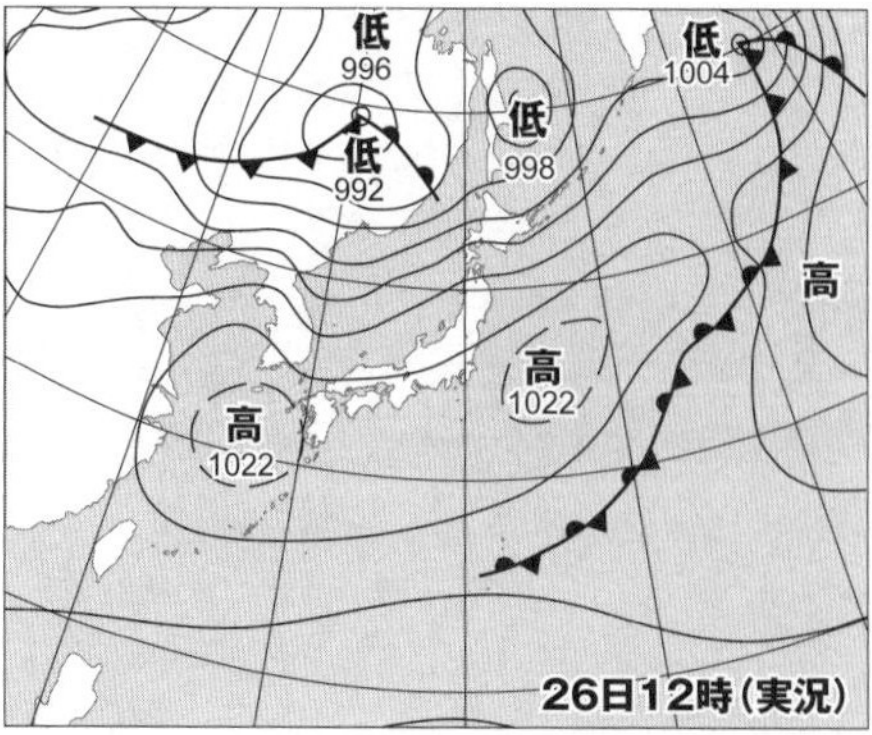

のストックを突いて踏ん張りながら前に進み、火口の縁から南斜面に飛び込む。足下には標高差八〇〇メートルの雪の斜面が一直線に続いている。滑落したらとても助かりそうにない傾斜と長さだが、雪は日射を受けて適度に緩んでいるので、転倒しても大滑落の心配はない。風も、わずか数ターン滑っただけでうそのように消えていた。

安全のため、スピードを抑えた小回りターンでどんどん高度を落としていく。左右均等のリズムで真狩の街に向かってシュプールを描き続けた。きのう真狩温泉の露天風呂から見た雪の斜面を、このとき私は独り占めしていたのだった。

駐車場まで一時間もかからずに下山終了。スキー登山の面白さは、つらいはずの下山がこの上もない楽しみの時間に変わるということだろう。たどり着いた駐車場からは羊蹄山の山頂がきれいに見えた。ほんの一時間ほど前に、あの頂にいたことが不思議に感じられる。そこではいまも、人を吹き飛ばすほどの強風が吹き荒れているにちがいない。

千歳空港でフライト待ちのあいだ、インターネットで天気図を調べてみて強風の原因がわかった。あの時間、前線をともなった低気圧が大陸に発生して東に移動中だった。本州から北海道にかけては帯状の高気圧に覆われており、その気圧差が大きくなって、等圧線が込み合っていた。その結果、低気圧に向かって反時計回りの強風（ここでは南風）が吹き込んだというわけである。この日、北海道十勝地方広尾と渡島地方森では、ともに最大瞬間風速二七・七メートルを観測している。下界で三〇メートル近い風が吹いていたのだから、一八〇〇メートルの羊蹄山山頂ではそれをはるかに上回る風が吹いてもおかしくない、というわけだった。

それにしても独立峰の魔の風、恐るべし。

教訓

- 予期せぬアクシデントには焦って対応してはならない。客観的に現状を見つめ、冷静な判断を！
- 独立峰の突風の怖さを決して侮ってはいけない。

File 14

風が奪っていくもの

富士山・那須岳・八ヶ岳・劔岳

強風遭遇体験

体が浮き上がるような突風を、これまでに何度か経験したことがある。

その筆頭は、なんといっても冬の富士山だ。冬富士の風の恐ろしさはとにかく半端ではない。とくに八合目から上部のアイスバーンで突風に負けて雪面から引き剝がされてしまうと、標高差一〇〇〇メートルもの雪の斜面を一気に滑り落ちることになる。運がよくても重症、悪ければ、というか普通なら命を落とす。冬富士の滑落事故のなかには、突風が引き金となったケースが少なくないはずだ。実際に風にさらわれ、空をくるくる舞っている登山者を見たという話を聞いたことがある。

私もこれまでに何度も冬富士に登ってきたが、風が強くて体を持っていかれそうになり、登頂をあきらめたことがあった。学生時代には毎年一一月末に富士山でトレーニング合宿を行ない、アイゼン歩行技術や滑落停止技術とともに耐風姿勢をしっかりと学んでいるのだが、どんなに完璧な耐風姿勢をとっても体勢を崩されるような強風が吹き荒れることがある。自然の力は、斜面に張り付

12月の富士山九合目。突風に体が浮いてしまうと、足下はるかに「死の滑り台」が待つ

いた人間ひとりを吹き飛ばすことなど造作ないということを思い知らされたものだ。

冬の富士山は、風のご機嫌をうかがいつつ、絶対に「死の滑り台」には乗らないという自信がなければ取り付くべきでない。

強風で有名な場所といえば、那須岳の峰の茶屋もよく知られている。ここは茶臼岳と朝日岳との鞍部になっていて、日本海側から吹きつける季節風が集まって暴力的な強風を生み出しているところだ。かつて茶臼岳の北面では硫黄の採取が行なわれていて、運搬のための木の柱が鞍部の端に立っていた。高校時代、猛烈な風が吹いているときに地面に這いつくばりながらこの木にたどり着き、両腕でしがみついてゆっくり立ち上がると足が浮いた。人間こいのぼりができてしまうほどの風の強さなのである。茶臼岳の山頂よりも、朝日岳のむき出しの岩稜よりも、確実にこの場所のほうがピンポイントで風が強い。冬の那須岳にはこれまで一〇回以上訪れたが、あまりの強風のために近づくことができなかったことが数回あった。無理は禁物ということである。

八ヶ岳の根石岳周辺も季節風が通り抜ける強風地帯として知られている。大学時代、二月に赤岳鉱泉をベースにして赤岳西壁や横岳の岩稜などを登ったのち、蓼科山まで縦走したことがある。その日は硫黄岳を越え、天狗岳に登頂して黒百合平まで行動するつもりでいたのだが、根石岳で猛烈な風雪に遭った。各自トレーニングのために四〇キロ前後の荷物を背負っているにもかかわらず、強風のために立っていることができない。まっすぐ進もうとしてもふらついてしまう始末で、ついには転んでしまう者も出た。転落の心配はないところなので大事には至らなかったが、とてもそこに長くとどまることが許される状況ではない。撤退を宣言して箕冠山まで引き返した。樹林帯に逃げ込むと、先ほどの風がうそのように静まった。

翌日は風もやみ視界も良好で、まるで散歩の気分で根石岳を通過した。風のあるなしでこれほど山の表情は変わるものかと、あきれたものである。そして、体重と荷物合わせて一〇〇キロ近い物体を簡単に転がす力をもった風を、決して侮ってはいけないことを知った。

冬の北アルプスでは、劔岳の別山乗越にテントを張って夜中に風でつぶされたことがある。ここ

那須岳・峰の茶屋跡に向かう。ここも名にしおう強風地帯だ

は風の通り道だとわかっていたので雪のブロックを積んで対策をしたのだが、風は想像を上回った。吊り下げ式のダンロップテントは風に強いとの評判だったが、その日の風は想定を超えていたのだと思う。寝ているときにテントは大きく揺れて、変形しながら風を逃がしていた。しかし絶え間なく吹きつける強風のために天井がしだいに低くなってきて、朝には霜だらけのテントの壁がほとんど顔にくっつくほどの高さになっていた。風が収まるのを待って外に出てみると、風上側のフレームは大きく曲がり、屋根を吊っていたポールが外張りの生地を突き破って、そこから雪が入り込んでいた。風よけのために積んだ雪のブロックが強風に削られ、入り込んだ風が直接、テントに当たっていたらしい。逆に、風下側には雪が吹き溜まりとなって大量に積もり、重しとなってテントの側面を圧迫していた。

テントを張る広い場所がそこしかなかったとはいえ、風の怖さを思い知らされた一夜であった。風の通り道は、地形図を見ればあらかじめ読むことができる。天気予報で強風が予測されるときには絶対に無理をしないこと。飛ばされそうな風に遭ってしまったらためらわずに引き返すこと。それが強風対策の鉄則といえるだろう。

風は、あらゆるものを奪う。物も、体温も、そして命も。

風の怖さについては宇都宮東高校山岳部時代、顧問の福田稔先生に強烈な指導を受けた覚えがある。冬山合宿を前に、雪山用テントの設営訓練を校舎の中庭でしていたときのことだった。私たち二年生は、ウィンパー型と呼ばれるビニロン製のテントを地面に広げ、設営の手順を一年生に教えていた。六人でテントを囲み、これからポールをスリーブに入れて立ち上げようとしたときのこと。それまでずっと静かに訓練を見守っていた先生が突然、テントの端をつかんだかと思うと、それを引っ張って遠くに走り去っていった。あっけにとられている私たちのところに先生は戻ってくると、「いいか。さっきの俺を風だと思え。お前たちが手を離した隙に突風がきたらどうなる? お前たちは風雪のなかをテントなしで過ごさなければならないんだぞ」

と、厳しいひと言。稜線でのテント設営では、絶対にテントから手を離してはいけない。どうしても一人で両手を使わなければならないときは膝で押さえ、風に飛ばされないようにすること。その教えを身をもって示してくれたのだった。

先生は昔、冬の滝谷でビバークをして足を凍傷に侵され、足の指の半分を切断した経験を持つ。ビバーク中につらかったのは風だと語っていた。ツェルトを頭からかぶってじっとしていれば少しは寒さをしのげたのだが、岩壁の中なので靴は履いたまま。しかも当時の靴は底に滑り止めのための金属製の鋲が打ってあって、保温性に乏しい。ひと晩中、足元が風にさらされて重度の凍傷にかかったと話していた。

風速一メートルにつき体感温度は一度下がるといわれるように、風で体温は奪われる。だから、たとえば寒さから手を守るためのオーバーミトンを外したとき、うっかり足元などに置いて風に飛ばされるようなことがあってはならない、など細かい指導は続いた。いまから四〇年以上も昔のことだが、いつもは温和な先生が怖い顔をして風の怖さを説いたことは、いまだに鮮明に覚えている。

基本的に、着のみ着のままでもひと晩くらい過ごせる夏山とは違い、装備の紛失がそのまま死に直結する雪山では物の管理、体調の管理にいっそうの注意を払わなければならない。そして、風は形ある物を奪っていくだけではなく、体温を奪っていくこともここでもう一度確認しておこう。

雨や汗に濡れた状態で風に当たると、液体が気体に変わるときに気化熱が発生して体から熱が奪われる。これは、たとえば真冬の雨の日に素手で自転車に乗ったときのことを考えるとよくわかるはずだ。走り出すまでは冷たくても濡れていてもなんとか耐えられる。しかし、自転車を漕ぎ出して風を感じはじめたとたん、濡れた手は我慢できないほどの冷たさを感じることだろう。風のあるなしで、体感温度は恐ろしいほど違ったものになるのだ。

一九八九（平成元）年一〇月の立山での中高年初心者遭難事故（八人死亡）。二〇〇九（平成二一）年七月のトムラウシ山でのツアー登山遭難事故（八人死亡）。二〇一二（平成二四）年五月の白馬岳での北九州市の登山グループの遭難事故（六人死亡）。秋、夏、春と、季節は違えど多くの命が失われることになったこれらの遭難の死因はすべて低体温症である。低体温症とは、寒冷の環境下で体温が奪われていき、三五度以下になって人間の生命維持機能にさまざまな支障が生じた状態をいう。そしてその引き金となったのは、じつは風であったと言い切ることができるかもしれない。

立山では西風が強く当たる吹雪の尾根で八人が動けなくなった。トムラウシ山では瞬間的に立っていられないほどの風雨のなか縦走を強行して低体温症にかかる者が続出した。白馬岳では天候が急変して破滅的な暴風が吹き荒れるなか、頂上をめざしたメンバー全員が風雪に倒れた。その日の風の状況は二〇二ページに記したとおりである。それぞれ天候が悪化して登山者を死に追いやったという事実は共通するが、共通するもうひとつの重要な要素が風の存在である。遭難者の体温を激しく奪ったのは雨や雪だけではない。吹きつける風なのだ。雨や雪は、ただ上から落ちてくるだけならそれほどの脅威には感じられないが、そこに風が加わって風雨、風雪となったとたん、登山者にとって大きな脅威となる。風を避ける工夫、あるいはそれ以前に風から逃げる判断ができていたら、最悪の結果にならずに済んだのかもしれない。

登山の装備が進化を遂げ、軽く、丈夫に、使いやすくなった現代においても、風の脅威を決して侮ってはいけない。この教えを、過去の幾多の遭難事故からしっかり学ぶべきだろう。

教訓

- 風が奪っていくものはモノだけではない。体温も、体力も、バランス感覚も、判断力も、ときには命も。
- 強風による敗退を恥じる必要はない。風の怖さを知る賢者の判断だと認識しよう。

第7章
熊

File
15 振り向けばそこに熊

平標山・白神山地・高桧山

人間vs熊

山で出遭いたくない動物。それはなんといっても熊だろう。まともに闘っても、とても勝てるような相手ではない。本州に棲むツキノワグマの頭胴長(頭からお尻までの長さ)は一二〇〜一六三センチ。体重は五五〜一八〇キロ(最大で二二〇キロ)。北海道のエゾヒグマとなると体長一五五〜二三〇センチで体重が一五〇〜三六〇キロ(最大で五二〇キロ)にもなる。ただでさえでかい図体をしていて力が強いうえに、彼(彼女)たちは鋭い爪と牙という武器を持っている。普通の人間が素手で立ち向かって勝負になるような話ではない。

まして闘いとなる場所は彼(彼女)らのホームである。地の利があることに加え、走るスピードは時速五〇キロにもなるらしい。一〇〇メートル走に換算すると七・二秒。九・五八秒の世界記録保持者ウサイン・ボルトを置き去りにする速さの獣から逃げ切ることは、どうやっても不可能だ。

人間にくらべ圧倒的な戦闘力を誇る熊ではあるが、救いなのは彼(彼女)たちがそれほど好戦的ではないということだ。自分よりも強い相手を求めて旅をするような武闘派の熊の話は聞いたことがない。なかには例外の個体もいるかもしれないが、ほんとうは外敵との出遭いを避け、森のなかで平穏に暮らしたいと思っているのだ。登山者は彼（彼女）らが日常生活を営んでいる森のなかにお邪魔させてもらうわけだから、相手を刺激するようなことはなるべく避けるよう注意しながら行動したいものである。

とはいっても、山を歩いているときに偶然、熊と鉢合わせしてしまうこともある。それはある意味、お互いに運が悪かったというしかない。人の気配に気づかずにばったり登山者に出遭ってしまった熊は、驚いた拍子にとっさに逃げるか、あるいは向かってくる。また、警戒心の浅い子熊がうっかり人に近づいてしまったときに母熊が子を守るために攻撃してくるなど、偶発的な事情から危険な状態になることがあるので注意しなければならない。

登山者ができることといえば、なるべく熊に出遭わないようにすること、出遭ってしまったら相手を刺激しないように静かに逃げることしかない。間違っても相手を挑発するようなことをしてはいけないし、背中を見せて走って逃げるようなことをしてもいけないのだ。

かくいう私も、山のなかで何度か熊に遭遇したことがある。そのときの話をしよう。

熊も木から落ちる

谷川連峰の赤谷川《あかや》笹穴沢という沢を登りに行ったときのことだ。季節は秋。川古温泉まで車で乗り入れて前夜泊し、翌朝、紅葉に色づいた対岸の山々を眺めながら、赤谷川に沿った林道を会社の仲間四人で歩いていた。道端にはヤマブドウやサルナシが実り、足元には山栗のイガが落ちていて森の豊かさが感じられる。一般車両が入れないため交通量はないに等しく、道は荒れていた。ところどころで道幅が狭くなり、頭上に木が張り出しているような場所も出てくる。

林道が右にゆるくカーブを描くところを、それぞれのペースにまかせて歩いていたときのことだった。

突然、頭上の木の枝が「ガサッ」と音を立てて揺れたかと思うと、私たちの目の前、約一〇メートルのところに黒い塊が落ちてきた。次の瞬間、その塊は私たちのほうに進もうとして踏みとどまり、身をひるがえすと右手の森のなかに一目散に走り去っていった。

塊の正体は熊だった。

飛び跳ねるように逃げていく熊は子犬くらいの大きさで、後ろ姿を目で追うと、森のなかにひとまわり大きな黒い塊が見えた。どうやら子連れの熊だったようだ。二頭の熊は後ろを振り返ること

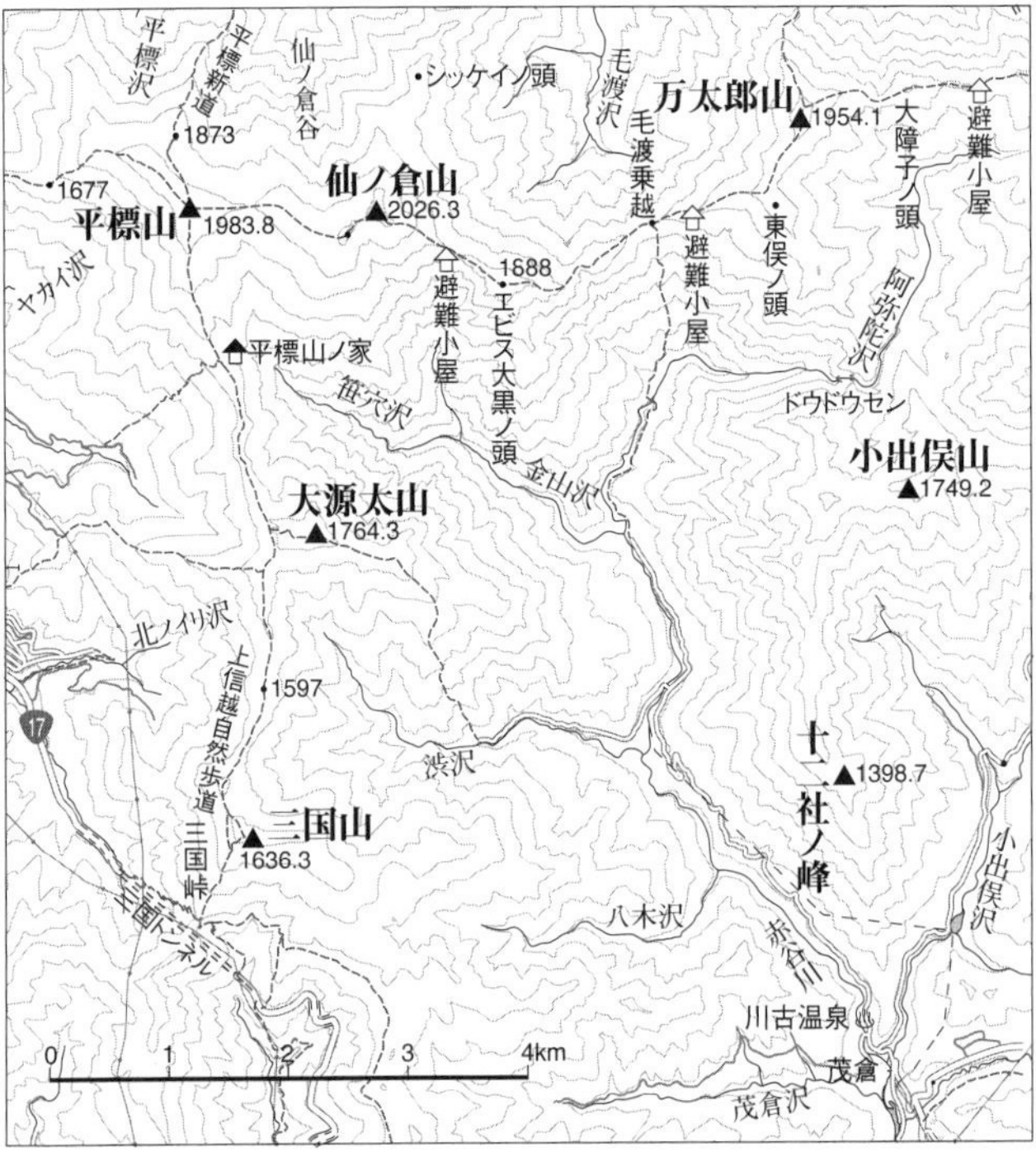

平標沢
平標新道
仙ノ倉谷
シッケイノ頭
毛渡沢
万太郎山
1954.1
大障子ノ頭
避難小屋
1873
1677
平標山
1983.8
仙ノ倉山
2026.3
毛渡乗越
東俣ノ頭
ヤカイ沢
避難小屋
1888
エビス大黒ノ頭
避難小屋
阿弥陀沢
平標山ノ家
笹穴沢
ドウドウセン
金山沢
小出俣山
1749.2
大源太山
1764.3
北ノイリ沢
上信越自然歩道
1597
17
渋沢
十二社ノ峰
1398.7
三国山
1636.3
三国峠
三国トンネル
八木沢
小出俣沢
赤谷川
川古温泉
茂倉
茂倉沢
0
1
2
3
4km

なく、ゆっくりと斜面を登って藪のなかに消えていった。

熊が落ちてきた木はコナラだった。おそらく木に登ってドングリを食べているときに私たちに気づき、慌てて戻ろうとして転落してしまったのだろう。だとすると、林道に落ちたときに子熊がまっすぐ母親のところに戻ってくれたのは、私たちにとって幸いだった。もし、子熊がそこにとどまって私たちのほうに近づいてきたら、どこかにひそんでいた母熊が私たちを敵とみなし、向かってきた可能性が十分にあり得るからだ。

それにしても、もうちょっと早くこちらの気配に気づいてくれたら、彼（彼女）も木から転げ落ちることなく身をひそめることができただろうに、気の毒なことをしてしまった。

笹穴沢は長大なナメ滝を擁し、源頭部は草原になっていて明るく、快適そのものの沢だった。遡行後、平標山から大源太山を経てまた赤谷川林道に下り、熊が降ってきたカーブを通りかかったとき、熊の親子が気になったが、頭上にも道の周囲にも姿は見えなかった。きっと森の奥でおとなしくしているのだろう。

熊はブナやミズナラなどの木に登り、実のなった枝を手繰り寄せて枝ごと折って食べることがある。食べ終わった木の枝を尻の下に敷き詰めてできたものが、いわゆる〝熊棚〟と呼ばれる熊のダイニングルーム跡だ。秋にブナやミズナラの林を歩いていて、木の高いところでザワザワとかミシミシとか音が聞こえることがあるが、それは熊が食事をしているときの音である。この季節、熊が木の上で過ごしている時間は、意外に長いのかもしれない。そう思うと、熊が木から落ちてくることがあっても不思議ではないような気がする。

熊との遭遇は、地上だけでなく空からも、というケースがあることも知っておくといいようだ。

熊とニアミス続きの白神山地

二〇〇四年九月、秋田県の観光課が主催する「あきた水と緑のツーリズムシンポジウム」というイベントに招かれ、C・W・ニコルさんや寺田典城秋田県知事らとのパネルディスカッションに参加したことがある。会場は奥羽本線鷹ノ巣駅近くのたかのす風土館（現・北秋田市文化会館）で、イベントは日曜日の午後一時三〇分からの開催となっていた。

せっかく秋田まで行くのだからと、上野発の寝台特急「あけぼの」に乗って前日のうちに鷹ノ巣に入り、レンタカーで移動して田代岳（一一七八メートル）に登ることにした。

田代岳は信仰の山である。「田代」の名のとおり、山頂にある湿原が田んぼに見立てられ、古来、池塘に生えるミツガシワなどの生育状況を見て、その年が豊作かどうかを占う神事が執り行なわれてきた。この神事はいまに続き、半夏生《はんげしょう》（七月二日ごろ）にはおおぜいの人が集まって例祭が開か

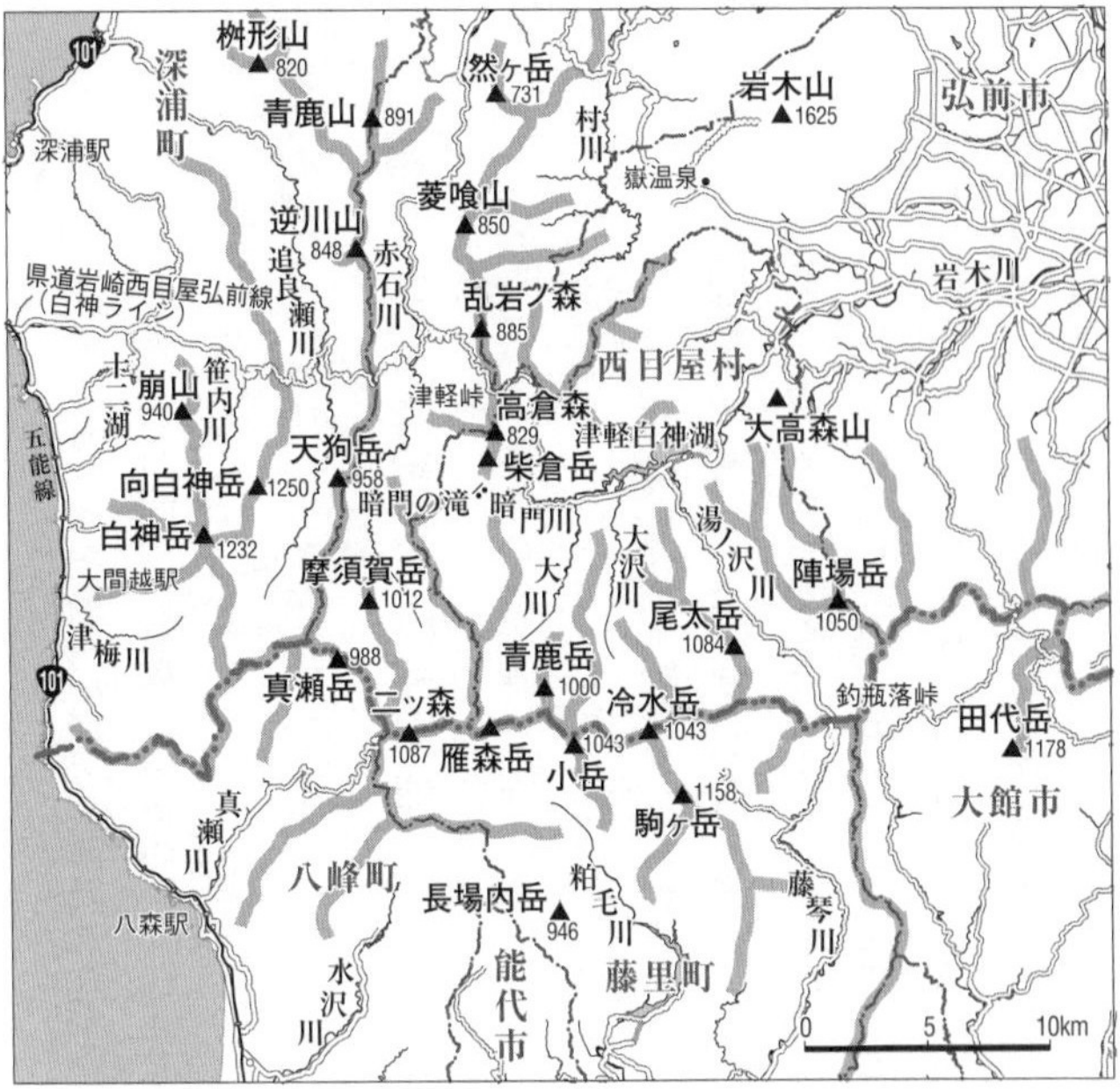

れるという。そのためか道はよく整備されていて、とても歩きやすい。

小さな流れとなった荒沢を渡り、水流沿いに登っていくと緩やかな尾根に出た。ここから先はふた抱えほどもあるブナの巨木が、遠からず近からずほどよい間隔で生えていて、明るい印象の森が続く。空高く青々と茂ったブナの葉が日射をさえぎり、谷を渡る風が林床の笹をそよがせて森を吹き抜ける。そのなかに木の枝の折れる音がした。「ピシッ」とか「ガサッ」という小さな音が高いところから聞こえてくる。おそらくブナの樹の上で熊が食事をしているのだろう。そこで、この日、熊よけ用の鈴を忘れてきた

田代岳中腹の明るいブナ林。ブナの実が豊作だったこの年は、あちこちで熊の食事の音を聞いた

私はストックをぶつけ合わせて音を出し、こちらの存在を相手に知らせるように努めながら歩を進めた。

広い道幅の登山道は起伏も少なく、土の感触が足裏にやさしい。左右の笹藪から熊が飛び出してくる恐れがないではなかったが、ひとり歩きの充実感をかみしめながら好ましい尾根道を歩いていった。七合目付近からはやや急登となり、九合目に着くと正面の木々の切れ間から明るい光が目に飛び込んできた。頂上湿原に出たのだ。まったく唐突で、じつに劇的な湿原との出会いだった。

湿原の一角に立つと、初秋の、どこか寂しさを感じさせる澄んだ青空が目の前に広がった。キツネ色に色づきはじめた草原の中央に、逆光に白く輝く一本の木道が延びている。道の左右に点在する池塘は青空を映し、上空にはおびただしい数のアキアカネが舞っていた。トンボの羽音が聞きとれるような静寂のなかで木道の脇に寝転がり、空を眺めた。背中にした木道からは太陽のぬくもりが感じられ、ひんやりと乾いた風は夏が終わったことを告げていた。草紅葉はまだ半分程度の色づきだったが、頂上からは白神山地の峰々と岩木山が遠望でき、初秋の静かで幸せな時間を堪能できた山旅であった。

その日は藤里町の温泉施設で汗を流し、二ツ井の寿司屋に入って夕食をとる。湯上がりのビールはグッとこらえた。これからもうひと山、登りに行くつもりだったからである。めざすは白神山地の小岳（一〇四二メートル）。林道の終点からコースタイムで往復三時間ほどの行程なので、今晩中に車で登山口まで移動し、翌朝、頂上を踏んでくるにしてもシンポジウムの集合時間には十分間に合うだろう。

夜の林道を延々二一キロほど走って小岳の避難小屋（巡視管理棟）に入った。きれいな水洗トイレが併設された、とても快適な住環境である。土曜の夜なので地元の登山者にでもお会いできないかなぁ、などと期待していたのだが、小屋は空っぽで残念。ハタハタの干物をあぶってビールを飲み、ヘッドランプの明かりで熊谷達也の『邂逅の森』を読みながらひとり熱燗を傾けた。

翌朝、ちょっと寝坊してしまい五時五〇分に小屋を出る。ブナの二次林につけられた急な登山道をひたすら登ると道の左右を笹藪が占めるようになり、熊の存在が気になりだした。この時間は熊

田代岳の九合目に広がる頂上湿原

の〝出勤〟時間帯であり、いまごろはエサを求めてそこいらへんを歩き回っているはずなのだ。

途中、直径一メートルほどのブナの倒木が道をふさいでいた。数日前の強風で倒れたばかりと思われる。枝の先にはブナの実がたわわに実っていた。木になっているブナの実をこんなに近くで見るのははじめてだった。小指の爪くらいの大きさの三角形の実を割って口に入れてみると、クルミの濃厚さを少しマイルドにしたようなやさしい味がする。

こんなに小さな実を食べて熊はよくあんなに大きく育つものだなぁなどと感心し、クローズアップでブナの実の写真を撮ろうとレンズを交換していたら、藪の奥でガサリと音がした。右の藪のなかに、何かがいる。とりあえずこちらの存在を知らせなければと思い、持っていたストックを叩き鳴らすと、笹藪のどこかで小枝を踏みしめるような音がした。小鳥やネズミなどの小動物ではなさそうだ。きっと朝ごはんを食べにやってきた熊にちがいない。

彼らのご馳走を横取りしていると思われたらまずいと思い、急いでその場を立ち去ることにした。そこから先はこちらの存在をアピールすべく、ストックを打ち鳴らし、歌を歌いながら頂上をめざす。ちなみにこの状況下で思いつく曲といえば、やはりアレしかない。そう、「森の熊さん」だ。熊さんには会いたくないのだが、仕方なくおなじみの曲を大きな声で歌いながら歩く。すると、あった。たったいまつけられたばかりの熊の足跡が――。

それは道の中央のぬかるみに、わざわざ狙って手形をつけたように存在を主張していた。丸い肉球の先に、長い爪が深々と泥にめり込んでいる。かなりフレッシュ。突き立てホヤホヤである。足跡のヌシはまだ近くの森のなかにひそんでいるにちがいない。

ちょっと怖いが、いきなり後ろから襲われないことを信じて足跡のサイズを定規で計ってみる。爪の長さを入れないで、かかとから指先まで一四センチあった。成獣としては標準的な大きさといっていいだろう。次は写真だ。薄暗いなか、八分ノ一秒のスローシャッターで撮影する。手ブレしないようにしっかりとカメラを構え、ファインダーをのぞいてピントを合わせるのに集中するのだが、その間に周囲の藪から熊が飛び出してこないかとヒヤヒヤであった。

小岳登山道の中央に堂々と印された熊の足跡。爪の鋭さがよくわかる

その後、登り続けるとまわりの樹高が次第に低くなり、本州最低標高のハイマツの群落が現れた。小岳の山頂は、視界が開けた尾根のすぐ先にあった。ここからは世界自然遺産に認定された白神山地の広大なブナ林を見渡すことができる。朝いちばんの頂上で、周囲の景色を三六〇度のパノラマで撮影する。紅葉にはまだ早いが、四方に海のように広がる白神の森は圧巻というほかなかった。

気がつくとすでに一時間が経過していたので、荷物を整理して頂上を後にする。足跡の発見現場まで戻ると足跡はそのままで、倒木の周囲にも熊の気配は感じられなかった。きっと日が高く昇ったからだろう。樹上生活をしているのかもしれない。とはいえ油断は禁物なので、引き続きストックを打ち鳴らし、「森の熊さん」を歌いながら避難小屋まで戻った。時刻は八時四五分。これからゆっくりシンポジウムの会場に向かったとしても、シャワーを浴びて着替えるくらいの時間は十分にとれそうだ。

小岳の登山中、随所に熊の濃厚な気配が感じられた。しかし遭わずに済んだのは、こちらの存在を先に相手に知らせることができたからだと思う。熊よけの鈴を忘れてしまった私は、前夜、飲み干したビールの空き缶に小石を入れて細引きで吊るし、カウベルならぬ即席の缶ベルにしてガラガラと振り回しながら歩いた。熊の気配がより濃厚になるとストックを叩き、歌を歌って精いっぱい、人間がここにいることを示した。熊はまちがいなく近くにいたのだろうが、あやしい音と声を出す人間には近づかぬよう、どこかで息を殺して私を見ていたにちがいない。

その日のシンポジウムでは、つい数時間前に登ってきた山の話をして白神山地の自然の豊かさをアピールし、おおいに盛り上げることができたのであった。

振り向けばそこに熊

写真家の故・藤田弘基さんに誘われて早池峰山に登ったときの話である。

「ヒマラヤの写真家」として知られ、チベット仏教美術や鉄道写真などでも有名な藤田さんは岩手県川井村（現・宮古市）とのかかわりが深く、早池峰山麓に何度も足を運んでは写真を撮っていた。

『山と溪谷』編集部で藤田さんと「星明かりの秘境　カラコルム」のグラフページについて打ち合

わせをしていたときのこと。ヒマラヤの壮大な景観を写し取った作品のセレクトが終わり、ひと息ついたところで藤田さんが数枚の写真を鞄から取り出した。

「ところで萩さん、こんな写真はどうかな？」

と、見せてくださったのは、北上高地の森を三六〇度のレンズで球体のように映し出した写真だった。葉を落としてすっかり明るくなったシラカバ林の空に、赤とオレンジの鮮やかな色彩を見せてそびえ立つハウチワカエデ。黄色に浅く色づいた広葉樹の森のなかに、深い緑の葉を茂らせて雄々しくそそり立つイチイの巨木。ほかにもシナノキやダケカンバの巨木など、早池峰の東にそびえる高桧山《たかびやま》という山で撮影された写真には、「花の名峰」として知られる早池峰の、もうひとつの顔があった。そもそも北上高地は歴史的に古い山塊であり、高山植物の固有種も多く残されているいっぽうで、歴史が育んだ深い森がある。

田中澄江さんは『花の百名山』のなかで「何故山に登るかと問われて高山植物の花にあうためにと答える私の山旅は、早池峰に至ってその目的を達したようである」と、早池峰で出会った花々を絶賛している。たしかに早池峰は花の名峰であることを誰も否定しないだろう。しかしそれは南側の河原坊コースか小田越コースから登ったときの早池峰の印象にすぎず、山の東側に広がる巨木の森の存在を知る人は私を含めてかぎりなく少ないはずだ。藤田さんの写真は、早池峰は花の名峰にはちがいないが、「森の名峰でもある」ことを主張しているかのように感じられた。

高桧山から早池峰に至る登山コースは、かつて北面からの主要ルートとして多くの人に利用されてきたとのことだった。しかし林道の開通とともに小田越から手軽に早池峰に登れるようになったこんにちでは、わざわざ遠い道を好んで歩く人もいなくなり、廃道になりつつあるという。そこで、登山道がいま、どんな状況にあるのかを地元の川井村が調査するのでご一緒しませんか、というお誘いを受け、私は二つ返事で同行させてもらうことにしたのだった。

早池峰への縦走に先立ち、川合村の協力を得て高桧山の巨木めぐりをすることになった。藤田さんの友人のSさんと、川井村役場職員のAさん、そして藤田さんと私の四人で吉部沢に沿った林道を高桧山の頂上近くまでたどり、昔の登山道に沿って森に分け入る。道は背丈ほどの笹に覆われており、両手でかき分けながら進んだ。かすかに残る踏み跡は、いくつかの沢を横切るように続いていて、やがて平らになったダケカンバの疎林の奥に巨大な樹木が現れるようになった。ブナやダケカンバに交じり、イチイやシナノキの巨木が目につく。イチイは生長が遅く、そのため年輪がつんで堅い木材となるため、家具や彫刻の材料などに利用されるとのことだった。ここ、旧・川井村産のイチイは、国会議事堂を作るときにも使われたとの話である。

藤田さんはそれらの巨木たちに一本一本ていねいに接し、さまざまな角度からシャッターを押し

ていた。それはまるで故郷に帰ってきた学生が、旧友との再会を楽しんでいるかのようであった。

この日は高桧山の山頂付近で一時間ほど撮影をしてから下山することにした。AさんとSさんはひと足先に車の回収に下り、私と藤田さんは少し遅れて来た道を戻りはじめる。

歩きはじめて約一五分後、まもなく林道に出るというところでSさんに追いついた。そこは背丈ほどの笹藪から抜け出したところの、少し開けて苔むした沢状の斜面だった。Sさんは沢の対岸で山のほうを眺めていて、私たちに気づくと手のひらをこちらに向けて制止するポーズをとった。そしてそっと、右手で小さく斜面の上部を指さした。私たちはゆっくり振り返ると、Sさんの指の意味を理解した。

熊だ。

高桧山のイチイの巨木を撮影する藤田弘基さん

思ったよりもでかい。そして近い。真っ黒な毛並みの個体が、二〇メートルほど離れた斜面の上でこちらに顔をむけ、私たちをじっと見ていた。

熊に出遭ってしまったらどうすればいいか。知っているかぎりの対策を思い浮かべてみる。

・背中を見せて走って逃げてはいけない。
→熊は逃げる相手を追いかけまわす習性があるので、慌てて逃げるのはNGだ。
・大声を出したり石を投げつけたりしてはいけない。
→攻撃されたと思い、襲ってくるかもしれないので、刺激を与えないよう注意。
・「死んだふり」は効果なし。
→見慣れないものをオモチャにする習性がある。鋭い爪でもてあそばれたらただでは済まない。

となると、やるべきことはひとつしかない。相手か

早池峰の東面には巨木を抱いた広大な森が広がっている。剣ヶ峰から見た徳兵衛山と高桧山方面

ら目を離さず、ゆっくりと後ずさりしながらフェードアウトする。それを実行するだけだ。

彼（彼女）はといえば、足元の草の匂いを嗅いだり、爪の先で地面を撫でまわしたりして、こちらの存在を無視しようとしているかのように見えた。少なくとも攻撃の意思は感じられない。ときおりこちらを見つめるのだが、すぐに視線を足元に落としてしまう。

私たちは熊をじっと見ながら、音をたてないように注意して静かに後ずさりをはじめた。一歩、二歩、三歩……。笹藪までまだ五メートルほど距離がある。すると、熊はちょっとだけ頭を上げて私たちを一瞥してから、背中を向けてゆっくりと斜面を登っていった。「キミたちのことなんか気にしていないから」とでも言いたそうな、じつに堂々とした後ろ姿だった。

熊が完全に視界から消えたあと、私と藤田さんは沢を渡ってSさんと合流した。ちょうどそこへ、私たちの帰りが遅いのを心配してAさんが戻ってきた。もしかすると熊は、もう一人、人が近づいてくる気配を察知して立ち去ったのかもしれない。

翌日、私たちは地元のガイドの協力を得て、高桧山から剣ヶ峰を経て早池峰へと縦走することができた。道の半分近くは藪に覆われて廃道に近い状態だったが、深い森のなかを歩いて山頂のお花畑にたどり着く、じつに味わい深い登山道であった。

その後の私の熊対策

最近、ひとりで山を歩くときには熊よけ三点セットを必ず持つようにしている。熊よけ鈴、ホイッスル、そして熊よけスプレーである。

熊よけ鈴は、常にホイッスルとセットにして持ち歩いている。いかにも熊が出そうな場所を通過するときにはストックのストラップに鈴をつけて手の上下で音が大きく鳴るようにし、さらに見通しの悪いところではホイッスルを吹いて相手に警戒させるようにするのだ。

熊よけスプレーは、熊が襲ってきたときに使う最後の手段として手放せないものになった。とくに北海道の山ではヒグマ対策として必携装備といえるだろう。ちなみにスプレーは登山用品店で買うことができるが、飛行機に持ち込めないため、あらかじめ登山用具一式とともにレンタカー会社などへ陸送しておくといい。

いまのところ熊よけスプレーを実射するような場面に遭遇したことはないが、持っているといないとではまったく安心感が違うので、熊が出てきそうな山道ではいつも腰にぶら下げて持ち歩くようにしている。いざというときにすぐに取り出せるように、ホルスターもペットボトルケースを使って使いやすいように工夫した。鏡を見ながら早撃ちのシミュレーショントレーニングもしているので、熊よけスプレーを取り出してからストッパーを外して発射まで一秒を切る自信がある。有効射程距離は五メートル。それまでにトリガーを引く準備ができていなければならないので、事前に練習しておいて（注＝発射はしないように。場所によっては大変なことになります）、とっさのときにもあせらず対応できるようにしておくといいだろう。

もうひとつ、事前に調べておくと安心なのが環境省のウェブサイトのなかにある「クマに関する各種情報・取組」のページである。ここには熊の人身被害件数（速報値）と熊の出没情報（速報値）に加え、堅果類の結実情報まで掲載されており、各県ごとに、熊の好物であるブナ、ミズナラ、コナラの実が豊作か並作か凶作かがわかるようになっている。木の実が豊作だと翌年には子熊が多く生まれるため子連れの熊に出遭う可能性が高くなり、凶作だと山の上だけでなく食べ物を求めて麓のほうにまで行動範囲が広がるので里での遭遇もあり得る等、注意すべきポイントがつかみやすくなるので、ぜひチェックしておくといい。

熊は、登山道脇の藪にひそんでいることもあれば、人が歩いたばかりの道に現れることもあり、ときには空から降ってくることもある。いつどこでどんなタイミングで遭遇したとしても慌てず、冷静に対処できるよう、心の準備をしておくことも大切なのではないだろうか。

教訓

- 熊もヒトに出遭いたがってはいない。相手を驚かすことなく、さりげなくこちらの存在に気づいてもらうようにしよう。
- 熊に出遭ってしまったら、相手を見ながら静かにゆっくりと立ち去ろう。

第8章

高山病

File 16

高山病患者のつくり方

エベレスト街道

はじめてのネパール取材

一九九〇年六月初旬、私はひとりネパールへと旅立った。目的は「世界で最もエベレストに近いホテル」として知られるホテル・エベレスト・ビューの取材である。八年前に休業した同ホテルがその年の一〇月にリニューアル・オープンすることになったため、『山と溪谷』一〇月号に紹介記事を作るべく、カメラマン兼ライターとして現地に派遣されることになったのであった。

この季節、ネパールはモンスーンの影響を受けるために天候が不安定で、ヒマラヤをめざす登山隊はほとんどいない。エベレストなどネパール・ヒマラヤの山々は、四月〜五月のプレモンスーンか、一〇月〜一一月のポストモンスーンの時期に登るのが常識とされているからだ。ヒマラヤの大展望を目当てに世界中から集まってくるトレッカーたちも同様で、この時期だけはオフシーズンとして敬遠されている。ネパールの緯度は日本の奄美大島とほぼ同じくらいで亜熱帯性気候に属しており、雨期と乾期が明瞭に分かれている。したがって雨や曇りの日が多い雨期（六月〜九月）よりも、多少寒くても晴れる日の多い乾期（一〇月～五月）のほうがトレッキングには適しているのでである。

しかしカトマンズで出迎えてくれたホテル・エベレスト・ビューのオーナー、宮原巍《たかし》さんの話によると、モンスーンの期間中でも午前中の数時間だけは晴れることがあるという。そしてこの季節は麓の草原が緑に染まり、山にもたっぷりと雪が着くので、きっと撮影のしがいがあるはずだと教えてくれた。

ただし天候はたしかに不安定だった。カトマンズからホテル・エベレスト・ビューが建つ丘、シャンボチェまで小型飛行機で入る予定なのだが、悪天候のためになかなか飛ぶことができず、カトマンズ市内でしばらく足止めを食わされることになる。

カトマンズに入った翌日のフライトは雨と視界不良のためにキャンセル。次の日もルクラから上部の天気が悪いために飛行機が飛ばないとの連絡を受ける。三日目、ようやく出発できるとの話を聞いて早朝に空港まで出かけるも、現地の天候不順のために飛行許可が下りなかった。私はフライトのキャンセルのたびにひとりでボーダナートやパタン旧王宮広場などの取材に出かけ、カトマンズのタウン情報にも詳しくなっていった。

そしてネパールに入国してから四日目、夜明け前から空港に待機していた私はようやく、晴れて機上の人となったのである。

ホテル・エベレスト・ビュー

トリブバン空港を離陸した八人乗りの小型飛行機、ピラタス・ポーターはしだいに高度を上げ、雲の上へと飛び出した。左の窓には雪をまとったヒマラヤの峰々が姿を見せはじめる。やがて、ガネッシュ、ランタンと連なる大ヒマラヤ山脈が雪の障壁となって視界いっぱいに広がるようになった。

それから十数分後、私の目はひとつのピークに釘づけになった。雑誌や写真集で何度も眺めた見覚えのある三角錐——世界の最高峰、エベレストがそこにあった。標高八八四八メートル。富士山をふたつ重ねてもまだ届かない圧倒的な高さと、ローツェやヌプツェといった山々を従えた迫力は、天を突く峰々のなかにあってもひときわ群を抜いてその存在を主張している。

やがて飛行機はナムチェ・バザールの上空を旋回したかと思うと、集落の奥の高みにあるシャンボチェ空港に着陸した。シャンボチェ空港は、「空港」とは名ばかりの、未舗装の斜面（滑走路）があるだけの飛行場である。谷に向かって緩やかな傾斜がついており、着陸は谷から入って登り坂で減速し、離陸は逆に下り坂を利用して加速して飛び立つという仕組みになっているらしい。

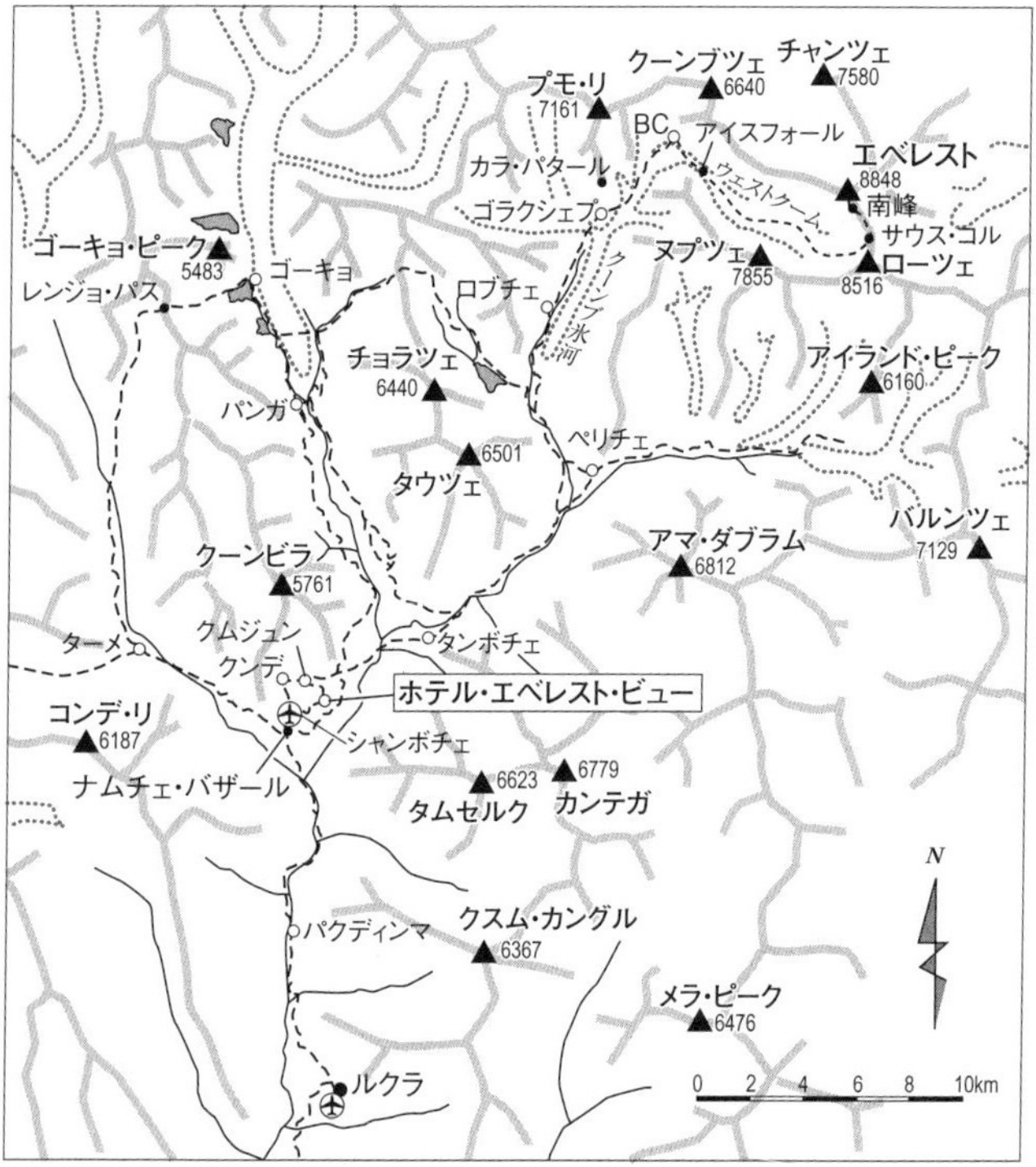

チャンツェ
7580
クーンブツェ
6640
プモ・リ
7161
BC
アイスフォール
カラ・パタール
エベレスト
8848
ウェストクーム
南峰
ゴラクシェプ
サウス・コル
ゴーキョ・ピーク
5483
ヌプツェ
7855
ローツェ
8516
ゴーキョ
クーンブ氷河
レンジョ・パス
ロブチェ
アイランド・ピーク
6160
チョラツェ
6440
パンガ
ペリチェ
6501
タウツェ
バルンツェ
7129
アマ・ダブラム
6812
クーンビラ
5761
クムジュン
ターメ
タンボチェ
クンデ
ホテル・エベレスト・ビュー
コンデ・リ
6187
シャンボチェ
ナムチェ・バザール
6623
6779
タムセルク
カンテガ
N
クスム・カングル
パクディンマ
6367
メラ・ピーク
6476
ルクラ
0
2
4
6
8
10km

ここはすでに標高三八〇〇メートル。薄い空気と強い日差しが、いかにも高所にやってきたことを感じさせる。あたりの草原には花が咲き乱れ、谷間から昇ってくるさわやかな風が頬をなでる。谷を隔ててコンデ・リ（六一八七メートル）やタムセルク（六六二三メートル）、クスム・カングル（六三六七メートル）といった六〇〇〇メートル級の山々が間近にそびえ、ほんの一時間前まで蒸し暑いカトマンズにいたことがまるでうそのようだ。

飛行場の裏手の丘を三〇分ほど登ると、正面にエベレスト、ローツェ（八五一六メートル）、アマ・ダブラム（六八一二メートル）の姿が現れた。そして、それらの山々を眺めるのに絶好の場所、花と緑に彩られた丘の彼方に、めざすホテル・エベレスト・ビューは建っていた。

*

ホテル・エベレスト・ビューがこの地にオープンしたのは、一九七三（昭和四八）年のことである。それは、ひとりの日本人、宮原巍さんによって建てられた。

宮原さんは学生時代に山岳部に所属し、卒業後は一九五八〜一九五九年の第四次南極観測隊に参加。一九六二年には母校・日本大学のムクト・ヒマール遠征に加わり、一九六五年にはグリーンランド・エクスペディションの隊長を務めるなどの経歴をもつ山男である。

いっぽうで、宮原さんは一九六二年から二年間にわたってネパール政府通商産業省中小企業局

シャンボチェの丘から見たエベレスト（左）とローツェ（右）。その下に見える建物がホテル・エベレスト・ビュー

に勤務し、ネパールで生活しながら同国の開発問題について研究した。そこで得た結論は、ネパールの発展には観光産業が重要な役割を果たすということだった。そして彼は、世界の最高峰をできるだけ多くの人々に見てもらいたいという願いから、エベレストを間近に仰げるホテルと、そこに近接する飛行場の建設を決意する。彼が三五歳のときのことである。

しかし、ホテル完成までの道のりは長く、険しかった。建設予定地となったエベレストの見える丘、シャンボチェは下界からあまりにも遠く、道路も通っていないため、建築資材はすべてポーターたちが背負って二週間もかけて運ばなければならない。総経費の六〇パーセントが物資の輸送費だったという現実をみても、山奥でのホテル建設がいかに困難であったか理解できるだろう。過酷な自然環境のなかで延べ一六万人もの人々が建設に従事し、三年の歳月を経て一九七三年、ホテル・エベレスト・ビューは完成した。

宮原さんはこのとき同時にシャンボチェの丘の一角にある傾斜地に滑走路を造り、カトマンズから直接、飛行機でホテルの近くまで宿泊客を呼べるようにした。ところがその後、カトマンズからの飛行機がスムーズに飛ばなくなったこともあり、一九八一年、休業のやむなきに至る。

それから九年後の一九九〇年になって、ようやくピラタス・ポーター機の自主運行がネパール政府に認められ、ホテル再開の道が開けることになった。そしていま、一〇月の再オープンめざしてホテルの修復・改築工事が進められているというわけである。

撮影開始。時間制限アリ

シャンボチェの丘から遠望するエベレストとローツェは、やはり別格の存在感を示していた。右手にそびえるアマ・ダブラムのほうが近くにあるため大きく見えるが、エベレストは遠くに見えてもはるかに高い。アマ・ダブラムよりも二〇〇〇メートルも高いのだから当然ともいえるだろう。あの頂の上に雲取山を乗せた高さと考えればその高さが理解できるはずだ。

モンスーンの影響を受けて、八〇〇〇メートルの高所では連日、雪が降り続いているらしい。エ

丘の東側から見たホテル・エベレスト・ビュー。背後にはコンデ・リがそびえる

ベレストの山腹を隠すように立ちはだかるローツェ南壁は真っ白で、見つめていると目が痛くなるほどだった。その雪の頂からゆっくりと目線を下ろしていくと、緑の森のなかにホテル・エベレスト・ビューの屋根が見えた。草原のなかの一本の道がホテルへと続いている。

さっそく二台のカメラを取り出して撮影を始めようとする私に、宮原さんが、

「萩原くん。きょうはひと月に一度あるかないかのいい天気だから、いまのうちにたくさん撮っておくといいよ。それと、午後には雲が上がってくるから午前中が勝負だよ」

とアドバイスをくれた。たしかに飛行機が飛ぶのに三日もかかっているのだから、この晴れ間がいかに重要かはよくわかる。まずはホテルの外観を中心に、急

いで撮影をしなければなるまい。

エベレストをバックにしたホテルの全景は必須なので、シャンボチェの丘の高いところまで駆け登って三脚を構える。望遠レンズを使ってエベレストを大きく引きつけ、その下にホテル・エベレスト・ビューを配置した構図でシャッターを切った。このアングルだと山はきれいに写るが、雪の壁が明るすぎてホテルが黒くつぶれ気味になってしまうため、逆サイドからも撮影することにした。丘を下り、こんどは反対側の斜面を駆け登ってホテルの全景を順光のもとで撮影する。背景にはコンデ・リの連嶺を入れることができた。

いったんホテルに戻ると、五人のシェルパニ（女性のシェルパ）たちが朝の仕事を一段落させて玄関先で休んでいたので、宮原さんにお願いして彼女たちを撮らせてもらうことにした。丘の上まで登ってもらい、彼女たちをモデルにして撮影する。ヒマラヤの厳しい山の表情をストレートに表現するのもいいが、そこに生活する人物を入れて対比させる絵作りも悪くないと思ったからだ。実際に緑の草原に並んで立ってもらうと、彼女たちのカラフルな民族衣装がクスム・カングルの無機質な壁の色に映えて美しかった。「アルプスの少女」のイメージに、山の標高と人の年齢を少しスケールアップした、ヒマラヤらしい写真に仕上がったと思っている。

この日は宮原さんの予告どおり一二時ちょうどに谷の下から雲が上がってきて、周囲の景色は

シャンボチェの丘に立つシェルパニたち

あっという間に乳白色に塗りつぶされてしまった。私はそれまでにホテルの周囲の丘を二往復、急いで移動しながら撮影しており、重要なカットはほぼ撮り終えていたのでほっとする。ホテル内で軽く昼食をとったあと、ラウンジやバーなどホテル内の主要施設を撮らせてもらい、一日目の撮影を終了とした。

高山病症状フルコースの一夜

その日の夕食は宮原さんとともに暖炉の前のラウンジでいただいた。広いテーブルの上にコックが作ってくれた豪華な料理が並んでいたのだが、ネパール料理なのか中華だったのか、辛かったことしか覚えていない。とにかく食欲がなかった。そして、撮影がはかどったのでさぞやビールがうまいだろうと期待していたのだが、なぜかちっともおいしいと感じなかった。冷やしすぎて泡立っていないせいかな？　などと思いながら、食事もそこそこに部屋に戻らせてもらうことにする。

ホテルの部屋といってもまだオープン前なので、電気はつくが空調は機能しておらず、部屋の中は寒かった。トイレも水洗機能が使えず、備え付けのバケツに入った水で流すようになっていた。ベッドには羽毛布団が用意されていたので、とりあえず楽な服に着替えてもぐり込み、休ませてもらうことにする。全身がだるく、とにかく横になりたかった。

ほんの一時間くらいの睡眠だったように思う。目を覚ますと、頭がぼーっとした感じがして、しばらくすると猛烈な頭痛が襲ってきた。

ヤバい、高山病だ、と思ったときはもう手遅れだった。

吐き気がしてお腹の調子も悪い。トイレに駆け込み、胃の中が空っぽになるまで吐いた。吐くだけ吐くと、こんどは下のほうだ。水鉄砲のように排泄し続けるのだが、下腹部の痛みはなかなか治まりそうにない。仕方なく便座に座ってじっとしていると、次に寒さが襲ってきた。ダウンジャケットを羽織ってもまだ寒く、ときおり歯が噛み合わないほどガクガクと震えが続く。

そしてなによりも、頭を万力で締め上げられるような痛みが断続的に襲ってきて立ち上がるのもつらい。鏡を見たわけではないが、顔色が蒼白になっているのは間違いなかった。数時間前まではニ台のカメラをかかえて元気に走り回っていた自分が、いまは頭痛をこらえながらベッドとトイレ

シャンボチェ空港に着陸したピラタス・ポーター機

との間を行ったり来たり、ヨロヨロと歩いている。

よく考えてみれば無理からぬことであった。

標高一三三〇メートルのカトマンズから富士山よりも高い場所に一気に上がったのだから、高度に慣れるためしばらくおとなしくしていればいいものを、いきなり走り出して撮影をしていた。ピントを合わせてシャッターを押す瞬間、長く息を止めていたことも高山病の引き金になったような気がする。「高所では水分の補給が大切」ということはもちろん知っていたはずなのに、行動中に飲んだのは五〇〇ミリリットルサイズのペットボトルの水一本分のみ。さらに夕食ではビールを飲んで、すぐに横になって寝てしまった。

これらはすべて、高山病患者になるための悪い見本のフルコースのようなものだった。高度の影響を甘くみていたといわれても仕方ない。おかげで頭痛や吐き気、下痢、倦怠感など、高度障害の基本的な症状はすべて体験できたように思う。

そのなかで最もひどかったのが頭痛だった。トイレから戻り、ベッドで静かに横になっていても頭痛は治まらなかった。まるでコメカミに心臓ができたかのようにドクンドクンと血流が脈打ち、頭を締めつけられるような痛みに襲われ続けた。

このとき思ったのは、『西遊記』に登場する孫悟空の頭につけられた輪っか、緊箍児《きんこじ》のことだった。孫悟空が悪さをするたびに、三蔵法師が呪文を唱えると輪っかが孫悟空の頭を締め上げて懲らしめるという頭の枷《かせ》のことである。あれは天竺をめざす一行が、タクラマカン砂漠やパミール高原を通過する際にかかった高山病のつらさにヒントを得て考えられたものではないかと思った。頭を締め上げるような痛みを罰にするという発想の背景には、作者の高山病の体験が生きていたような気がしてならない。

ほとんど眠れなかったおかげで、翌朝はベッドの中から幻想的な夜明けを見ることができた。薄明かりに気づいてカーテンを開けると、ローツェとアマ・ダブラムのあいだから朝日が昇ってくるところだった。急いで部屋のなかに三脚を立て、ベッドで横になりながらレリーズボタンを押して日の出の瞬間を撮影する。きのうにくらべ、なんとも怠惰な撮影風景だった。

二日目は早朝だけは晴れていたものの、九時をまわると雲が上がってきてすべての山を隠してし

クムジュン・ゴンパで「イエティの頭皮」を管理する人たち

まった。朝食を少しだけ食べてお湯をたっぷり飲み、隣村のクムジュンまで撮影に出かける。ここは、一九七〇年にエベレストの日本人初登頂をした植村直己さんが、その前年にひと冬を過ごした村である。また、エベレスト初登頂者のエドモンド・ヒラリーの寄付によって建てられた学校があることでも知られている。

坂道を下っていくとジャガイモ畑の奥に集落があった。「雪男の頭皮」が保管されているという寺、クムジュン・ゴンパに行き、チップを支払って撮影させてもらう。好きに触ってもいいというので手に取ってひっくり返してみたり頭にかぶったりしてみたが、短い剛毛の生えた毛皮を円錐状にしたトンガリ帽子のようなもので、誰がいつ、どうやって雪男の頭の皮を剝いだのかは聞けずじまいだった。詳しく詮索するのも大人げないので、とりあえず記事ではイエティの頭の皮と紹介することにした。

ホテルまわりの必要なカットはほぼ撮り終えたので、午後はシャンボチェの丘で昼寝をした。緑が生き生きとして、あたりにはタンポポのような黄色い花がたくさん咲き、雨期のヒマラヤもこれはこれで悪くない。ときどきゾッキョ（ヤクと牛の交配種）が近づいてきて、枕元の草を舌でからめとってザクザクと食べはじめるので、その都度、場所を移動しなければならないが、おだやかな午後を過ごすことができた。暖かい日向でじっとしているぶんには頭痛は忘れられるのである。歩いているときも、ときどき軽い二日酔い程度の頭痛がするのだが、我慢できないほどではなかった。

しかし夜の頭痛は相変わらずきつかった。睡眠で呼吸が浅くなるのがいけないらしい。動脈血酸素飽和濃度が低くなり、頭に酸素が行き渡らなくなると痛みだすようである。夜中に目を覚ましては頭痛が治まるまで深呼吸をしてお湯をたっぷりと飲み、うつらうつらしながら早く夜が明けるのを待っていた。

ホテルに滞在して三日目、室内の撮影も予定どおり終わったので、宮原さんと別れて先に下山することにした。宮原さんがポーターを一人つけてくれたので荷物は彼に預け、私はサブザックにカメラを一台だけ入れて身軽になり、空港のあるルクラまでのんびり下っていく。ナムチェ・バザールを通り、ドゥード・コシと呼ばれる深い渓谷を何度も吊り橋で渡る。この道はエベレストのベースキャンプをめざす「エベレスト街道」で、ハイシーズンには多くのトレッカーでにぎわう人

ホテル・エベレスト・ビューのラウンジの窓越しに見たエベレスト

気コースなのだが、いまはシーズンオフのため外国からやってくる人はほとんどいない。おかげで静かなトレッキングを楽しませてもらうことができた。

ルクラの標高は二八四〇メートル。一般的に、エベレスト街道を歩く人々はここを歩きはじめの起点としている。私のようにシャンボチェまでいきなり入るプランは高山病の危険があるため、最近は敬遠されているようだ。

あしたのフライトの予約をしてから空港の近くの宿に泊まる。ふと気がつくと、きのうまでのしつこい頭痛はうそのように消えていた。食欲も味覚も完全復活。ビールを頼んで中国製インスタントラーメンをおいしくいただき、怪しげなスナックを注文してロキシー（焼酎）を飲んだのだがまったく平気だった。わずか一〇〇〇メートルの高度差でこれほど楽になるとは……。朝までほとんど病人だった自分の劇的な回復ぶりに驚くと同時に、高所の影響がいかに恐ろしいものであるか身をもって体験した、はじめてのネパールの日々だった。以後、高所との付き合い方については人一倍、気を使うようになった。高山病対策で、やってはいけないことをすべてやって痛い目に遭った経験は貴重だったと思う。それからは、このとき自分がやったこととすべて反対のことを心がけるようにしている。

高度の影響とうまく付き合うために

はじめてのネパールで、いきなり三八〇〇メートルまで飛行機で飛んで走り回った末に高山病にやられてしまった私は、以後、三五〇〇メートル前後が鬼門の高度となってしまった。オーストリア最高峰のグロース・グロックナー（三七九八メートル）に登った際も、三五〇〇メートル付近のヨハン・ヒュッテに泊まった夜にひどい頭痛と吐き気がして翌日の登頂が危ぶまれた。トイレですべてを出したら翌朝はけろっと治ってしまったので問題はなかったのだが、その日の外は猛吹雪になっていて、高山病＝夜中のトイレ＝寒いというイメージが以後、つきまとうようになった。実際に寒いと血管が収縮するため血のめぐりが悪くなり、体のなかに酸素が行き渡りにくくなってしまう。高山病対策には大量の水分補給とともに、加温が重要だということを実感したものだった。

ネパールのランタン谷のトレッキングに行ったときも、最奥の集落であるキャンジン・ゴンパ

（三八六〇メートル）に泊まった際、夜中に頭痛に悩まされた。これは最終日ということで油断してシェルパたちとロキシーを酌み交わし、ダンスに興じたことも影響したのかもしれないが、軽い高山病の兆候が出ていたのは間違いない。翌朝、標高を下げるとこちらもすぐに治ってしまったが、高所ではアルコールの影響が出やすいということを再確認することができた。

そのほかにも富士山頂やモロッコのツブカル山など、標高三五〇〇メートル前後でひと晩を過ごすと、翌朝は必ずダメージを受けていることがわかった。歩きはじめれば元気になるのだが、やはり起きぬけに頭が痛くなるのは、高度の影響を受けているからだろう。

そんなこともあって、二〇一三年にネパール・ヒマラヤの七〇〇〇メートル級未踏峰、アウトライアー東峰に母校・青山学院大学山岳部の登山隊が挑戦したとき、総隊長として参加した私は高所対策に最大限の注意を払うことにした。なかでも入山の際、私と登攀隊長の二人が日数短縮のために標高三六〇〇メートルのグンサまでヘリコプターを使うことにしたため、お互いに「シャンボチェの悲劇」を繰り返さないようできるかぎりの準備を怠らなかった。

まずは出国直前に富士山に登り、山頂の山小屋に一泊。その後さらに、三浦雄一郎さんのトレーニング施設「ミウラ・ベースキャンプ」の低酸素ルームに通い、標高五〇〇〇メートルの疑似環境下で宿泊も含めた長い時間を過ごした。心理的にも、やるべきことはちゃんとやっていると自分に思い込ませることは重要な作戦だと思っている。

登山期間中の体調管理も徹底して行なった。朝と夜の食事前に必ずパルスオキシメーターで動脈血酸素飽和度（SpO_2）をチェックしてグラフ化し、大きな変動があった隊員は下のキャンプに下ろすなどの対処法を考えておいた。

行動中は水分の補給につとめ、胃にやさしい白湯を大量に飲んでトイレの循環をよくした。キャラバン中、次の宿泊所に着いたときはそこで行動を終わりにするのではなく、必ず二、三〇〇メートルほど高い所に登り、そこで一時間ほど滞在してからテントに戻るようにした。運動強度の強かった日には、口すぼめ呼吸を意識して行なって全身に酸素を行き渡らせ、それでもパルスオキシメーターの数値が上がってこないときにはダイアモックス（高山病予防のために使われることの多い、呼吸中枢を刺激する作用のある薬）を処方した。

睡眠時にはお湯を入れた耐熱性のボトルを足元に入れて湯たんぽにして保温につとめ、夜中に目覚めたときにもすぐに湯たんぽから水分を補給できるようにした。また、高所は乾燥していて喉を痛めることがあるのでマスクをして就寝した。息苦しさよりも口からの水分放出に気を配り、気管支を守ったのである。そして過去の反省から得た重要なことだが、アルコール類は登山を終えて麓の村に下りるまで一切口にしないと誓い、四〇日間の禁酒を守った。

標高五五〇〇メートルのC1に入ったとき、SpO_2値が八〇パーセントを割って、頭痛がひどくなったため市販の頭痛薬を飲んだが、これが劇的に効いた。もともとふだんから薬を飲むことが少ないので、たまに飲む薬は素直に効いてしまうようである。翌日、荷揚げのために五八〇〇メートルのC2を往復したら、すっかり元気を取り戻すことができた。

さらに標高五八〇〇メートルを超えてからは体が高度に慣れてきたようで、食欲不振や倦怠感はあったものの、登攀にはほとんど影響を感じないようになっていた。三五〇〇メートルの入山時よりも、五五〇〇メートル以上のほうがむしろスムーズに高所環境になじんでいたような気がする。いずれにしても、結果として登頂する日にベストとは言わないまでも理想のコンディションに持っていくことができたのは、やはり日々の体調管理のおかげだと思っている。シャンボチェの反省は、ここでしっかりと生かされたのであった。

高度の影響をまったく受けない人はいないはずである。ポテトチップスの袋が富士山頂でパンパンに膨れ上がっているのを見れば、自分たちの体のなかでも同じように気圧の影響を受けていることが容易に想像できることだろう。

高度障害は、人によって影響を受ける高さも症状の重さもさまざまだが、体調管理に注意すればその影響を極力少なくすることができる。ただし、状況によっては重症化して死に至るケースもあるので、体調をしっかり見守り、もし重い高山病の症状が出始めたらすみやかに下山することも考えておいたほうがいい。標高を下げることがいちばんの解決策になるからである。

教訓

●高所で注意すべきこと＝いきなり高いところに登ってはいけない。いきなり走ってはいけない。保温をおろそかにしてはいけない。アルコールを飲んではいけない。水分をたくさんとらなければいけない。写真を撮るときに息を止め続けてはいけない。症状が悪化したら少しでも標高を下げる努力をしなければならない。

●高度障害は誰にでも起こり得る。また、影響が出やすい高度は人によって違うので、動脈血酸素飽和度をチェックしながら順応するための努力を続けよう。

第9章

海外登山

File 17

南西壁の灯　アウトライアー東峰

ヒマラヤの未踏峰アウトライアー

アウトライアーはネパール・ヒマラヤの東の外れ、中国との国境に位置する標高七〇九〇メートルの峻峰である。そのユニークな山名は、「探検登山の陰の巨人」と評された英国の探検家、アレクサンダー・ケラスによって命名された。

一九一一年、ケラスはネパールと中国チベット自治区、インドのシッキム州との三国国境にそびえるジョンサンピーク（七四七三メートル）の周回を試みた際、行く手をさえぎるかのようにそびえ立つ険しい山を前にして引き返した。そして、これは登る対象外の存在という意味を込めて英語のOutlier（「外れ値」や「局外者」、転じて「離れ島」の意味）と名づけたと伝えられている。

ネパール政府は長いあいだ未解禁峰としてこの山への入山を制限していたが、二〇〇二年にジャナク・チュリの山名で登山を解禁。二〇〇四年にはルーマニア隊、二〇〇五年にはスロベニア隊がそれぞれ南西面から登頂を試みたが、前者は標高六五〇〇メートル、後者は六六五〇メートル地点でともに敗退していた。そして二〇〇六年になってようやく、アンドレイ・シュトレムフェリとロック・ザロカルのスロベニア隊が南西ピラーをたどって本峰（西峰）の初登頂に成功する。しかしその後、南西壁から東峰へのルートは挑む者もなく、未踏のまま残されていた。

　そこで、かねてからこの地域の山を研究していた青山学院大学山岳部は、アウトライアー東峰の初登頂をめざして二〇一〇年秋に登山隊を送り込んだ。同大学は一九六五年にアウトライアーの西にそびえるラシャールI峰（六九三〇メートル）の登山計画を進めていたものの、中国とインド間の紛争のために入国が許されず、断念したという過去がある。その後、ラシャールI峰が二〇〇〇年にスロベニア隊によって登頂されてしまったことを受け、近隣にそびえる未踏峰を探した結果、アウトライアー東峰を新たな目標に定めたわけである。

　二〇一〇年の登山隊は天候にも恵まれ、南西壁を六七〇〇メートル地点まで登ったものの、国境稜線直下の不安定な雪壁に阻まれて登頂を断念した。そして二〇一三年、リベンジを期してアウトライアー東

ブロークン氷河から見たアウトライアー

峰第二次登山隊が組織される。山岳部OB会の会長だった私が総隊長として、第一次隊の岩井胤夫隊長からバトンを受け取ることになった。

隊は私を含めて山岳部OB三人、現役学生三人の計六人で組織された。二〇一〇年に続いて二度目の挑戦となるのは、前回の遠征でただひとり南西壁の六七〇〇メートル地点まで到達している山岳部監督の村上正幸（一九九六年卒）、そしてベースキャンプ手前のローナクまで同行した主将の本田優城（四年）。ここに山岳部コーチの古城海太（二〇〇二年卒）が加わって、現役部員の真下孝典（二年）と、四月に入部したばかりの中西謙（一年）をフォローする計画だった。ただし経験が浅く、体力・技術的にも未熟な一・二年生部員を南西壁から上部に登らせるわけにはいかなかったので、「現役学生によるヒマラヤ未踏峰の初登頂」という目標は本田隊員の肩

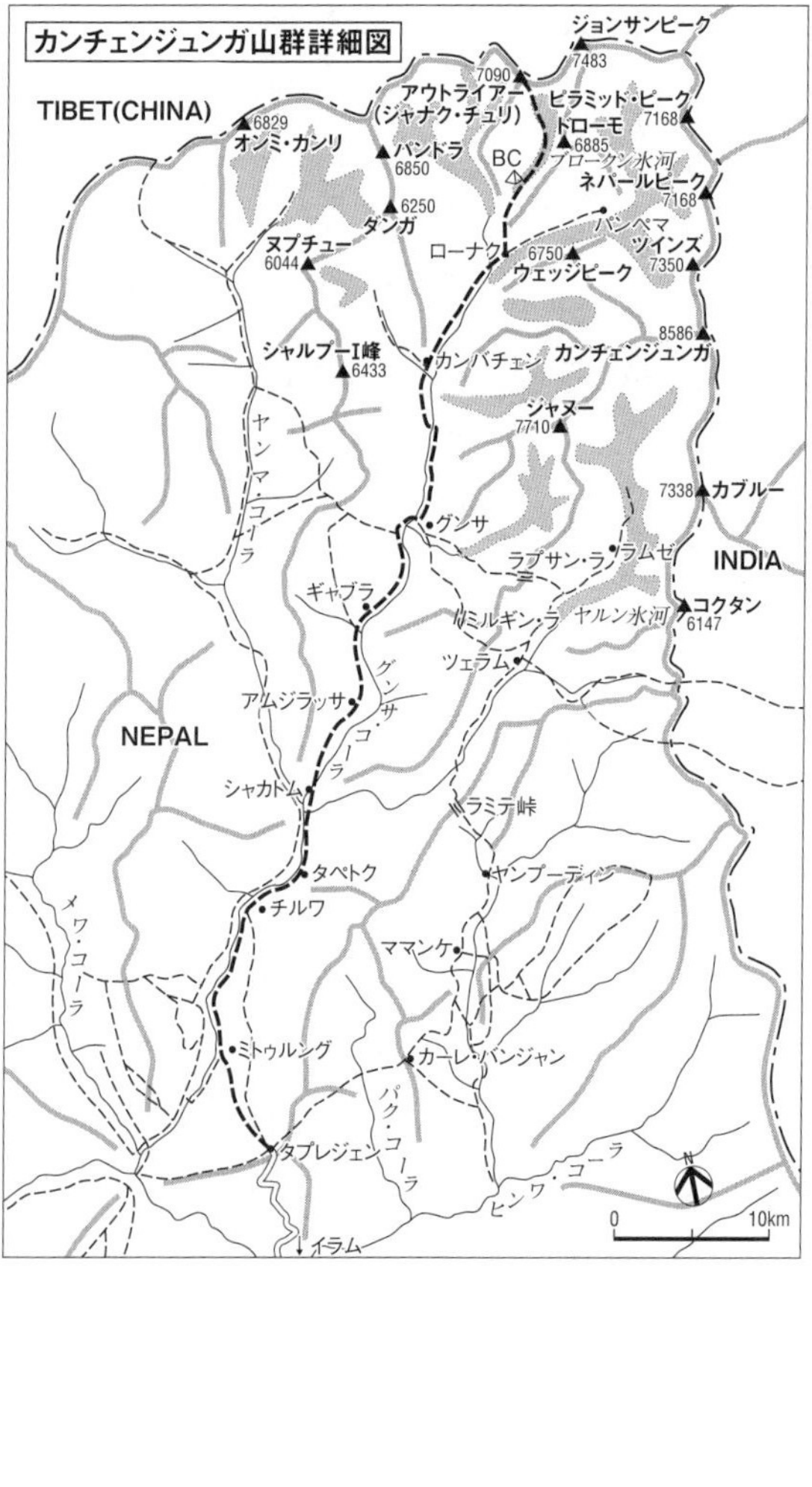
TIBET(CHINA)
ジョンサンピーク
7483
7090
アウトライアー
(ジャナク・チュリ)
ピラミッド・ピーク
7168
ドローモ
6885
6829
オンミ・カンリ
パンドラ
6850
BC
ブローク ン氷河
ネパールピーク
7168
6250
ダンガ
パンペマ
ヌプチュー
6044
ローナク
6750
ツインズ
7350
ウェッジピーク
8586
カンチェンジュンガ
シャルプーI峰
6433
カンバチェン
ジャヌー
7710
ヤンマ・コーラ
7338
カブルー
グンサ
ラプサン・ラ
ラムゼ
INDIA
ギャブラ
ミルギン・ラ
ヤルン氷河
コクタン
6147
ツェラム
アムジラッサ
グンサ・コーラ
NEPAL
シャカトム
ラミテ峠
タペトク
ヤンプーディン
チルワ
メワ・コーラ
ママンケ
ミトゥルング
カーレ・バンジャン
タプレジェン
パク・コーラ
ヒンワ・コーラ
N
0
10km
イラム

カンチェンジュンガ山群詳細図

にかかっていた。

ベースキャンプへの長い道程

四人の先発隊（古城・本田・真下・中西）は二〇一三年九月八日に日本を出国。カトマンズで装備と食料を整えたのち、バスをチャーターして陸路で二日をかけて登山口のタプレジェンに到着する。ここで五〇人のポーターを雇って一一日、カンチェンジュンガ・トレッキングコースの最終目的地ローナクに向けて出発。七日間のキャラバンを経て標高三五九五メートルのグンサに到着すると、そこに後発隊の二人（萩原・村上）がカトマンズからヘリコプターを使って合流した。ヘリコプターのチャーター費用が一万ドルほどかかり、さらにはいきなり標高三六〇〇メートルの高所に入山するため高山病のリスクも高かったが、仕事を持つ二人の隊員にとって七日間の時間短縮は貴重だった。後発隊はカトマンズ市内での入山許可手続き、生鮮食料品や通信機器などの物資を輸送するという役割も担っていた。こうして九月一八日に全隊員がグンサに揃い、ベースキャンプをめざすことになる。

高度を上げるたびに宿泊地の裏山に登り、一時間以上滞在してから戻るという高所順応を何度も繰り返しつつ、トレッキングコース最後の宿泊地ローナクに着いたのは二二日のことだった。こ

キャラバン中の隊員たち

こまではカンチェンジュンガ北面BCへの一般トレッキングコースとなっているため道はよく整備されているが、私たちが分け入るブロークン氷河に道はない。ポーターから聞くところによると、三年前の第一次登山隊が入谷して以来、この谷に足を踏み入れた者は誰もいないとのことだった。

カンチェンジュンガ氷河と別れて北に向かうローナク氷河をしばらく溯り、北東から流入するブロークン氷河に分け入る。ブロークン氷河の入り口は、両岸を二〇〇メートル以上の断崖に囲まれたゴルジュ帯となっている。ここがひとつの関門となって、これまで多くの登山者の入域を阻んできたのだろう。左岸側壁の危険個所にフィックスロープを張って下級生やポーターたちの安全を確保してゴルジュ地帯を通過すると、谷は明るく広がっている。さらにアイガー北壁に似た岩壁の裾を巻くように谷を溯ると、目の前にはヒマラヤ襞をまとったドローモ（六八八一㍍）の鋭い山容が見えてきた。

ゴルジュ帯の先で谷底に下りると、そこはブロークン氷河の舌端部分。氷河の末端から流れ出る川を飛び石伝いに渡り、ガレ場の急斜面を登った先が台地状になっていて、そこが三年前の第一次隊のベースキャンプ跡地だった。標高五二〇〇メートル。今回もここにベースキャンプを設営する。テントを見下ろす小高い丘には石積みの塔が作られていて、タルチョ（チベット仏教で使われる五色の祈禱旗）を飾って祭壇とする。翌日、グンサからラマ僧を呼んで安全登山のプジャ（礼拝の儀式）を行なった。ここからがいよいよ本格的な登山の始まりである。

翌日からは、キャンプ1（C1）に向けての荷揚げと高所順応を繰り返した。そして先発隊が日本を発ってから一九日目、九月二六日になってようやく目標のアウトライアーの姿を目にすることができた。はじめて仰ぎ見るアウトライアーの印象は、「雪が意外に多い」ということだった。前回、越えることのできなかった南西壁上部は雪と氷に覆われていて岩の露出は少なく、クレバスもここから見るかぎりにおいては見当たらない。懸垂氷河も安定しているように見える。下部の氷雪壁はヒマラヤ襞の発達が著しいが、登るのは問題ないだろう。第一次隊の報告を聞いて、上部岩壁帯が雪と氷に覆われてさえいれば確実に突破できる自信があったので、このコンディションは悪く

アウトライアー南西壁と登攀ルート。手前はキャンプ2

ないと思った。

その後、氷河手前の標高五六〇〇メートル地点にキャンプ1を設営。そこからブロークン氷河源頭の氷原地帯に足を踏み入れ、複雑なクレバス帯を越えた先の雪原上の標高五八〇〇メートルにキャンプ2を設営して南西壁の登攀に備える。

一〇月五日、頂上アタック態勢を整えて四人の登頂メンバーがC2に入った。ところが翌日から暴風雪が吹き荒れて停滞を強いられる。二〇一三年のネパールは梅雨明けが例年になく遅れていて、朝、天気が良くても午後には雲に覆われ、小雪が舞うといった不安定な天気が続いていた。前回の経験から、一〇月に入れば梅雨明け後の安定した晴天が続くものと信じていたのだが、ここまで不順な天候は誤算だった。雪原に張られたテントは強風に翻弄され、二日間、壁に近づくことさえできなかった。

ようやく青空を目にしたのは一〇月八日のことだった。この日、高度障害で体調のすぐれない古城隊員が登頂をあきらめ、大事をとってC１に下山する。先発隊のリーダーとして現役部員たちを引き連れて麓から入山し、高所対策も万全と思われていたのだが、残念な結果となってしまった。いちばん悔しかったのは本人だと思うが、自分の体調と登山隊のことを考えて自ら下ることを申し出てくれた彼の決断にはいまでも感謝している。

この日は南西壁下部雪壁のフィックス工作（素早く安全に登下降できるように、あらかじめロープを壁のなかに固定＝フィックスしておくこと）に向かう。前日までに降った雪の量はC２で五〜一〇センチ程度。傾斜が強い南西壁には雪が積もらず、ほとんどが落ちてしまったようだ。壁そのものは堅雪となっていて快適に登ることができた。主にスノーバーを使って懸垂氷河直下までロープをフィックスし、翌日からの頂上アタックに備える。

一〇月九日、萩原、村上、本田の三人に、ネパール人スタッフ三人を加えた六人が頂上をめざすことになった。

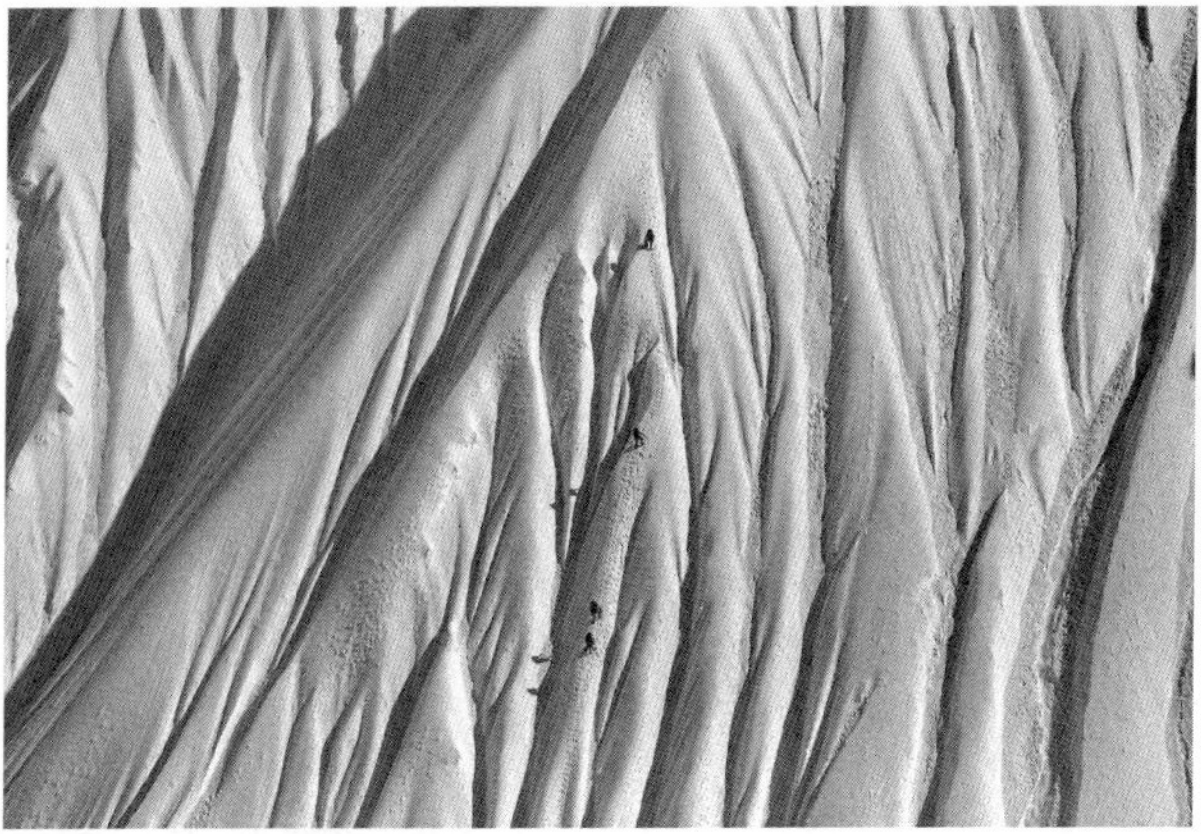
南西壁下部雪壁を登る隊員たち

南西壁登攀

南西壁の登攀は、傾斜五〇度〜六〇度の雪壁から始まった。今回の登山では、隊員たちの力量と安全・確実な登頂を考慮してフィックスロープを使った登山スタイルを採用している。また、一回のビバークでは頂上に届かなかった前回の教訓を生かして壁の上部にキャンプ3を設け、二日間をフルに使って南西壁を攻略する予定である。登攀ルートは、南西壁中央の雪壁から上部岩壁帯とのコンタクトラインに沿って右上するラインを選んだ。懸垂氷河に直接突き上げる正面のクーロアールには雪崩の跡が残っており、上部からの落石、落氷などが集中すると見ての判断である。

下部の雪壁は雪質も安定しており、既知のルートであることも手伝ってスムーズに登ることができた。ヒマラ

南西壁上部の登攀。C 2が足下はるかに見下ろせる

ヤ襞の谷状部分から取り付き、上部に行くにつれて広くなった尾根状の部分にルートを求めて高みへと登っていく。頭上を岩壁帯に阻まれると岩に支点を取りながら右へ右へとトラバースし、計画どおり懸垂氷河上の斜面に到達。雪の急斜面を切り崩し、テント二張り分のスペースを整地してC3とする。高度計は六五〇〇メートルを示していた。

急斜面の狭いスペースに設営したため、トイレに出るのにもセルフビレイが欠かせない。また上部斜面から落ちる雪が常にテントの側面を圧迫し、快適とは言い難い状況ではあったが、クレバス内でビバークした第一次隊よりはまだましだろう。高度と疲労の影響で食欲がわかないなか、インスタント雑炊を無理やり胃に流し込み、水分をたっぷり補給してからシュラフにもぐり込んだ。

懸垂氷河に向けて岩と雪とのコンタクトラインを登る私

一〇月一〇日午前六時、頂上をめざして頭上を圧するようにそびえる上部ミックス壁に向かう。ここが南西壁の核心部。前回、越えることのできなかったポイントだ。標高七〇〇〇メートル近い高所で、日の当たらない早朝の登攀は寒く、厳しい。ただし前回と違って雪は安定しており、その下の氷の層にアックスがよく決まる。薄い酸素に喘ぎつつ、チムニー状の岩場を二時間近くかけて攻略し、傾斜の緩んだ雪壁を登りつめると中国との国境稜線に飛び出した。

そこで私たちを待ち受けていたのが、チベット高原から吹きつける烈風だった。雪煙が舞い、フードの隙間から入り込む風が容赦なく肌を刺す。さらに頂上へと延びる尾根は、岩を露出させていて予想以上に悪かった。全員が安全に頂上を踏んで帰ってくるには、どうやら時間もロープも足りそうにない。この日まで三日連続の快晴が続いており、あしたも晴れる保証はまったくないが、あと一日だけ奇跡の晴天を祈ってC3に引き返すことにした。

翌一一日。私たちの祈りが通じたのか、四日連続の快晴の朝を迎えた。テントの外を見下ろすと、インド国境の稜線から昇った朝日が眼下の氷河を黄色に染めていた。空はきのうと同様に、この上なく青い。

高所での連泊で疲れが溜まっているはずだが、気力がそれをカバーしていた。メンバー全員の士気は高い。それに、私たちには前日に残しておいたフィックスロープがある。通過に二時間かかった核心部の登攀もロープのおかげで苦もなく登れ、前日と比較にならないくらい簡単に日の当たる国境稜線へ這い上がることができた。幸運なことに、前日の身を切るような強風は収まっていた。どうやらいちばん晴れてほしい日に、いちばんの天気を引き当てたようだ。おかげで、きのう引き返した先の岩場もスムーズに乗り越えていった。

鋭い岩交じりの雪稜が傾斜を落とし、頂上ドームに続くおだやかな雪面のなかに吸収されてしまうと、あとは最高点に向けてひたすら雪の斜面を歩くだけだった。下界の四〇パーセントといわれる酸素濃度も、蓄積されているはずの疲労も、誰も登ったことのない山の斜面を世界ではじめて歩いているという高揚感が忘れさせてくれる。踏み出す一歩一歩は重く、小さく、ゆっくりとしたも

アウトライアー東峰頂上に青山学院大学山岳部の部旗が翻った

のだったが頂上は確実に近づいていた。

傾斜がさらに緩むと、ヒマラヤンブルーの空の下にこれまで誰にも踏まれたことのない頂が見えた。小広い雪原となった頂上ドームを南の端まで歩き、それ以上高いところがないことを確認してピッケルを深々と突き立てる。

二〇一三年一〇月一一日一二時三〇分、登頂成功。

視界の先にはエベレストをはじめとするヒマラヤの高峰が、振り返ればチベット高原の茶褐色の大地が地球の弧を描いて広がっていた。少し遅れて本田隊員、最後に村上登攀隊長が到着する。第一次隊に参加した二人にとっては三年越し、青山学院大学山岳部にとってはこのエリアに注目してからじつに四〇年の時を経て夢がかなった瞬間であった。

試練の下降

登頂後は一気にC2まで下ることに決めていた。さすがに五日連続の快晴はありえないだろうという天気の読みと、高所に長く滞在する危険を避けるための、厳しいが当然の選択だったと思う。もしC3で雪に降り込められたら脱出不可能、雪崩の餌食になることは間違いない。

午後二時、下降を始めるとそれまで快晴だった空が一転、いきなり雲に覆われてしまう。この天候の急変には驚いた。それまでまったく雲を見ることがなかったのに、私たちが下るのを待っていたかのようにどこからか雲が生まれ、周囲を完全に包み込んでしまったのだから……。

濃い霧の中を私が先頭で下りはじめ、懸垂下降三ピッチ目のことだった。「ビシッ」という音とともに、ロープにかかっていた荷重がふっと消えた。はずみで大きく右に振られた私は、背中から雪壁に叩きつけられた。墜落距離は二、三メートルほどだったろうか。正面を向いてアイゼンを蹴り込み、そっと立ち上がる。ゆっくりと手足を動かしてみたところ、幸いけがはなさそうだ。見上げると、フィックスロープの中間付近に抜け落ちたアイススクリューがぶら下がっていた。

ここでようやく事態を飲み込むことができた。懸垂下降中にこいつが抜けて落ちたのだ。セットするとき、岩盤に突き当たって根元までねじ込むことのできなかったアイススクリューが、日射を受けて緩んでいたのかもしれない。ロープはスノーバーで作った上部の支点とつながっていたために墜落距離は最低限に抑えられたが、屈曲していたぶんだけ振られて壁の途中にぶら下がって止まったのだった。このとき、下降器の近くにセットしたバックアップのためのプルージックがロープに食い込んで体重を支え、それ以上の落下を防いでくれていた。もしバックアップなしに下っていたら、落ちた衝撃で下降器の制動をかけられなくなってしまい、落下の勢いによっては下部の支点を破壊してチベット側の雪壁をはるか数百メートル下まで落ちていたかもしれない。下降支点のチェックと、不用意に落ちたときのバックアップの重要性をあらためて認識する。

国境稜線を離れ、南西壁上部の垂壁部分ではアイススクリューやスノーバーを打ち直すなど、さらに慎重に支点をチェックしながら下る。この支点にみんなの命が懸かっている……と思いながら。

懸垂氷河の斜面に降り立ち、C3を撤収するころには日が暮れて視界が利かなくなった。暗闇のなか、ヘッドランプの明かりで岩壁と氷壁とのコンタクトラインをトラバースする。足下には標高差八〇〇メートルの氷壁が口を開けているのだが、深い闇がそれを隠していた。アルパインスタイルでの登攀だと、とくにこうしたトラバース系の下降が難しい。今回はフィックスロープを使ったオーソドックスな登攀スタイルでの登攀だったので安心して下れたわけで、自分たちの力で確実に登頂し、安全に下山するためには順当な作戦だったと思う。

トラバースを終えて雪壁のパートに入ると、ところどころ雪に埋もれたフィックスロープを掘り起こしながらの下降となる。二度目のアクシデントは、この雪壁の中で起きた。

先頭で下っている私が埋もれているロープを掘り起こしていると、突然、頭部に強い衝撃を受けた。後から下りてくるメンバーが落とした雪の塊がヘルメットを直撃したのである。のけぞるほどの衝撃を受けた瞬間、ヘッドランプが吹き飛んだのがわかった。ロープをしっかり握っていたので墜落は免れ、首が少々痛んだ程度で下るのに支障はない。見下ろすと、はるか数百メートル下の闇の中に、ヘッドランプの光が星明かりのように小さく見えた。急峻な壁を基部近くまで落ちていったようだ。このとき、自分でも怖いほど冷静だった私は、(まあ、下る方向の目印ができていいさ)と開き直るだけの余裕があった。

壁の中なので予備のライトを出す余裕もなく、そこからは雪明かりのなか手探りでロープを掘り起こしつつ下降を続ける。ルートは、鉛直方向よりもやや左に向かっていくため、途中でヘッドランプの明かりから少しずつ離れていった。二、三〇メートルほど先の雪の壁にポツンと残された私のペツル・ティカXP2は、一〇〇メートル近くの落下に耐えてけなげに夜空を照らしていた。寄り道して回収することも考えたが、時間的なロスは避けたいので残念だがそのまま下降する。

南西壁の基部に近づくにつれ、足元にクレバスが現れはじめる。登りのときには気づかなかった場所にも、ぱっくりと底なしの穴が開いていた。幅一メートルほどのヒドゥンクレバスを踏み抜いたときは、フィックスロープのおかげで体重を元に戻して事なきを得た。ロープを着けていなかったら、きっとかなり面倒なことになっていただろう。

傾斜が緩やかになってまもなくフィックスロープの終点、南西壁の取付に到着しようとするとき、下から登ってくるヘッドランプの明かりを見た。わざわざC1から駆けつけてくれたキッチンスタッフのチョンベだった。くしゃくしゃの笑顔の出迎えを受けた私は、ロープから下降器を外してゆっくりとチョンベのもとに歩み寄る。祝福の言葉を何度も繰り返しながら彼が差し出してくれたのは、カップ一杯のホットジュースだった。オレンジ味の甘い液体が食道を通り、空っぽの胃袋に流れ込んでいくのを実感したとき、ようやく危険地帯から脱出できた安堵感に包まれる。

しばらくすると仲間が次々と下りてきた。雪焼けで真っ黒な顔のなかに白い歯がこぼれている。あとはC2まで、クレバスに注意して歩くだけだ。予備のヘッドランプを頭に付け直し、私たちは三日ぶりに手を使うことなく、平らな雪の上をC2へと歩いていった。標高五八〇〇メートルのテントの中は、まるで酸素のぬるま湯に入っているように心地よく、紅茶で乾杯しながら遅くまで登頂の喜びを語り合った。

翌朝、のんびりとC2の撤収作業をしていると、ネパール人スタッフのラムカジがなんだかうれしそうな表情で私のほうに駆け寄ってきた。

「バラサーブ（隊長の意味）、プリーズ」

彼がうやうやしく差し出したのは、きのう壁の途中で落雪に叩き落とされた私のヘッドランプだった。雪壁を一〇〇メートル近く落ち、一晩中、南西壁で虚空を照らしていた私のティカXP2に間違いない。早朝、雪壁下部のフィックスロープの回収に向かったときに見つけ、わざわざルートを離れて拾ってきてくれたとのことだった。

「ダンネバー（ありがとう）、ダンネバー」

一〇〇メートルの落下に耐えて私の元に戻ってきたヘッドランプは、これからきっとラッキーアイテムとなって私の山登りを支えてくれることだろう。ラムカジに精いっぱいの感謝の気持ちを伝えた私はヘッドランプをポケットに入れ、後輩たちが待つC1に向かって下っていった。

高所登山の危険性

かつて日本ヒマラヤ協会理事長（当時）の山森欣一さんが、「ストップ・ザ23」という標語を掲げてヒマラヤ登山における日本人の遭難防止を呼びかけたことがある。これは、ヒマラヤでの日本人の死亡遭難事故が毎年あとを絶たず、一九六一年から二二年間も連続して死者を出している現状に歯止めをかけたいとの思いで提唱したものだった。その後の統計によると、一九五二年から一九九九年の四八年間に六〇〇〇メートル以上の高峰をめざした日本隊の入山者は一一二二一人。そのうち死者が二五四人。つまり死亡率は二・三パーセントにも及ぶことを算出している（参考資料：日本ヒマラヤ協会『ヒマラヤNo.３４３』）。

この統計は、ヒマラヤ登山の危険性を如実に物語っているといえるだろう。平均すると四〇人のうち一人が亡くなっていることになる。学校に例えれば、一学級の仲間のうち誰か一人が命を落としているという計算だ。そのなかにはエベレストに三度の登頂を果たした加藤保男（一九八二年、冬季エベレスト登頂後に行方不明）や、アルプス三大北壁の冬期単独登攀に成功した長谷川恒男（一九九一年、ウルタルⅡ峰で雪崩に巻き込まれ遭難死）といった著名登山家も含まれる。豊富な登山経験や高い登攀技術をもってしても、遭難のリスクを排除しきれないところが高所登山にはある。

近年は独自にヒマラヤをめざす登山者が少なくなり、公募登山で既知の人気ルートを登る人の割合が増えてきたため死亡率は昔に比べて低くなってきていると予想されるが、ヒマラヤなどの高所登山の危険性は昔も今も変わることはない。日本では経験することのできない高度と氷河の存在、そして圧倒的なスケールが、登山中における不確定要素としてひそかに登山者の命を脅かしている。

今回の私たちのアウトライアー東峰初登頂にしても、高峰登山ならではの危険因子は確実に存在していた。

たとえば高度障害。アタック態勢に入り、誰かが南西壁のなかで動けなくなってしまうようなことが起きていたらその段階で登山は終わっていた。だから、正直に体調不良を訴えて自ら登頂を辞退した古城隊員の判断は正しかったと思う。仮に救助のためあと一日壁で停滞するようなことになっていたとしたら、壁を下った翌日から三日間降り続いた雪のために行動できなくなっていただろう。雪崩の巣と化した氷雪壁から引き剝がされ、全員が一〇〇〇メートル下の氷河に叩き落されていた可能性も十分にある。

氷河の危険性も無視することはできない。私たちがC3の設営場所に選んだ懸垂氷河は、いつかは大崩落を起こすことがわかっていた。もちろん、その直下をルートに選ぶような愚は犯さなかったが、もし、その崩落が私たちの登攀中に起きたとしたら、たとえ直撃を免れたとしても爆風などの影響による致命的な事故につながっていたことは明白だった。

氷河歩行の危険性についても同様である。ブロークン氷河の源頭部は南を向いているせいかクレバスの発達が小さく、ロープによる安全確保は必要ないと判断して行動していたのだが、ところによってヒドゥンクレバスが潜んでいた。南西壁の登攀中、足下の氷河を見下ろすと、私たちのトレースの一部がヒドゥンクレバスの上を横切っているのが見えた。ここは小さな裂け目を跳び越えたと記憶しているが、上から見ると意外に長く大きなクレバスだった。

クレバスへの転落は、そのスケールにもよるが悲劇的な最後が待っている。

一九八六年、ワスカラン北壁の単独初登攀で知られるイタリアの気鋭の登山家レナート・カーザロットは、当時未踏だったK２の南南西稜に単独で挑んだ際にクレバスに転落して負傷。深さ四〇メートルほどの氷の深淵から、ベースキャンプで帰りを待つ妻に無線で助けを求めた。すぐさま救助隊が組織され、暗闇の底にうずくまるカーザロットを引き揚げることに成功するも、吊り上げられる直前に妻と交わした会話が彼の最後の言葉になった。交信後に意識を失ったカーザロットは、氷河の上でそのまま帰らぬ人となってしまったのである。

また、四姑娘山《スークーニャンシャン》南壁に新ルート「フリー・スピリッツ」を拓き、中国のアルパインクライミング界をリードしてきた厳佟佟《ヤンドンドン》は二〇一二年、天山の未踏峰チェレボス（中国名：却勒博斯峰、六七六九メートルまたは六七三一メートル）を登山中にヒドゥンクレバスに転落。ロープを使ってクレバスの底に降り立った仲間たちの必死の救助もかなわず、氷の裂け目に挟まったまま死亡している。

クレバスの罠に落ちてしまえばベテランも初心者も関係ない。少しの運が味方してくれないかぎり、命を落とすことになりかねないのだ。

ヒマラヤには高所ならではの多くの危険が潜んでおり、どんなに慎重な態度で接しようとしてもその危険を完全に排除することはできない。ヒマラヤの高峰、なかでも新ルートや未踏峰をめざす者は、そこにどうにも避けることのできない危険が潜んでいることを承知の上で、想定外の苦難にも打ち勝つ覚悟を持って計画を立てるべきだろう。

教訓

● ヒマラヤ登山に「絶対安全」はありえない。不確定要素にともなうリスクを承知のうえで登る覚悟が必要である。
● 登頂の成功は天候がカギを握っている。青空を味方につけた者に対してのみ頂上は微笑む。

第10章

山の怪

File 18

見えない「何か」

日光表連山

はじめにお断りしておくが、私は霊感が強いほうではない。むしろ霊感音痴？とでもいえる存在だと自認しているし、仲間もそれを認めている。そもそも幽霊の存在など信じていない。そんな私でも、「いくらなんでもこれはおかしい」と思った経験が少なからずある。べつになんらかの危害を被ったというわけでもないし、危機一髪とはいかないまでも、いまだに謎が解けていない事件がいくつかあったので紹介しよう。

先輩が見たものとは……

その昔、北アルプスのとある冬期小屋に大学のＦ先輩と泊まったときのことだった。地吹雪の舞う雪原を横断し、風雪の尾根を登ったところにその小屋は建っている。

半二階の小さな入り口から中にもぐり込んでほっとひと息ついた。雪が吹き込まないようにすべての窓がふさがれているため、小屋の中は日中でも真っ暗である。部屋の片隅に荷物を広げ、炊事の準備をはじめた。明かりはローソクが一本。炎が不規則に揺らめくのは、どこからかすきま風が入っているからだろう。ガソリンコンロに鍋を乗せ、ビニール袋に入れて運んできた雪を入れて水づくりを始める。

雪が早く溶けるよう、シャーベット状になった雪をスプーンで削ってかき回しては次の雪を入れる。単純な作業と、コンロのシューシューという音が眠気を誘う。コンロにかざした手袋がもうもうと湯気を上げる。炎の温かさが湿った手袋を通して指に伝わり、じんわりと温かくなる。暗くて寒い小屋のなかで雪の入った鍋をじっと抱えている姿はみじめに見えるかもしれないが、一時間前まで息もつけないほどの風雪と闘っていた者にとってはなんとも幸せな時間なのだった。

私が炊事番をしているあいだにF先輩は小屋の中の探検に出かけていたらしい。奥に延びる廊下の暗闇の向こうから足音が聞こえ、先輩が戻ってきた。コンロを挟んで向かい側に座ると、じっと黙ったままコンロの炎を見つめてひと言もしゃべらない。ふだんは陽気なF先輩が不自然におとなしかった。なんとなく様子がおかしいと思ったが、当たり障りのない話をしながら夕食をとった。

食後の紅茶を飲み終わるころには、すっかり外の風雪の厳しさは頭の中から消えていた。寝るにはまだ早いので、ヘッドランプを片手に立ち上がり、私も小屋の奥に行ってみようとしたそのときだった。

「萩原、その先に行っちゃだめだ！」

先輩の大声が小屋中に響きわたった。振り返ると、ふだんは柔和な表情の先輩の顔がこわばっている。ローソクの明かりが下から照らすので、なおさら怖い形相に見えた。

「なんで……」

と聞こうとすると、私の言葉をさえぎって、

「いいから言うことを聞け！　俺には見えるんだ」

温厚な先輩がこんなに声を荒げて言うのだから、何かよほど恐ろしいものが見えているにちがいない。それほどヤバいものならなおさら教えてほしいと頼んでも、それから先はいっさい口を閉ざし、何も教えてくれようとしなかった。「お前のために止めているんだ」と言われてしまえば、こちらも従わざるを得ない。なんとなくモヤモヤした気持ちのまま、言われるとおり行くのはやめて寝る支度をする。

その山小屋は北アルプスの稜線上に立ち、長い歴史のなかでは遭難者の遺体を仮安置したこともあったかもしれない。先輩が見たらしい「何か」がそこにあってもおかしくはない。そんな想像もしてみたのだが、冷凍庫のような山小屋ではそんな「何か」にかかわっている余裕はなかった。

その夜は何事も起こらずに平和な朝を迎えた。先輩はきっと眠れなかったのだろう、血走った目

をして朝から不機嫌そうにうつむいたままだった。

下山してしばらく経ってから東京で先輩にお会いしたとき、「あのとき、何が見えていたのですか？　もう教えてくれてもいいでしょ？」と食い下がったのだが、口の固さは相変わらずで絶対に答えてくれようとしなかった。「世の中には知らないほうがいいこともある」と。

なんかおおげさだなあ、と思いつつ、決して口を割ることのない後輩思いの先輩は、きっとあの小屋で見た「何か」を墓場まで持っていくつもりなのだろう。

私は以後、詮索するのをやめて現在に至っている。

密室のなかの出来事

もうひとつ、北アルプスの某山小屋での話。

『山と溪谷』の雪上技術の撮影のため、私はカメラマンのKさん、プロガイドのMさんと同じ部屋に泊まっていた。三日間の取材日程で、ここに二泊する予定である。

二日目の朝食の席で、Kさんが唐突に「ゆうべさぁ、だれかが部屋に入ってきたよね」と言った。

「いやあ、覚えていないなぁ」とMガイド。

「ないでしょう。部屋に入ってきたらわかったと思いますよ」と私。

じつは前夜、私たちは山小屋のご主人からこの周辺に現れる幽霊の話をさんざん聞かされていたのだった。近くにある露天風呂にのっぺらぼうの幽霊が姿を見せるので、温泉の周辺の底をさらってみたら行方不明の方の遺体が出たとか、雨の日の夜中に小屋のまわりをステテコ一枚で走り回る幽霊が出るとか、まるで目に浮かぶような話しぶりで私たちを怖がらせたものだった。きっとそれがKさんの頭に残って夢に出てきたのだろう、というのが私たちの推論だった。

それでもKさんは「いや、絶対に誰かが部屋に入ってきた。間違いない」と強く言い張るので、その晩、寝る前に私がひとつの提案をした。人が部屋に入ってきたらすぐわかるように、バリケードを作って入り口を封鎖するのである。部屋にあるテーブルを扉にぴったりと押しつけ、その上に椅子を二脚、逆さにして乗せる。重し代わりにお茶のセットもテーブルに乗せた。さらにドアには細く切ったガムテープを貼り、誰かがドアが開ければすぐにわかるように仕組んだ。

トイレは部屋の中にもあるので、私たちは朝まで外に出る必要はない。密室状態になったこの部屋に誰かが忍び込もうとするならばガムテープが剝がれ、無理にドアを押し開けようとすればテーブルから椅子が落ちて大きな音を立てるはずだ。この仕掛けに気を良くした私たちは、すっかり安心して眠りについた。

その夜、Kさんが奇妙な行動に出た。

ガタガタと何か音がするので目を覚ますと、Kさんが窓を開けようとしているところだった。カギがかかっているアルミサッシの窓を必死に引っ張り、「開かない。開かない」とブツブツ言っている。

その音で目覚めた私とMガイドは、Kさんの腕を引いて「トイレならこっちだよ」とトイレに連れていこうとするのだが、「開かない、開かないんだよ」と彼は窓を開けることに必死にこだわり続けている。きっと寝ぼけているのだろう。カギが目の前に見えているはずなのに、さっきから締まったままの状態でガタガタと窓を引き続けているのだ。

「わかったわかった。いま、開けますからね」

見かねた私がカギを開け、窓をいっぱいに開け放った。外から冷たい空気が入り込んできた。夜半から雨が降り出したらしい。外はまだ闇のなかで、窓から漏れる薄明かりの中に雪の丘がぼんやりと見えるだけだった。

窓が開いてほっとしたのか、Kさんは急におとなしくなってそこに立ったままフラフラと左右に揺れている。やっぱり寝ぼけているのだろうと思い、Mガイドとふたりで Kさんを抱えるようにして布団に入れて寝かしつけた。

翌朝、扉の前のバリケードはそのままだった。ガムテープも剝がれた形跡は見当たらない。

「ほら、誰も入ってこなかったでしょ？」とKさんに見せると、「おかしいなぁ。でもやっぱり誰かが入ってきたような気がするんだけど」とKさんは言う。ところで昨晩のことを覚えているか聞いてみると、まったく記憶がないとのこと。自分が必死に窓を開けようとしていたことなど知らないと言い張るのだ。

そこで気づいた。入り口のドアは完全にふさがれていた。外からの侵入者を遮断していたのは間違いない。しかし、一度だけ密室が破られた瞬間がある。それはKさんが一心不乱に窓を開け放とうとしていたときのことだ。カギを開けるのを手伝い、窓を開けたのは私だった。

もしかしてそのとき何者かが部屋に入ってきたのか？　それとも逆に出ていったのか？　入り口のバリケードに気づいた何者かが、Kさんに取り憑いて窓を開けさせようとしていたのだろうか？

昨晩、もし山岳部のF先輩がそばにいたら、窓を開けようとする私を止めていたかもしれない。

「萩原、絶対に開けちゃダメだ！」と。

ちなみにF先輩が私を「その先に行くな！」と引き止めた山小屋と、この山小屋は互いに見える位置に建っている。

日光表連山縦走

大学山岳部時代と『山と溪谷』編集部時代の話に続き、最後に高校山岳部時代の話をしよう。

高校一年の秋、宇都宮東高校山岳部では一一月末の連休に日光表連山を縦走する計画を立てていた。女峰山から男体山へ。女峰山頂上直下の唐沢小屋と、大真名子山と男体山の鞍部にある志津小屋のふたつの無人小屋を使い、女峰山と男体山を結ぶ計画である。メンバーは二年生の先輩三人（石坂典久、川嶋康広、糸賀直樹）に一年生の私が加わるという四人パーティーだった。

入山初日。いつものように日光駅から歩きはじめ、東照宮の境内を通って女峰山の登山道に入り、唐沢小屋で一泊。当時の唐沢小屋は中央にかまどが切られていたので、枯れ枝を集めてきて焚き火をする。ちなみに東高山岳部員はみな、焚き火の名人ぞろいである。雨の日でも雪の上でも火が熾せるように経験を積んでいた。

一一月も月末ともなれば寒さは厳しかった。水場で炊事用の水を汲んでいたら、こぼれた水がポリタンクの縁で見ている間に凍っていったほどである。そして隙間だらけの小屋は焚き火をしていても寒かった。夜半には風が出てきて、換気用の木の窓がときおりバタンバタンと派手に音を立てる。すきま風がやけに冷たいと思ったら、ときおり雪の結晶が吹き込んできてシュラフの上にうっ

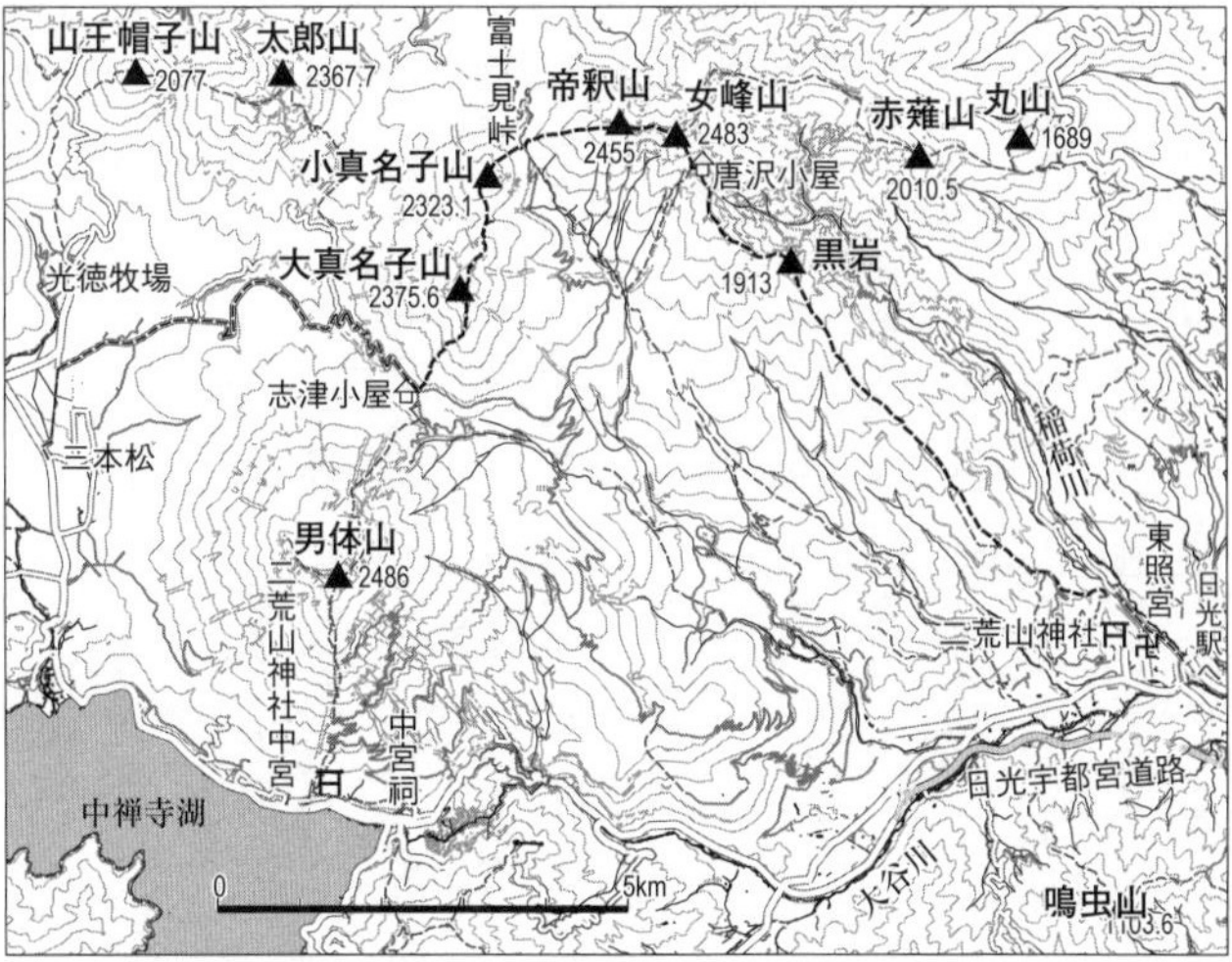

すらと積もっていた。稜線はきっとひどいことになっていることだろう。

翌朝は曇り空で、深い霧が頂上付近を覆っていた。山頂直下のガレ場をつめて女峰山に登ると、わずか三〇分のあいだにまつ毛が白く凍り付いていた。ここから日光表連山の縦走が始まる。

樹林帯の多い日光の山には珍しく、女峰山と帝釈山のあいだは岩とハイマツのヤセ尾根になっている。ここは「馬の背渡り」と呼ばれ、太郎山の「新薙」、大真名子山の「千鳥返し」と並んで日光三嶮のひとつとされているところだ。晴れていれば高度感のあるスリリングな縦走を楽しめるのだが、この日は強風に雪が交じる厳しい尾根歩きとなった。

ヤセ尾根を渡り切ってまもなく帝釈山頂上というところで、最後尾を歩いていた糸賀さんの姿が見え

女峰山山頂に立つ糸賀さん（左）、私、川嶋さん（11月下旬）

なくなった。風が強いため頂上を越えた先の樹林帯で風を避けながらしばらく待つが、糸賀さんはやって来ない。迎えにいった川嶋さんが戻ってきて言うには、「糸賀がカメラを谷に落として、行くなと止めたのに拾いにいってる」とのこと。

写真部にも所属していた糸賀さんは、肩にかけていた一眼レフカメラをハイマツの枝に引っかけてヤセ尾根の南斜面に落としてしまったらしい。そこは急峻なガレ場になっていて、下のほうは霧で見えないにもかかわらず、カメラを探しにひとりで降りていってしまったとのことだった。

三〇分ほど経ってからようやく、糸賀さんが大事そうに愛機を抱えて頂上を越えて下りてきた。頑丈なケースに入れてあったため、カメラは奇跡的に無事だったようだが、糸賀さんはリーダーの石坂さんにしっかり叱られていた。
ともあれカメラよりも命が無事でよかった。これで縦走が続けられる。

凍傷未遂

カメラ回収事件のために一時間ほど時間をロスした私たちは、気を取り直して次の山をめざした。帝釈山を下り切ったところが富士見峠。ここまで林道が入り込んでいて、非常時には山を越えなくても容易に志津小屋に向かうことができる。しかし私たちにはエスケープルートを選ぶ選択肢はなかった。今回の目標は積雪期の合宿を見据えての日光表連山の縦走であり、小真名子山、大真名子山を越えてこそ、その目的は達せられる。

深い樹林帯の道を小真名子山に向かった。この山は遠くから見るとただのこんもりとした森の山といった雰囲気だが、実際に登ってみると途中に急峻なガレ場が現れて、それなりに変化が楽しめる。ふたたび樹林帯に入ると、昨晩の冷え込みでできたのであろう、梢の先に歯ブラシのように付いた霧氷が地面に落ちて登山道を白く染めていた。ザックザックと霧氷を踏んで小真名子山の頂上に立ち、大きく下ると鷹ノ巣と呼ばれる鞍部に着いた。ここはうっそうとした森のなかの平地であり、風の影響もなくビバーク地として最適の場所でもある。実際にその翌年三月の春山合宿では、

小真名子山のガレ場を登る私（手前）と糸賀さん（３月の春山合宿にて）

ここに竪穴式雪洞を掘ってビバークしたものだった。

ここからはふたたび急な登りを経て大真名子山へ。針葉樹の森のなかで何度か道を見失ったが、頂上が近づくにつれて道は明瞭になった。いかにも信仰の山らしく、樹林の合間に突然、大きな石碑や銅像が現れてドッキリさせられる。

大真名子山の頂上に立つころには、いつしか晩秋の夕暮れが近づいていた。日光三嶮のひとつ、千鳥返しを下り切ると、針葉樹の森のなかは夜になった。あとは志津小屋に向かって一直線に下るだけだが、ここで焦ったのか、先頭の石坂さんが道を外してしまった。霧氷が地面を白く埋め尽くしていたため、道を見失ってしまったらしい。

迷い込んだのは、登山道よりも南側のガレ沢だった。そこは樹林が空をふさいでいないため明るく、まだかろうじて視界は利く。眼下には志津小屋から続く野州原林道が見えた。過去に男体山の集中登山で、こうした薙を何度も上り下りしている先輩たちにとって、ここは普通の道とそれほど変わらないらしい。暗い森のなかでルートを探しなおす苦労よりも、バリエーションルートを下ることに喜びを感じているかのようにも見えた。

ルートの選定や長時間行動になったことはともかく、私はこのときひたすら空腹だった。一〇時間以上の行動に、食事が一回では物足りない。個人で用意してきた行動食も食べ尽くしてしまっていた。おなかがすくと力が出ないばかりか、注意力も散漫になってしまう。小さな滝を転げ落ちたり、藪に帽子を取られかけたり、ボロボロになってようやく林道に出たときには、あたりは完全に闇に包まれていた。各自、ヘッドランプをつけて小屋に向かう。

志津小屋に人はいなかった。

板張りの床にザックを下ろし、帽子を脱いで手袋を外す。それを無造作に床に置いたとき、カタンと音がした。革製の手袋の指先がカチカチに凍っていたのだった。手袋を脱いだ手をヘッドランプの明かりで見ると、ろう人形のように白い。指先を叩いてみても感覚はなかった。それを目ざとく見つけた石坂さんが、雪を溶かして水を作っている鍋のなかに私の手を入れさせた。ぬるま湯になっても温かさは感じなかったのだが、しばらくすると指の先に激痛が走った。血流の滞っていた

志津小屋の前に立つ宇都宮東高校山岳部一同（12月の冬山訓練合宿にて）

血管に、一気に血が流れはじめたからだろう。顔をしかめる私に石坂さんは、「痛みを感じるようなら大丈夫だ。もっと重い凍傷だと痛みも感じず、そうなると指を切り落とすことになる」とオソロシイことを言ったが、たしかに危険な状態だったのだろう。

凍傷の原因は革製のグローブだった。オーストリア製の革のスキーグローブはしなやかで、内部がキルティング構造になっており保温力はあるのだが、濡れに弱いということに気づいていなかった。汗による内部からの濡れに加え、雪の着いた岩や木の枝を持ったときの濡れと、その手で鉄製のピッケルを握ったため冷たさが倍増されてしまっていたのだろう。ザックの中には未脱脂のウールを使ったハンガリー製の手袋「ハンガロン」が入っていたので、早めに取り換えておけば問題なかったのだと思う。また、行動食の不足が凍傷の遠因になっていたのも明らかだ。ずっと空腹をかかえていた状況だったので、中から燃やすエネルギーが絶対的に足りなかったのは間違いない。

焚き木を集めている余裕がなかったので、この日は板の間の上で石油コンロを使って炊事をし、シュラフを広げて早々と休みについた。外は強風が吹き荒れていて、小屋の扉が少し開いたり締まったりと、バタバタ音を立てていた。それにしても大変な一日だった。カメラの転落と回収、下山中の道迷い、そして凍傷。思い起こせば反省点だらけである。

広い床の、いちばん奥の壁ぎわにリーダーの石坂さん、次が糸賀さん、川嶋さん、そして土間側の外れに私と、四人並んでシュラフを敷いて横になる。

疲れすぎているとなかなか眠れないものだということをこのとき知った。うっすらと目を開けてみると、入り口の隙間から入ってきた細い光の筋が見えた。いつの間にか雲が切れて月が昇ったらしい。風は相変わらずバタンバタンと戸を叩いている。その不規則な音にもしだいに慣れて、私はいつしか深い眠りに落ちていった。

奥から二番目

扉を叩いていた風は明け方には収まり、翌日は見事な青空の朝を迎えた。リーダーの石坂さんは、きのうの疲れが残っているという理由でこれから男体山を越えるのは見送り、裏男体林道を三本松に下ることに決めた。男体山はあらためて雪上訓練で登りにくればいいという判断だった。

モチ入りラーメンの朝食をとっていると、ひとりだけ浮かない顔をしている先輩がいた。糸賀さんだ。

「夕べは変だったんだよ。生まれてはじめて金縛りに遭った」という。

「疲れていたからかもしれないけれど……」

と前置きしての糸賀さんの話はちょっと怖かった。

昨夜、足元に何かが乗ってきたように感じて目を覚ますと、窓から差し込む月明かりのなかに得体の知れない何かの気配を感じた。それが、足元からだんだんと顔のほうに近づいてきたのだという。音もなくゆっくりと、胸のあたりまで登りつめてきたそれは、顔に息がかかるほどの距離まで近づいてきた。姿は見えないけれど、何かがのしかかってきているのは間違いない。そのあいだ、腕も足も重しを乗せられたようで動かすことはできず、隣の川嶋さんに声をかけようとしても口が開くだけで声にならない。目だけはさえていて、天井の煤けた梁や入り口の隙間からこぼれる月の明かりははっきりと見えていた。ただ、その「何か」の実態を目で捉えることはできなかった。

濃厚な何かの気配だけが自分のシュラフの上に存在していたのだという。それは、こちらを恨めしそうに見つめているようにも感じられた。まるで「その暖かそうなシュラフを俺に貸してくれ」とでも言いたそうに。

「おーコワッ。いやー、作り話にしてはなかなかリアルだね」と川嶋さんが茶化した。

「まあ、きのうはいろんなことがあって疲れていたんだろうよ」と石坂さんがまとめる。

「べつに信じてくれなくてもいいんだけど、本当にそう感じたことなんだよな」と糸賀さん。

そんなやりとりのあと、まあ、とりあえず帰るかとパッキングを済ませて小屋の外に出ようとしたときのことだった。川嶋さんが入り口の壁のトタンに書かれていた落書きを食い入るように見つめていたと思ったら、突然、「糸賀、悪かった。おまえが言ってたのは本当だったみたいだ」と叫んだのだった。

そこには、一年前にこの小屋で起きた事件が黒いマジックペンでこと細かに書かれていた。それによると、独りで志津小屋にやってきた男性が病気にかかって動けなくなり、亡くなっているのを登山者に発見されたということだった。

遺体の発見者が書いたのかどうかは不明だが、発見当時の状況を説明した文章の横に見取図が描かれていた。いちばん奥の壁ぎわにはザックや水や食料などの荷物、その手前にはコンロと鍋と食べ散らかした食事の跡、入り口付近に排泄物があったともリアルに描かれている。そして、壁際に置かれた荷物の少し手前に、発見された当時の遺体の形が書かれていた。奥から二番目。そこは、昨晩、糸賀さんが寝ていた場所だった。

だれが何を目的にこんなことを書き残したのかはわからないが、この小屋でひとりの男性が亡くなったことは事実なのだろう。でなければ発見時の図がリアルすぎる。

そして偶然、遺体のあった場所に寝た糸賀さんだけが金縛りに遭い、得体の知れない重みを感じたという証言もきっと本当のことなのだろう。

遺体と同じ場所に寝た者だけが金縛りに遭い、はっきり感じたという怪しい気配。その因果関係を否定するだけの根拠を、私は持ち合わせていない。

やはり「何か」はそこに存在していたのだろうか。

教訓

- 11月の中級山岳の厳しさを侮ってはいけない。
- 凍傷の予防には濡れ対策が重要である。手袋は濡れたらすぐに換えること。
- 世の中には科学で解明することのできない「何か」がやっぱりあるようだ。

あとがき

山で経験した「危機一髪！」な話を書いているうちに、気がつけばページが増えて入稿の締め切り日も過ぎ、あと一時間でこれを書かないと印刷に間に合わないという危機的な状況になってきました。通常の業務時間外の深夜か早朝か休日の時間を使って書き続けてきた原稿も、三四五ページを過ぎて残すところあと四ページ。黒雲が迫る頂上直下で、下降のことを考えながらも突き進まざるを得ない隊長の気持ちで最後の章をまとめます。

本書では長年にわたる私の登山経験のなかで、「あれはヤバかった」という体験をテーマごとに分けて紹介してきました。『危機一髪！』というタイトルを見て、「風雪地獄からの奇跡の生還」とか、「瀕死の重傷を負いながらの岩壁からの脱出」といった強烈なサバイバル体験を期待された方もいらっしゃるかと思いますが、幸いにしてそこまでドラマチックな遭難をしたことはありません。ただ、あとでよく考えてみると「あれはヤバかったんじゃないか」的な経験はそれなりに重ねてきたので、その瞬間に至る過程も含めてご紹介してきたつもりです。本文では危機のテーマに沿って書き進めてきましたので、最後に私の「危機一髪」な体験を、時系列に整理してまとめておきたいと思います。

　五月の山には雪がたっぷり残っているということをはじめて知ったのは一五の春のことです。身近な存在であったはずの高原山では、はじめて見る残雪の量に驚き、手足を濡らしてみじめな思いをし、道に迷ってさまよい歩きました。同行した父の経験がなければもっと悲惨なことになっていたかもしれません。都会では桜が散り、半袖の陽気になる五月でも、標高の高い山には雪が残り、登山道を隠し、ときには冬山と同じ条件になることを知った山行でした（File12）。

　高校一年生の夏、登山未経験の友人を誘って裏銀座縦走に出かけたときは、「ついでに穂高まで縦走しちゃおうか」と思いつつ、ガイドブックに「一度や二度、槍・穂高に登ったくらいでは心もとなくて勧められない」と書いてあるのを読んで思いとどまったことを覚えています。天気が良かったので行けたのかもしれませんが、行かなくて正解。情報収集の重要性と、ステップ・バイ・ステップの心構えが大切なのだと思った一五の夏でした（File09）。

　そのときの経験から、北鎌尾根や前穂北尾根などのバリエーションルートをめざそうとして高校山岳部の門を叩いたのは好判断だったと思います。当時の宇都宮東高校山岳部が岩登りや雪山技術の習得を活動のなかに組み込み、バリエーションルートの登攀にも積極的だったのは幸運でした。

前穂北尾根に向かった際、ジャンダルムの脆い岩場で立ち往生したときや、北尾根三峰の核心部をザイルなしで登ったことなど、危険な状況下にありながらも冷静に対処できたのは、やはり訓練の成果が生きていたからといえるでしょう（File09）。

大学山岳部時代には「いつかはヒマラヤの未踏峰へ」を合言葉に、雪山や岩登りに力を入れていました。しかし、どんなに体力をつけ、登攀技術を磨いたとしても、登攀の対象が困難になれば、おのずと危険度が増して遭難のリスクも増えてきます。雪山登山やクライミング中に、何度か危機にさらされました。

「雪があり傾斜があれば雪崩は起きる」というシンプルなことを、身をもって経験したのが五六豪雪の笠ヶ岳です。視界が利かないなか、樹林帯だから大丈夫だと思って登っていて突然、襲われた雪崩でした。記録的な豪雪の年だったとはいえ、雪崩に対する警戒が甘かったことは否めません（File05）。

笠ヶ岳穴毛谷という入山者の少ない山でクライミングを楽しんだときには、自然落石の怖さを知りました。落石は大小にかかわらず、ヒットしたときの破壊力には恐るべきものがあります。ヘルメットの重要性を思い知らされた一件でした（File02）。

風の怖さを知ったのも大学山岳部時代のことです。一一月の富士山で突風に体が浮き、「死の滑り台」に落ちそうになったヒヤリ感覚は忘れられません。そして悪天候を運んでくるのも風です。雷雲の来襲直前に吹き出した冷たい風（File07）、多くの命を奪った五月連休の暴風雪（File14）。そして風は落石の原因にもなります。風の怖さについて、登山者はもっと注意を傾けてもいいのかもしれません。

さらに、強風はあせりを生みます。突風が吹き荒れる春の羊蹄山でアイゼンが破損したときは正直、あせりました。しかし、すぐに気持ちを切り替えて、「ピンチのときこそ冷静になれ。客観的に己を見つめよ」と自分に言い聞かせて急場をしのぎました（File13）。

ヒマラヤ登山ともなると、どんなに周到な準備をしても避けることのできない不確定要素が増えてきます。二〇一三年のアウトライアー南西壁登攀では、下降支点の破損や落氷の直撃などを体験しましたが、天候に恵まれたせいもあって雪崩や登攀中の滑落やクレバスへの転落といった大きな事故は回避できました（File17）。登頂のカギは結局、天気のめぐり合わせがもっていると実感した次第です。

そして、最後にお伝えしたいのは「登頂後のリスク」です。遭難はなぜ下山時に多いのか。谷川岳でのふたつの事例が、そのわけを雄弁に物語っています（File10）。下山のリスクは、人の心のなかにあるのです。「家の敷居をまたぐまでが登山」とは高校山岳部の恩師の言葉ですが、最後まで気を抜くなという重要な教えといえるでしょう。

なお、今回ご紹介した山行記録は、あくまでも私個人の登山経験の積み重ねのなかで企画し、実践してきたものです。なかにはあの当時だったから歩くことができたコースであるとか、昔だから許された宿泊事情なども含まれていますので、決して無思慮にあとをたどるようなことはなさらないでください。ちなみに最後の話に出てくる日光の志津小屋は、老朽化とともに取り壊され、ずいぶん前に建て替えられて新しくなっています。

と、駆け足で本書を振り返りつつ、最後になりましたが謝辞を述べたいと思います。本書の執筆にあたりましては宇都宮東高校と青山学院大学の、ともに山を学んだ山岳部の仲間たちの協力をいただきました。あらためてお礼を申し上げます。また、編集・校正に関しては山本修二さん、ページデザインについては米山芳樹さんのご協力をいただきました。締め切り間際の「危機一髪！」状態を救っていただき、ありがとうございました。

二〇二〇年五月

萩原浩司

萩原浩司（はぎわら　ひろし）

1960年栃木県生まれ。82年青山学院大学法学部卒。小学生のころより父親に連れられて日光・那須の山々に親しみ、高校・大学時代は山岳部に所属。大学卒業後は山と溪谷社に入社し、『山と溪谷』『ROCK&SNOW』の編集長を歴任する。現在は特別編集主幹として主に山岳図書のアドバイザーをつとめる。2013年、母校・青山学院大学山岳部のアウトライアー（7090 m）東峰登山隊に隊長として参加し、初登頂を果たす。同年から5年間にわたってNHK-BS1『実践！ にっぽん百名山』のレギュラー解説者として出演。日本山岳会常務理事、「山の日」アンバサダー。

萩原編集長 危機一髪！
今だから話せる遭難未遂と教訓

YS049

2020年7月1日　初版第1刷発行

著　者　萩原浩司
発行人　川崎深雪
発行所　株式会社　山と溪谷社
〒101-0051
東京都千代田区神田神保町1丁目105番地
https://www.yamakei.co.jp/
■乱丁・落丁のお問合せ先
山と溪谷社自動応答サービス　電話03-6837-5018
受付時間／10時～12時、13時～17時30分
（土日、祝日を除く）
■内容に関するお問合せ先
山と溪谷社　電話03-6744-1900（代表）
■書店・取次様からのお問合せ先
山と溪谷社受注センター　電話03-6744-1919
ファクス03-6744-1927

印刷・製本　図書印刷株式会社

定価はカバーに表示してあります

Printed in Japan ISBN978-4-635-51053-0